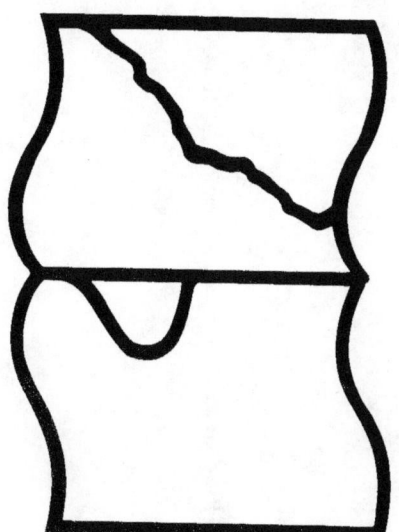

Texte détérioré — reliure défectueuse

NF Z 43-120-11

LA DIRECTRICE DES POSTES

PAR ÉLIE BERTHET

I

MADAME CHERVIS.

Certaines fonctions, par les qualités et le dévouement qu'elles exigent, par les services dont elles sont la modeste récompense, méritent toutes les sympathies et tous les respects; ce sont celles qui, considérées comme des faveurs gouvernementales, sont accordées à d'anciens serviteurs du pays ou à leurs familles. Quelques-uns de ces emplois sont attribués à des femmes (chose si rare dans la société actuelle!) et particulièrement ceux de directrices des postes.

La directrice des postes, presque toujours veuve, ou

fille, ou proche parente d'un officier de terre ou de mer, ou d'un fonctionnaire de l'ordre civil, mort au service de l'État, a donc souvent connu de meilleurs jours, et sa position officielle ne peut l'empêcher quelquefois de faire d'assez pénibles rapprochements entre le présent et le passé. Non pas que ses devoirs soient bien fatigants, ils exigent plus d'attention et d'assiduité que d'activité et d'initiative; mais les habitudes de ponctualité qu'ils imposent, le peu de ressources qu'offre parfois l'obscure bourgade où se trouve la direction, la responsabilité qui pèse sur une femme souvent inexpérimentée en matière d'administration, obligent la directrice des postes à mener une vie retirée, sédentaire, qui peut produire le dégoût et la mélancolie.

Nous ne voulons pas dire cependant que toutes les directrices des postes soient mélancoliques et mécontentes de leur sort, à Dieu ne plaise! Il y a chez ces dames autant de variétés d'humeur que dans le reste de l'espèce humaine, et il serait faux de leur assigner un caractère uniforme. Ainsi toutes, heureusement, ne sont pas confinées dans des bourgades perdues, où elles doivent renoncer à la fréquentation du monde poli et délicat; toutes n'ont pas à regretter les prospérités d'un passé brillant; toutes, enfin, ne sont pas disposées à prendre au tragique les inconvénients de leur emploi. Quelques-unes même, fières de l'influence que cet emploi leur procure dans des localités où elles ne voient personne au-dessus d'elles, sont de véritables reines au petit pied, et ne donneraient pas leur *bureau* pour tous les diamants du Brésil et toutes les splendeurs d'une princesse orientale.

C'était à cette catégorie de directrices glorieuses et satisfaites qu'avait appartenu longtemps madame Chervis, directrice des postes à Saint-Martin-les-Monts, dans le département des Basses-Alpes.

Il semblait pourtant que cette résidence n'eût rien de fort enviable. Saint-Martin était tout simplement un gros bourg, d'une soixantaine de feux, situé au pied d'un de ces embranchements de montagnes, dont le mont Viso est le point culminant, et il ne contenait qu'un petit nombre de maisons bourgeoises. Excepté en été, où l'on trouve un peu d'animation dans le retour des montagnards qui émigrent pendant une partie de l'année, et dans le passage de ces immenses troupeaux, appelés troupeaux *transhumants*, c'est un endroit assez triste, remarquable seulement par sa magnifique situation entre la montagne et la plaine. Mais aux yeux de madame Chervis, assez indifférente pour les beautés pittoresques, il avait d'autres mérites.

D'abord, dans ce pays, abondant en poisson, en gibier et en bétail, la vie n'était pas chère, et la directrice, tout en se nourrissant d'une manière confortable, pouvait réaliser chaque année quelques économies sur ses modiques appointements. D'autre part, la bourgeoisie manquait à Saint-Martin même, il se trouvait dans le voisinage bon nombre de maisons de campagne, habitées pendant la belle saison par de riches familles; et la directrice des postes du ressort ne manquait pas d'être bien accueillie dans ces maisons hospitalières. Pas une assemblée, pas une fête n'avait lieu, à trois lieues à la ronde, que madame Chervis n'y fût invitée; tous les égards, tous les honneurs étaient pour elle.

A Saint-Martin même, elle jouissait d'une influence considérable. Quoiqu'elle fût un peu esprit fort, elle se tenait dans les meilleurs termes avec le curé, et elle était première dame de charité, présidente du bureau de bienfaisance. M. le maire de Saint-Martin (un ancien marchand de bestiaux) ne faisait pas une proposition à son conseil municipal qu'il n'eût préalablement consulté madame Chervis, et rien ne se décidait sans l'approbation de cette reine bureaucratique dans l'auguste assemblée. Le brigadier de gendarmerie ne passait jamais auprès d'elle sans lui adresser le salut militaire; le percepteur, en toute occasion, lui prodiguait les compliments les plus galants, les plus ampoulés. Enfin la population entière de Saint-Martin avait entendu M. le sous-préfet, qui s'était arrêté un moment au bourg en faisant sa tournée dans l'arrondissement, l'appeler gracieusement « sa chère madame Chervis ».

Aussi quand, le dimanche, la directrice, enveloppée d'un immense châle soi-disant des Indes et coiffée d'un chapeau à volumineuses plumes noires, montait à l'église, son livre d'heures à la main, trouvait-elle toute la population rangée sur son passage, et un mot de sa bouche, un regard de ses yeux était une faveur pour les grands et les petits parmi ses administrés.

Or, il existait des raisons de penser que madame Chervis n'avait pas été toujours l'objet de tant d'hommages. Elle était veuve d'un officier qui, suivant elle, avait atteint le grade de capitaine, bien qu'en réalité il n'eût jamais dépassé celui de lieutenant. Certaines personnes, soi-disant bien informées, assuraient que feu Chervis ne s'était pas montré le modèle des époux. Après avoir dissipé la petite dot que sa femme avait dû lui apporter selon la loi militaire, il paraissait n'avoir pas toujours agi convenablement avec sa compagne. La directrice elle-même, bien qu'elle parlât habituellement de lui avec une profonde vénération et en poussant de grands soupirs, laissait échapper parfois des aveux qui ne témoignaient pas en faveur des bons procédés du défunt. Quoi qu'il en fût, Chervis était mort glorieusement en Afrique, et sa veuve, dénuée de ressources, avait dû solliciter un modeste emploi dans l'administration des postes.

Après avoir passé successivement par les positions inférieures, elle avait enfin obtenu la direction de Saint-Martin qu'elle occupait depuis six années; et l'on pouvait supposer qu'elle terminerait paisiblement sa carrière administrative dans cette bourgade où elle avait acquis tant de privilèges et tant d'autorité.

Il n'en était rien pourtant. A l'époque où remonte cette histoire, c'est-à-dire au mois de mai 184*, un bruit sinistre se répandit tout à coup à Saint-Martin : la directrice des postes d'une ville voisine venait de mourir, et madame Chervis, ou plutôt « madame », comme disaient les gens du pays, avait demandé la place devenue vacante.

D'abord on refusait de croire à la possibilité du fait : « Si madame voulait de l'avancement, madame en aurait, car le gouvernement n'avait rien à lui refuser. Mais où serait-elle mieux qu'à Saint-Martin? où l'aimerait-on, où l'estimerait-on davantage? et puis, qu'allait devenir le pays quand elle n'y serait plus? »

Comme ces propos circulaient dans le bourg et dans les trois ou quatre villages dépendant du même bureau de poste, plusieurs amis de madame Chervis se décidèrent à s'adresser directement à elle pour apprendre la vérité. La bonne dame prit une mine discrète et répondit d'un ton mystérieux que « rien n'était encore décidé; mais que si l'administration centrale croyait lui devoir de l'avancement en récompense de ses longs et signalés services, elle, madame Chervis, était trop attachée à ses devoirs pour ne pas obéir à ses chefs ».

Cette réponse, comme on le voit, confirmait plutôt qu'elle ne détruisait les funestes rumeurs; cependant on doutait encore, quand, quelques jours plus tard, éclata la nouvelle néfaste, et positive cette fois : madame était nommée au bureau de D***, madame allait partir; une autre directrice était envoyée à Saint-Martin et allait arriver sans délai.

Bien que l'on tînt le fait des deux piétons, et de la factrice, qui étaient les hommes de confiance de madame Chervis, des incrédules crurent devoir encore recourir à madame Chervis elle-même. Il n'était que trop vrai; on disposait déjà la maison pour recevoir la nou-rectrice; et l'ancienne, malgré sa réserve, ne pouva muler la joie que lui causait ce changement où elle devait trouver une augmentation de quatre à cinq cents francs par année.

On eût dit ce jour-là qu'un voile noir était étendu sur Saint-Martin ; la population paraissait frappée de consternation. Les deux piétons avaient les traits bouleversés ; la factrice n'avait pas livré dans le village une lettre qui ne fût arrosée de ses larmes. On vit successivement arriver au bureau de poste le curé, le maire, les adjoints, puis les dames de la localité, tout ce qui, à un titre quelconque, se croyait en droit de témoigner ses regrets. Aux lamentations et aux instances de ces personnages, madame Chervis répondait d'un ton hypocrite :

— Je suis la très-humble servante de l'administration, mes bons amis de Saint-Martin doivent faire comme moi, se résigner à ce qu'on ne peut empêcher. Du reste, nous n'en sommes pas à nous dire adieu ; je resterai encore trois ou quatre jours ici pour installer madame Arnaud qui doit me succéder. Madame Arnaud arrive ce soir avec un homme âgé, son père ou son parent, qui l'accompagne en voyage. C'est une bien aimable dame que madame Arnaud ! Je ne la connais pas et je ne sais pas si elle est jeune ou vieille, grande ou petite, spirituelle ou sotte ; j'ignore aussi d'où elle vient, car je n'ai jamais vu son nom dans l'Annuaire. Mais elle m'a écrit une fort jolie lettre pour me prévenir de son arrivée, me demander mes bons offices, et elle annonce qu'elle s'arrangera de tous les meubles que je ne veux pas emporter à D***. Enfin, ce soir, Planchet, le courrier, nous l'amènera dans la voiture aux dépêches, et nous saurons si vous perdrez ou si vous gagnerez au change.... Sans doute elle n'aura pas de peine à me faire oublier !

Les assistants protestèrent, comme bien on peut croire, contre ces sentiments de modestie assez peu sincères : néanmoins, on recueillait avidement les paroles de madame Chervis : déjà la curiosité faisait place à la douleur. On savait que la nouvelle directrice s'appelait madame Arnaud, qu'elle écrivait de jolies lettres, qu'elle allait arriver ; ce n'était guère, mais il y avait assez pour exercer des imaginations de campagnards et de campagnardes ; l'amour de la nouveauté est si puissant partout !

Pendant le reste de la journée, on fut attentif aux moindres circonstances qui se produisaient chez madame Chervis. Le village longeait une de ces belles routes que les Alpes françaises doivent au premier Empire. Comme la maison où se trouvait le bureau de poste, maison blanche, proprette et recouverte en ardoise, était située au sommet du coteau, tous les habitants pouvaient, de leur fenêtre ou du seuil de leur porte, épier ce qui s'y passait.

On sut ainsi que madame Chervis était allée à l'auberge unique de Saint-Martin, retenir une chambre pour le vieux parent qui accompagnait la voyageuse. On sut de même qu'elle préparait un splendide repas à l'intention de ses hôtes ; deux poulets et un plat de truites avaient été achetés dès le matin, et la directrice venait de donner quelques sous à des polissons pour aller lui pêcher des écrevisses dans un ruisseau du voisinage. M. le maire, seul de tout le pays, devait assister à ce repas officiel et le digne homme, après avoir envoyé à madame Chervis plusieurs bouteilles de son vin le plus généreux, afin de contribuer à la fête pour sa part, avait revêtu son costume noir quatre heures d'avance, tout en se demandant s'il ne devrait pas se parer de son écharpe dans cette circonstance solennelle.

Enfin la factrice, qui cumulait ses fonctions de distributrice de lettres avec celles de cuisinière privée de madame Chervis, s'était hâtée, après l'accomplissement de ses devoirs journaliers, d'essuyer ses yeux rouges et de mettre de côté la boîte professionnelle, pour prendre un tablier blanc. Retirée dans sa cuisine, elle faisait un grand bruit de casseroles et ses travaux répandaient un fumet délicieux dans tout Saint-Martin-les-Monts.

Mais ce fut surtout à l'heure où la voiture de Planchet devait arriver, que l'attention générale parut vivement excitée. Les travailleurs des champs étaient rentrés beaucoup plus tôt qu'à l'ordinaire. Des groupes se formaient dans la rue habituellement silencieuse et solitaire. Il n'était pas une lucarne où n'apparût une figure animée par la curiosité, et les regards ne se détournaient plus de la route poudreuse qui serpentait dans le lointain au-dessus du village.

Le soleil, qui venait de disparaître, éclairait encore d'une lueur fauve et pourprée l'immense paysage dont Saint-Martin était le centre. D'un côté, c'était la plaine, c'est-à-dire la plantureuse Provence avec ses figuiers, ses oliviers, ses belles moissons, ses gracieuses bastides, son ciel pur et son vent tiède. De l'autre, c'était la montagne avec ses plans infinis, ses étages innombrables où la nature passait, par transitions successives, des plus riants tableaux aux plus graves et aux plus majestueuses créations. Les hauteurs dans le voisinage immédiat du village n'étaient guère que des collines verdoyantes, appelées dans le pays *montagnes pastorales*. Mais derrière ces belles nappes de verdure apparaissaient des cimes plus imposantes, hérissées de roches abruptes et de sombres sapins. Enfin, beaucoup plus haut et plus loin se dressaient, semblables à des dentelures de nuages, des crêtes neigeuses, grandioses, d'où descendaient parfois des vents impétueux, des orages formidables.

Ce tableau, glacé par la légère brume du soir, avait un aspect calme, harmonieux, qui réjouissait l'œil et éveillait dans l'âme les sentiments les plus doux. Mais, comme nous l'avons dit, l'attention des bons habitants de Saint-Martin se portait vers l'endroit où la route, sortant d'une gorge profonde, se dirigeait de corniche en corniche, de rampe en rampe, vers le village.

Enfin, au moment où sept heures sonnaient à l'horloge fêlée de l'église paroissiale, un point noir apparut à l'entrée du défilé et bientôt une sorte de patache, traînée par quatre chevaux, se montra distinctement sur la ligne grise du grand chemin. On ne pouvait entendre le bruit des roues et les claquements de fouet à cette distance ; mais il était visible que la voiture allait fort vite et que peu d'instants plus tard elle ferait son entrée dans le bourg.

Aussitôt un cri vola de bouche en bouche :
— Voilà Planchet !... Voilà la nouvelle madame !

Les cous se tendirent et quelques curieux, plus ardents, commencèrent à s'assembler devant la demeure de madame Chervis, demeure fort remarquable à sa boîte aux lettres et à son enseigne qui portait en gros caractères : *Direction des postes*. Déjà les deux piétons revêtus de leur blouse bleue à parements rouges, coiffés de leur casquette cirée à cocarde, étaient rangés comme une garde d'honneur de chaque côté de la porte. La factrice elle-même avançait la tête à la fenêtre de la cuisine, bien que son rôti menaçât de brûler. Tous les gamins du village, pieds nus et mal mouchés, se réunissaient en tumulte autour de l'endroit où la voiture devait s'arrêter.

Bientôt un grand bruit de roues et de ferraille retentit sur le pavé raboteux. La vieille patache, qui depuis dix ans servait à transporter les dépêches, avait ce jour-là les allures rapides d'une chaise de poste. Planchet, assis sur le devant de la machine, faisait claquer son fouet avec une vigueur et une constance extraordinaires ; il voulait ainsi célébrer l'arrivée triomphante de sa nouvelle maîtresse.

A ce signal bien connu, madame Chervis elle-même se montra sur le devant de sa porte où elle rencontra M. le maire qui arrivait. On se salua cérémonieusement, mais les compliments furent courts; on regardait; le moment était solennel.

Madame Chervis était alors âgée de quarante-cinq à cinquante ans et peut-être n'avait-elle jamais été jolie; dans tous les cas, sa figure, au teint couperosé, au nez proéminent, aux yeux enfoncés, ne présentait plus aucune trace de beauté. En revanche, elle était grande et dans la circonstance actuelle son maintien avait une dignité plus imposante encore que d'habitude. Par-dessus sa robe de taffetas noir, elle portait le fameux châle prétendu de l'Inde, dont nous avons parlé. Malgré la haute taille de *madame*, ce maître châle l'enveloppait depuis la nuque jusqu'aux talons et même un peu plus bas, car la pointe balayait la terre. En revanche, elle n'avait pas jugé à propos de mettre le chapeau à plumes dont la célébrité égalait presque celle du cachemire. Ses boucles de cheveux gris avaient pour encadrement un bonnet de gaze, orné lui-même d'autant de fleurs jaunes, vertes, écarlates, qu'il en pouvait porter; c'était le bonnet qu'elle mettait aux dîners de cérémonie.

Ainsi parée et drapée, madame Chervis conservait une immobilité majestueuse; et à la voir dans cette pompeuse tenue, assistée de M. le maire et flanquée des deux facteurs en uniforme, il était impossible de ne pas éprouver une sorte de saisissement qui ressemblait à du respect... Du moins telle était l'impression des polissons, des paysans en sabots, et des filles aux bras nus, qui formaient la galerie.

Enfin pourtant la voiture vint s'arrêter, comme d'elle-même, devant la maison. Planchet, gros homme à rouge trogne, après avoir annoncé son arrivée par une dernière ritournelle de coups de fouet, laissa tomber les rênes sur la croupe des chevaux et fit ses dispositions pour sauter à bas de son siège. En même temps les deux piétons s'empressaient de caler les roues qui, sur ce terrain en pente, pouvaient avoir la velléité de poursuivre leur route en dépit de l'attelage.

Planchet dit à la directrice d'une voix enrouée, mais d'un ton de belle humeur :

— Ah! madame Chervis, je suis un peu en retard ce soir... Ma foi! vous arrangerez la chose avec la dame que je vous amène, et la poste n'y perdra rien, j'imagine.

Et il s'avança pour ouvrir la portière.

Madame Chervis ne répondit pas, peut-être même n'avait-elle pas entendu l'excuse du voiturier; elle ne songeait qu'à la voyageuse encore invisible, et la curiosité la rendait indifférente à tout le reste.

La voiture de Planchet ressemblait fort à un ancien coucou parisien.

La partie postérieure avait été transformée en une sorte de coffre portant cette inscription en gros caractères : *Service des dépêches*; la partie antérieure était une espèce de coupé, destinée à contenir quatre voyageurs et où deux personnes se trouvaient à l'étroit. Ce compartiment devait contenir la nouvelle directrice et son compagnon de route; mais les stores étant baissés à cause de la poussière des grands chemins méridionaux, on ne pouvait voir distinctement dans l'intérieur de la boîte roulante.

Cependant, lorsque Planchet eut ouvert la portière, on put reconnaître qu'il y avait en effet dans la voiture deux personnes : un homme d'une soixantaine d'années, dont le costume de voyage avait un caractère de distinction remarquable, et une femme en deuil dont un voile de crêpe cachait le visage.

Le vieillard descendit d'abord, avec l'aide du conducteur. Ses traits étaient nobles, ses manières pleines de dignité et de douceur; un ruban multicolore, en forme de rosette, ornait sa boutonnière; on devinait enfin au premier coup d'œil un personnage qui avait toujours vécu dans la

société choisie. Du reste, il ne donna pas aux curieux le temps de l'observer, car à peine eut-il mis pied à terre qu'il se retourna pour offrir la main à la dame qui descendait à son tour.

Tout ce que l'on pouvait voir encore de madame Arnaud, c'était qu'elle était grande, svelte, qu'elle avait une taille charmante, et que ses mouvements décelaient une souplesse gracieuse; mais son chapeau noir et son voile empêchaient d'apprécier ses traits.

— Bah! pensait charitablement madame Chervis, la taille ne signifie rien... Je gagerais qu'elle est vieille et laide.

Mais cette opinion ne tarda pas à recevoir un éclatant démenti. A peine la voyageuse fut-elle à terre qu'elle leva son voile et promena autour d'elle un regard étonné.

Jamais plus belle et plus touchante physionomie n'était apparue aux bons habitants de Saint-Martin.

Madame Arnaud avait vingt-cinq ou vingt-six ans environ, bien que ses traits annonçassent la gravité et la raison mûre d'un âge plus avancé. Des bandeaux d'un noir brillant encadraient sa charmante figure, encore un peu pâle en dépit du léger incarnat que l'émotion appelait en ce moment sur ses joues. Son œil, plein d'éclat, était voilé par des paupières aux longs cils. Enfin, malgré la simple robe de laine noire dont la nouvelle directrice était revêtue, il y avait dans toute sa personne une élégance modeste, une assurance pudique et en même temps je ne sais quoi de triste et de contenu qui excitait la sympathie.

La pauvre jeune femme, en tombant ainsi tout à coup au milieu de cette foule indiscrète, paraissait fort embarrassée et ne savait trop quelle contenance garder. Comme elle se rapprochait timidement du vieillard qui lui servait de mentor, le voiturier lui dit de son ton le plus respectueux :

— Nous sommes à Saint-Martin, madame la directrice, et voici madame Chervis, M. le maire et toute la poste qui viennent au-devant de vous.

La voyageuse releva la tête, et pendant que son compagnon s'occupait de faire décharger les malles et les paquets, elle se tourna vers madame Chervis avec l'intention évidente de lui adresser la parole.

Madame Chervis était bonne femme au fond, malgré ses légers ridicules; touchée de l'embarras de la nouvelle directrice, elle s'avança vers elle, lui prit les mains et lui dit d'un ton de protection amicale :

— Madame Arnaud, n'est-ce pas? Enchantée de vous voir, madame, et soyez la bienvenue à Saint-Martin... Vous permettez? (Et elle l'embrassa). Oui, je vous le répète, soyez la bienvenue, quoique vous paraissiez bien jeune, et peut-être bien inexpérimentée pour remplir les fonctions auxquelles vous êtes appelée!

Madame Arnaud répondit à demi-voix qu'elle avait compté sur l'obligeance de madame Chervis pour lui expliquer ses nouveaux devoirs.

— Et vous avez eu raison, chère petite; quand même notre inspecteur ne m'aurait pas chargée positivement de vous mettre au courant des affaires du bureau, je n'aurais pas manqué d'assister une *camarade* de tout mon pouvoir. Mais nous causerons de cela dans un autre moment... Songeons d'abord au plus pressé.

Puis, élevant la voix, elle dit d'un ton de commandement :

— Le service avant tout, monsieur Planchet; apportez le sac des dépêches dans le bureau, et vous partirez aussitôt que j'aurai signé votre feuille... Vous, Jacques Dumoulin, continua-t-elle en s'adressant à l'un des piétons, vous allez prendre les effets de madame Arnaud et vous les mettrez dans la chambre où elle doit coucher; Pierre Faucheux (le second piéton) portera les autres bagages à l'auberge du *Roi-René*, où j'ai retenu un logement pour le père de madame...

— M. de Bernay est seulement mon oncle, répondit doucement la jeune femme, quoiqu'il ait pour moi la tendresse et le dévouement d'un père.

— Oncle ou père, peu importe! reprit la dame de la poste; M. de Bernay, puisque c'est ainsi que s'appelle votre parent, me fera toujours bien le plaisir de partager un peu plus tard notre modeste dîner? En attendant, il est libre d'aller jusqu'à l'auberge prendre possession de son logement... J'aurais voulu lui offrir aussi une chambre, mais notre maison est si petite!

M. de Bernay trouvait peut-être qu'on disposait trop librement de sa personne; toutefois un léger clignement d'œil témoigna seul de l'impression qu'avaient pu produire sur lui les manières un peu despotiques de madame Chervis. Il accepta l'invitation, remercia poliment, et après avoir dit tout bas quelques mots à sa nièce, il suivit Faucheux qui s'était chargé du sac de nuit composant tout son bagage.

Cependant les curieux paraissaient extrêmement désappointés. Ils s'étaient attendus peut-être à quelque cérémonial officiel, à quelque discours de M. le maire, à quelque incident dramatique, que sais-je? Et le passage de la voiture à Saint-Martin ne présentait guère plus d'intérêt qu'à l'ordinaire. A la vérité, on savait maintenant que *la nouvelle madame* était jeune, charmante, qu'elle avait l'air distingué, qu'elle paraissait triste; mais elle parlait si peu et si bas! D'ailleurs, elle s'exprimait en français, et la plupart des assistants comprenaient seulement leur patois provençal. Le maire, de son côté, faisait assez piteuse figure; tandis que madame Arnaud causait avec l'ancienne directrice, le fonctionnaire s'évertuait à saluer coup sur coup, sans qu'on y prît garde. Madame Chervis elle-même crut convenable de couper court à cette scène publique.

— Venez, ma petite, dit-elle en prenant le bras de sa compagne, vous devez avoir besoin de repos, et vous ne serez pas fâchée de connaître votre chambre avant le dîner... Pour moi, je vais bien vite expédier Planchet, car le maudit ivrogne pourrait se trouver en retard, et il ne manquerait pas de rejeter sur nous les infractions au service.

Elle fit entrer madame Arnaud dans la maison, traversa une espèce de vestibule où le public était admis, puis une pièce qui servait à la fois de salon, de salle à manger et de bureau, et enfin elle introduisit son hôtesse dans une chambre modestement meublée, presque pauvre, mais d'une grande propreté. Les malles et les paquets de madame Arnaud s'y trouvaient déjà.

— Voilà où vous coucherez en attendant que je vous cède la grande chambre et que je parte pour ma nouvelle résidence, reprit madame Chervis; je n'ai rien négligé pour que vous fussiez ici comme une princesse...

— Que de remerciements ne vous dois-je pas, mon excellente dame! reprit la voyageuse d'un air attendri; si vous saviez...

— Bon, bon, je vous laisse, interrompit la directrice; Planchet m'attend.

Et elle sortit aussitôt.

Quand madame Arnaud fut seule, elle promena lentement son regard sur le lit de merisier, dépourvu de rideaux, sur le plancher nu, sur la commode ternie, sur les chaises de paille, sur la cheminée garnie de tasses dorées et de pommes rouges en guise d'ornements. A la suite de cet examen muet, elle se jeta sur un siège, et, cachant son visage dans ses mains, elle se mit à pleurer.

Madame Chervis rentra, après s'être acquittée de ses devoirs ordinaires, et elle trouva son hôtesse encore tout en larmes.

— Vous pleurez, ma chère? demanda-t-elle avec étonnement.

La jeune femme tressaillit et s'empressa d'essuyer ses yeux.

— Pardonnez-moi, madame, dit-elle d'une voix étouffée, des réflexions et des souvenirs dont je ne suis pas maîtresse... Et puis j'ai perdu depuis si peu de temps un mari qui était mon orgueil et ma joie!

Madame Chervis prit à son tour une mine dolente.

— Oui, oui, je connais cela, dit-elle en poussant un de ses grands soupirs; voilà comme j'étais longtemps encore après la mort de mon pauvre Chervis... Mais il faut savoir se résigner, mon enfant. Vous êtes dans un beau et bon pays, habité par de braves gens; vous avez un excellent bureau, et celui de D*** , que l'on m'accorde à titre d'avancement, ne le vaudra peut-être pas. A Saint-Martin vous serez choyée et fêtée, chez le bourgeois comme chez le paysan, si vous savez vous y prendre. Tout ceci est fort à considérer, et vous n'avez pas sujet de vous laisser aller au chagrin.

Peut-être ces raisons n'étaient pas de celles qui pouvaient agir efficacement sur la nouvelle directrice des postes; néanmoins madame Arnaud tint compte à la consolatrice de ses intentions, et elle dit avec effort :

— Je vous remercie, madame, de vos bonnes paroles. En effet, j'aurais tort de murmurer contre la Providence; après le coup qui m'a frappée, la vie calme et solitaire que je vais mener ici est ce qui peut le mieux me convenir. Sans doute ma tristesse s'usera, mes regrets s'adouciront. Eh bien! madame, ajouta-t-elle en s'efforçant de sourire, voilà qui est fini...Oubliez ce moment de faiblesse, qui ne se renouvellera plus, je l'espère... Avec votre permission, je vais mettre un peu d'ordre à ma toilette, car j'aurais honte de paraître à votre table dans ce costume poudreux; excusez-moi donc quelques instants encore... Et puis, pas un mot de ce que vous venez de voir, je vous en conjure, devant M. de Bernay, l'excellent parent, le digne ami qui m'a prise sous sa protection. Il faut qu'il me croie tranquille et heureuse, bien qu'il sache mieux que personne quels motifs j'aurais de n'être ni l'un ni l'autre!

Madame Chervis lui adressa encore quelques mots encourageants et courut jeter un coup d'œil à la cuisine.

Quand elle traversa la salle où M. le maire tournait ses pouces en attendant qu'on se mît à table, elle lui dit d'un ton moitié bienveillant, moitié railleur :

— C'est un petit ange tout confit en mignardise. Ça vous a l'air de n'avoir vécu que de parfums, de fleurs et de chants d'oiseaux... Mais, bon Dieu! comment ira le service de la poste, avec tout cela?

II

LE DINER DE LA DIRECTRICE

Quelques instants plus tard, toute la compagnie était réunie pour le dîner dans le bureau de madame Chervis. Cette pièce avait pour unique ornement des cartes de géographie et surtout des tableaux imprimés contenant certains règlements spéciaux de la poste aux lettres; le mobilier consistait en un secrétaire de bois noir, en casiers bourrés de registres, et une petite caisse de fer destinée à renfermer les valeurs. La légère cloison qui séparait le bureau du vestibule était percée d'un étroit guichet au moyen duquel on communiquait avec le public, quand la directrice était dans l'exercice de ses fonctions, mais que l'on fermait impitoyablement aux autres heures.

Or, en ce moment, le bureau avait perdu sa physionomie administrative si sèche et si froide, pour prendre un air de fête. Casiers et secrétaire disparaissaient sous des piles d'assiettes, des rangées de bouteilles. Au centre de la salle, une table carrée et massive, recouverte d'une nappe bien blanche, était chargée d'un repas substantiel, et quatre bougies, à défaut de lampes, éclairaient le festin. L'argenterie de madame Chervis laissait beaucoup à désirer, les verres n'étaient pas en cristal, et les serviettes pouvaient paraître un peu rudes à des citadins; mais, somme toute, le dîner était appétissant, offert avec cordialité, et il ne pouvait déplaire à des voyageurs fatigués.

Cependant ni l'oncle ni la nièce ne faisaient honneur à la bonne chère. M. de Bernay, qui venait d'arriver de son auberge, avait mis du linge blanc et soigneusement effacé sur sa personne toute trace du voyage. Madame Arnaud, de son côté, bien qu'elle eût encore la même robe noire, avait remplacé son chapeau de crêpe par un bonnet de tulle qui laissait voir en partie sa magnifique chevelure, et elle semblait aussi parée que le comportait son costume de deuil. Néanmoins, nous le répétons, ni l'un ni l'autre ne tenait compte des instances de madame Chervis. Le vieillard, tout en remerciant avec politesse et en vantant le goût exquis de chaque mets, rendait ses assiettes à moitié pleines, et madame Arnaud, s'excusant sur la fatigue, ne touchait pas à ce qu'on lui servait.

En revanche, M. le maire et madame Chervis elle-même montraient le plus rassurant appétit. Jacques Dumoulin, qui avait sollicité l'honneur de servir à table dans cette circonstance solennelle, et qui, soit dit en passant, s'acquittait assez mal de ces fonctions, était constamment occupé de changer leurs assiettes et de remplir leurs verres. Le verre de M. le maire surtout allait incessamment de la table à sa bouche. On se souvient en effet que le vin délicat offert par la directrice à ses hôtes provenait de la cave de l'éminent fonctionnaire, et sans doute celui-ci ne croyait pas nécessaire de mettre beaucoup de discrétion à user de son propre bien.

L'oncle et la nièce ne parlaient guère plus qu'ils ne mangeaient. Parfois la jeune femme affectait de l'enjouement, mais c'était une gaieté triste, étudiée, qui faisait mal. M. de Bernay l'observait à la dérobée, et une douloureuse préoccupation semblait peser sur lui comme sur elle. Cependant ils étaient toujours à la conversation, ils avaient toujours un mot poli ou gracieux à répondre quand on les interpellait directement.

M. le maire, entre le premier et le second service, avait bien essayé de glisser quelques mots sur les belles apparences de la prochaine récolte, sur le prix des bestiaux au dernier marché, et enfin sur le procès qu'il soutenait contre une commune voisine au sujet de certains pâturages, mais madame Chervis lui avait promptement coupé la parole. C'était madame Chervis qui tenait à peu près seule le dé de la conversation, et la bonne dame ne cédait pas volontiers un pareil avantage. Sa voix dominait donc toutes les autres, et plus le dîner avançait, plus elle s'exprimait avec chaleur et volubilité.

Elle était en train de faire l'éloge de ses fonctions de directrice des postes, ce qui, avec le panégyrique de feu Chervis, était un de ses thèmes de prédilection, et elle prenait tant de plaisir à s'écouter parler, qu'elle n'entendit pas s'ouvrir la porte extérieure de la maison; presque aussitôt une voix timide demanda par le guichet « s'il n'y avait pas de lettre pour Jeanne Marsais ».

Madame Chervis s'interrompit au milieu d'une période, et dit au facteur d'un ton de colère :

— A quoi pensez-vous donc, Jacques, de n'avoir pas mis le verrou à la porte de la rue? on ne nous laissera pas un instant de repos.

Puis elle demanda tout haut, sans se déranger, à la personne inconnue :

— Qui êtes-vous? que voulez-vous?

— Je suis Jeanne Marsais, madame Chervis, répliqua la voix timide, et je viens voir si le courrier de ce soir n'aurait pas apporté de lettre pour moi.

— Je n'en sais rien; les paquets ne sont pas défaits encore... Vous n'avez donc pas lu la pancarte qui est près de la boîte aux lettres? Le bureau est fermé à cinq heures... attendez à demain.

— Cependant, madame...

— Il suffit; revenez demain quand le bureau sera ouvert, si vous n'aimez mieux attendre l'heure de la distribution.

Et la directrice se servit une aile de poulet.

La personne invisible poussa une espèce de gémissement, mais elle n'insista pas et se retira en fermant doucement la porte.

Il y eut un moment de silence embarrassé; M. de Bernay et sa nièce ne paraissaient pas approuver cette rigidité administrative.

Madame Arnaud reprit enfin :

— Qui donc est cette femme, madame Chervis?

— Une pauvre veuve qui a eu bien de la peine à élever ses enfants et dont la fille est menacée de devenir poitrinaire. La lettre qu'elle attend est de son fils aîné, ouvrier fumiste à Paris; il lui envoie de temps en temps de légers secours... Mais dans notre position, ma chère, il ne faut pas trop écouter son cœur; sans cela on n'aurait le temps ni de manger, ni de boire, ni de dormir. Vous ne sauriez croire combien les gens de ce pays sont importuns, et M. le maire est là pour le dire... Aussi ai-je pris le parti de fermer rigoureusement ma porte aux heures où le règlement m'y autorise... Vous faites sans doute comme moi, petite?

— Je ne sais pas encore comment on doit faire, répliqua la jeune femme en souriant; je croyais vous avoir dit déjà que j'étais fort novice dans l'administration, et que je n'avais jamais exercé les fonctions de directrice des postes jusqu'à ce jour.

— Comment! est-ce possible? s'écria madame Chervis dont le visage s'empourpra et qui laissa tomber le morceau qu'elle portait à sa bouche; vous débutez dans l'administration des postes et vous obtenez, comme ça, de prime-abord, un bureau de *distribution*, tel que celui-ci, un bureau qui rapporte douze cents francs, sans compter les gratifications? Vous êtes bien heureuse, vous, ou vous êtes joliment protégée... Pour moi, avant de venir ici, j'ai été obligée de végéter pendant plusieurs années dans des bureaux inférieurs avec des appointements misérables; si j'ai obtenu de l'avancement, c'est que mon inspecteur n'avait pas eu à relever une seule faute dans ma comptabilité... Mais j'ai dit et je répète qu'il y a des personnes qui ont fièrement du bonheur!

Madame Arnaud paraissait tout interdite. Comme elle se taisait, M. de Bernay répondit pour elle que « si l'administration centrale avait accordé quelques privilèges à madame Arnaud, les services exceptionnels de feu son mari avaient peut-être justifié de pareilles faveurs ».

Mais cette explication ne calma nullement la vieille directrice.

— Des services? répliqua-t-elle, et quels services ce M. Arnaud a-t-il pu rendre qui l'emportent sur ceux de mon pauvre Chervis? Qu'était-il donc, ce monsieur? un fonctionnaire, sans doute, et un *civil* encore?... Mon mari, à moi, était capitaine, monsieur, ou du moins il allait le devenir, et il avait vingt ans de service, et il était décoré, et il est mort au *champ d'honneur*... Que voulez-vous de plus? Et pourtant j'ai passé plusieurs années dans de pauvres bureaux de *réception* avant d'arriver à Saint-Martin... Ah! vous avez été chaudement appuyée, ma chère, et je voudrais bien connaître ceux qui vous protègent ainsi!

— Je n'ai eu pourtant d'autres protecteurs, répliqua madame Arnaud avec émotion, que mon digne oncle, ici présent.

— Quoi ! c'est vous qui avez un tel crédit à la direction générale ? reprit madame Chervis en regardant fixement le vieillard ; vous devriez bien m'appuyer aussi ! Diantre ! vous n'y allez pas de main morte.

— Madame Chervis, répliqua M. de Bernay poliment, a trop d'expérience, elle a rendu trop de services à son administration pour avoir besoin de recommandation d'aucune sorte.

Ce compliment, peut-être un peu ironique, rendit à la directrice sa bonne humeur.

— Allons ! dit-elle en riant, votre crédit est épuisé, sans doute, et vous m'avez gentiment doré la pilule... Eh bien ! s'il faut l'avouer, je sais fort bien me pousser moi-même et obtenir justice. Un jour, il n'y a pas longtemps de cela, je crus avoir à me plaindre d'un passe-droit ; j'écrivis, pas de réponse. Alors je ne fis *ni une ni deux*, je demandai un congé de huit jours à mon inspecteur et je partis pour Paris. En arrivant là-bas, je pris à peine le temps de mettre mon châle et mon chapeau à plumes, je me fis indiquer l'hôtel de la direction générale et je m'empressai de m'y rendre. Il y avait dans un salon beaucoup de monde qui attendait, et un vieil huissier en habit noir voulut me renvoyer ; mais il avait bien trouvé la niaise pour se laisser éconduire ! Je ne bougeai pas, et quand l'huissier entra pour prendre des ordres, je me glissai derrière lui dans le cabinet de M. le directeur général... Il y eut bien d'abord quelques pourparlers à cause de mon procédé ; mais j'y étais, j'y restai et j'exposai mes griefs. M. le directeur général me donna gain de cause, et aussitôt je courus dans les bureaux pour faire expédier mon affaire. Il fallait voir comme je traitai ces messieurs qui m'avaient refusé justice !... Ils s'en souviendront de la directrice de Saint-Martin-les-Monts, et le vieil huissier aussi ! Je vous les recommande !... Le soir même je remontais en voiture, sans même jeter un regard sur cette belle ville de Paris, que je ne connaissais pas, et trois jours après j'étais de retour ici, où je remplissais mes devoirs avec la régularité ordinaire... Allez, ma chère enfant, je ne m'endors pas et je sais m'aider moi-même dans l'occasion ; imitez-moi et vous ne vous en trouverez pas mal.

Par forme de péroraison, elle avala un verre de vin du Rhône ; le récit de ses prouesses avait appelé sur ses joues une rougeur guerrière, et elle se redressait comme avait dû faire défunt Chervis en racontant une de ses batailles.

M. de Bernay la félicitait en souriant de son énergie et de sa décision, quand une voix nouvelle s'éleva derrière le guichet et demanda si le courrier était arrivé.

La directrice se retourna furieuse.

— Encore ! s'écria-t-elle ; il n'y a donc pas moyen d'être tranquille un moment ? Pourquoi laisse-t-on entrer malgré mes ordres ?

Puis elle ajouta très-haut et résolûment :

— Je n'y suis pas... le bureau est fermé ; revenez demain.

Mais Jacques Dumoulin, qui avait introduit le visiteur, s'approcha d'elle et lui dit :

— Madame, c'est M. Charles, le domestique de la Bastide-Vialard ; il vient demander s'il n'y aurait pas de journaux et de lettres pour la famille de Vaublanc.

La directrice reconnut en effet par le guichet un domestique en livrée, dont la casquette à large galon d'or reluisait dans l'ombre ; changeant de ton tout à coup, elle reprit gracieusement :

— Ah ! s'il s'agit de la Bastide-Vialard et de la famille de Vaublanc, c'est une autre affaire... Attendez, Charles, je vais voir.

Elle se leva de table, ouvrit un grand sac de cuir, et en tira plusieurs paquets de lettres et de journaux qu'elle se mit à compulser rapidement.

M. de Bernay lui dit à demi-voix avec son accent un peu ironique :

— Je pensais, madame Chervis, que vous ne vous dérangiez pour personne ?

— On est bien obligé à certains égards... J'ai été plusieurs fois invitée à la Bastide-Vialard, une superbe habitation située à un quart de lieue d'ici, et j'ai toujours été parfaitement accueillie par le comte de Vaublanc et par ses dames... Il faut ménager des gens aussi honorables.

— Des gens de marque et de considération, ajouta M. le maire d'un air pénétré.

Madame Chervis, après avoir cherché pendant quelques instants, revint au guichet.

— Voici, dit-elle, le *Journal des Modes* pour madame la comtesse, et le *Journal des Demoiselles* pour mademoiselle Emma : j'espère qu'elles se portent bien l'une et l'autre. Présentez-leur mes compliments, je vous prie, et dites-leur que je compte avoir l'honneur de leur rendre visite avant mon départ... Voici encore cinq lettres pour M. le comte, et... je crois que c'est tout.

Le domestique promit de s'acquitter de la commission ; au moment de se retirer, il ajouta :

— J'oubliais... Depuis deux jours, M. le baron de Puysieux, ami de M. le comte, se trouve à la Bastide-Vialard... n'y aurait-il pas aussi quelque lettre à son adresse ?

— M. le baron de Puysieux, reprit la directrice qui feuilleta de nouveau ses dépêches avec empressement ; le voilà donc revenu ?

— Puysieux ! murmura M. de Bernay à son tour en regardant la jeune femme.

Celle-ci répondit seulement par un léger sourire empreint d'une sorte de résignation.

— Il est singulier, reprit madame Chervis, que M. le baron soit arrivé à la Bastide sans que je l'aie vu passer. J'ai bien examiné ces jours derniers tous les voyageurs de Planchet, et il ne s'y trouvait pas la moindre figure de baron.

— Il est arrivé de la Bastide par la route d'en bas, madame Chervis, et il était dans une chaise de poste.

— De poste ! répéta M. le maire.

Il leva les yeux au ciel, poussa un soupir et avala un verre de son vin.

L'oncle et la nièce se taisaient toujours, mais ils étaient profondément attentifs.

Enfin madame Chervis trouva dans ses paquets une large lettre à cachet armorié.

— *A monsieur le baron Robert de Puysieux, à la* BASTIDE-VIALARD, lut-elle avec difficulté ; n'est-ce pas cela, monsieur Charles ?

— Oui, oui, madame, répliqua le domestique en tendant la main pour recevoir la lettre.

Mais madame Chervis ne la livra pas encore ; après l'avoir retournée plusieurs fois d'un air d'hésitation, elle murmura :

— Hum ! je ne serais pas surprise qu'elle pesât un gramme ou deux de plus que ne porte le tarif... voilà ce qui résulte de leurs épaisses enveloppes et de leurs cachets de cire... Mais puisqu'on ne l'a pas *surtaxée* à Paris, d'où elle vient, pourquoi me montrerais-je plus sévère ?

Elle apposa prestement sur la lettre le timbre d'arrivée, et la remit au domestique en lui renouvelant ses compliments pour les dames de la Bastide.

Charles paya le port, salua et partit.

Pendant que la directrice était ainsi occupée, M. de Bernay se pencha vers sa nièce :

— Robert de Puysieux ! murmura-t-il ; n'est-ce pas cet individu dont vous m'avez parlé jadis ? Il serait étrange qu'il se trouvât dans ce pays perdu !

La jeune femme secoua la tête.

— Que nous importe ? dit-elle avec tranquillité.

M. de Bernay allait ajouter quelques mots, quand madame Chervis, qui, après le départ du domestique, avait continué d'examiner ses dépêches, s'avança tenant à la main une grosse lettre sur papier gris, pliée d'une façon barbare, et dont la suscription paraissait à peu près indéchiffrable.

— Jacques, dit-elle au piéton, je viens de trouver ceci pour la Jeanne Marsais... Cette lettre est sans doute impatiemment attendue par cette malheureuse femme... Portez-lui bien vite ce chiffon de papier ; en votre absence je donnerai des assiettes s'il le faut, et... Attendez... la pauvre enfant malade doit avoir sa part de notre festin.

Elle prit sur le plat une aile de poulet, l'enveloppa dans un morceau de papier blanc et la remit à Jacques en ajoutant :

— Ceci est pour Suzette.

— Tiens ! répliqua le piéton avec une brusque franchise, vous envoyez du poulet à cette petite, mais êtes-vous sûre qu'elle ait du pain ? Dans cette maison-là, voyez-vous, on jeûne toute la semaine et on ne mange pas le dimanche.

— Allons ! vous prendrez quelques croûtes à la cuisine... Et puis, comme il faut tout prévoir, si la Jeanne Marsais était aussi gênée que vous le dites, avancez-lui une pièce de cinq francs sur le mandat qui est sans doute renfermé dans la lettre et que je payerai demain matin.

— Mais, madame, si la lettre ne contenait pas de mandat ?

— Eh bien ! eh bien ! je vous rembourserai votre avance, répliqua la directrice avec colère. Ah çà ! Jacques, il me semble que vous devenez raisonneur ! Je n'aime pas cela, vous le savez, et sans doute madame Arnaud ne l'aime pas plus que moi.

Avant qu'elle eût achevé sa mercuriale, Dumoulin était en route pour porter la lettre à Jeanne Marsais.

— Ah ! madame, dit la jeune directrice avec émotion, vous êtes bonne et charitable.

— Bonne, je n'en sais rien, dit madame Chervis en revenant s'asseoir à table ; et, si je l'étais, je me garderais bien de le laisser voir. Souvenez-vous de ceci, mon enfant : dans notre emploi, il ne faut pas passer pour être bonne, ou nous trouverons autour de nous foule de gens prêts à en abuser... Mais laissons cela et achevons notre dîner... Ma bonté, comme vous appelez cela, est cause que nous allons manger froid, et Thérèse, qui est à la cuisine, serait capable de se percer le cœur avec sa lardoire si elle apprenait cet accident.

Le repas continua donc sur nouveaux frais; M. le maire et la directrice prouvèrent que cette pause n'avait fait qu'aviver leur appétit.

Comme l'on apportait le dessert, M. de Bernay demanda en affectant un air d'indifférence :

— Parlez-moi donc, madame Chervis, de cette famille de Vaublanc qui habite le voisinage ; il me semble avoir connu autrefois quelqu'un de ce nom.

— Le comte de Vaublanc, propriétaire actuel de la Bastide-Vialard, est un riche particulier de bonne famille, qui s'occupe de grandes entreprises et de spéculations sur les chemins de fer. Il s'est rendu acquéreur de la Bastide depuis quelques années, et il ne s'en éloigne guère. Il n'est personne ici dont la correspondance soit plus active. A certains jours j'ai dix à douze lettres pour lui, de toutes dimensions et de tous pays... Aussi donne-t-il des étrennes au facteur ! C'est le meilleur client de Jacques Dumoulin qui est chargé du canton de la Bastide.

— Mais, madame, interrompit M. de Bernay, si le comte de Vaublanc est si occupé de hautes spéculations, comment vient-il s'enterrer au fond d'une province ?

— C'est justement dans cette province qu'il le retiennent de grands intérêts. D'abord il a une part dans l'entreprise d'un tunnel qui dépend du chemin de fer de***, en voie d'exécution. Puis on parle d'une nouvelle voie ferrée qui pénétrerait en Italie par la Corniche et dont les ingénieurs sont en train d'étudier le tracé. M. de Vaublanc est parvenu à former, parmi les propriétaires du pays, une compagnie dont il sera le chef et qui essayera de se rendre adjudicataire de ce chemin. Il voit donc beaucoup de monde et on vient de fort loin pour lui parler. Cette affluence de visiteurs à la Bastide paraît être fort du goût de madame la comtesse, qui est encore jeune, et assez jolie, et qui parfois s'ennuie à périr dans sa magnifique habitation. Quant à mademoiselle Emma, c'est une charmante personne, pas fière, douce comme un ange, quoique peut-être un peu romanesque... Mais je vous ferai faire connaissance avec la mère et la fille, madame Arnaud ; vous m'accompagnerez quand j'irai prendre congé d'elles et je vous présenterai. C'est une maison fort agréable et où vous serez reçue à merveille.

— Avec votre permission, madame, répliqua péremptoirement la jeune femme, je n'aspirerai jamais à l'honneur d'y être admise. Je compte vivre ici dans la retraite la plus absolue.

— Il faudra bien pourtant, répliqua madame Chervis avec étonnement, que vous fassiez visite aux notables habitants du pays ?

— Je visiterai M. le maire, ici présent, dont j'ai pu apprécier déjà la simple bonhomie, M. le curé, et les deux ou trois familles bourgeoises qui habitent le bourg de Saint-Martin. Quant aux maisons plus opulentes du voisinage, tout en rendant à leurs habitants les services qui dépendront de moi, je désire m'abstenir de toutes relations avec eux.

— Vous êtes bien fière ou bien modeste, madame Arnaud, répliqua madame Chervis en clignant des yeux ; cependant une directrice des postes peut marcher de pair avec n'importe quelle dame... Enfin, vous agirez à votre guise. Il y a du bon dans le parti que vous allez prendre, quoiqu'on ne sache jamais qui peut vous servir et surtout vous desservir... On a tant de ménagements à garder !

Mais la nouvelle directrice fit un geste d'obstination, comme si elle eût pris une décision invariable sur ce point. M. de Bernay continua :

— Eh bien ! et ce baron de Puysieux, madame Chervis, n'avez-vous aucun renseignement sur son compte ?

— Je sais peu de chose, monsieur. Il est pourtant déjà venu passer quelques jours, l'année dernière, chez M. de Vaublanc. C'est un de ces beaux messieurs de Paris qui spéculent sur les chemins de fer... Mais attendez ; je crois à présent me souvenir que déjà, l'été dernier, ses assiduités à la Bastide avaient fait jaser dans le pays... Oui, on était allé jusqu'à dire qu'il aspirait à la main de mademoiselle Emma.

— Quelle audace ! murmura madame Arnaud.

Mais elle prononça ces mots si bas que son oncle put seulement les deviner au mouvement de ses lèvres.

M. de Bernay reprit avec sang-froid :

— Allons ! décidément je ne connais pas ce M. de Puysieux, non plus que les personnes dont il est l'hôte en ce moment... Mais, pardon, madame Chervis, ma pauvre nièce paraît très-fatiguée ; et moi-même j'éprouve le besoin de prendre du repos. Permettez-nous donc de nous retirer, en vous remerciant de votre gracieuse hospitalité.

Madame Chervis, bien qu'elle achevât à peine de siroter son café, sentit qu'elle ne devait pas retenir les voyageurs. Comme la nuit était fort noire, elle dit à Jacques Dumoulin, qui venait de rentrer, de prendre un falot pour conduire M. de Bernay à l'auberge.

Au moment de partir, M. de Bernay s'approcha de sa nièce et lui donna un baiser sur le front :

LA DIRECTRICE DES POSTES

Est-ce que je n'aurais pas l'honneur de parler à madame la marquise de... (Page 12.)

— Du courage! Valérie, lui dit-il à voix basse ; j'espérais que vous jouiriez ici de cette tranquillité qui vous est si nécessaire après tant de souffrances, et je commence à craindre...

— Ne craignez rien, mon oncle, murmura madame Arnaud ; ce calme dont j'ai besoin, je le trouverai sûrement dans ma conscience... En attendant, soyez béni pour les secours et les consolations que vous m'avez donnés dans cette crise... Bonne nuit et à demain.

Elle lui serra la main et lui sourit, puis elle entra dans la pièce voisine avec madame Chervis, qui faisait les honneurs de la maison.

Au bout d'un moment madame Chervis revint seule dans le bureau où M. le maire, son chapeau à la main, se disposait au départ.

— Encore un moment, mon cher maire, dit-elle en se jetant sur un siége ; vous prendrez bien un petit verre de chartreuse avec moi ?... Mais que dites-vous de votre nouvelle directrice?

— Ah! s'écria M. le maire avec un transport qu'on ne pouvait attendre de son âge et de son flegme ordinaire, elle est jolie... jolie... jolie!

— Bon ! répliqua madame Chervis avec humeur, voilà comment vous êtes, vous autres hommes, vous ne voyez que la beauté... Pour moi, j'ai grand'peur que l'administration des postes n'ait pas fait là une fameuse emplette, et que votre jolie directrice ne soit rien de plus qu'une... *affliction.*

— Une... quoi? demanda le fonctionnaire, en ouvrant des yeux énormes.

— Ensuite, ajouta madame Chervis, qui remplit distraitement les verres d'une liqueur limpide et dorée, je me trompe peut-être... Cette femme-là paraît savoir fort bien dire non quand il le faut... Attendons.

III

LES SURPRISES DE MADAME CHERVIS

Le lendemain matin, à l'heure où s'ouvrait habituellement le bureau de poste, la population de Saint-Martin put voir les deux directrices, l'ancienne et la nouvelle, le passé et l'avenir, assises fraternellement derrière le guichet et travaillant en commun à l'expédition des affaires.

Les restes du festin de la veille avaient disparu ; le bureau avait repris son aspect morose ; cependant un beau soleil de printemps entrant par la fenêtre jetait un rayon doré sur le mobilier poudreux et refrogné de ce sanctuaire administratif.

Madame Chervis n'avait plus son costume de cérémonie ; revêtue d'une vieille robe du matin, qui faisait ressortir sa taille longue et maigre et ses épaules pointues, coiffée d'un bonnet de nuit par-dessous lequel on entrevoyait ses papillotes de papier à journal, des lunettes sur le nez, elle conservait son air majestueux, mais elle n'avait rien d'avenant.

Madame Arnaud, au contraire, déjà corsetée, chaussée, ses beaux cheveux soigneusement lissés sur le front, paraissait plus charmante encore que la veille sous sa modeste robe de laine noire. Accoudée devant un registre, dans une posture gracieuse, elle se redressait chaque fois qu'un visiteur se présentait, et elle devenait attentive.

Même contraste entre les manières des deux directrices ; tandis que madame Chervis, bonne femme au fond, prenait ce ton sec, bref, souvent impérieux, des bureaucrates de tous les pays, sa compagne s'exprimait avec une douceur, une aménité qui devaient lui gagner tous les suffrages.

Déjà madame Chervis avait présenté officiellement à la nouvelle directrice le personnel de la poste aux lettres de Saint-Martin. C'était d'abord Jacques Dumoulin, que nous connaissons : Jacques, grand garçon de trente ans, bien découplé, beau parleur, ayant reçu un commencement d'instruction dans une école communale, passait pour être la coqueluche du beau sexe du voisinage ; il était chargé du service de la plaine, que madame Chervis appelait le *canton Sud*, et la chronique scandaleuse accusait Jacques de s'attarder parfois dans ses tournées pour conter fleurette aux jolies filles que le hasard amenait sur sa route.

Le *canton Nord* était réservé à l'autre piéton, Pierre Faucheux, dit Pied-Bot, ou le messager *Boiteux*, ou même simplement le Boiteux. Faucheux, comme l'indiquait un de ces surnoms, avait un pied-bot, ce qui ne l'empêchait pas de faire chaque jour six grandes lieues dans les montagnes, et de se montrer infatigable de l'une et de l'autre jambe. Il était petit, trapu, et avait la tête enfoncée dans les épaules. On le rencontrait sans cesse par vaux et par chemins, son sac suspendu au cou et son bâton de cormier retenu au poignet par une attache de cuir. On soupçonnait, non sans raison, Pierre Faucheux d'avoir un certain faible pour la bouteille, et on lui trouvait souvent la face enluminée quand il rentrait de ses courses. On lui reprochait encore de ne pas être bien ferré sur la lecture et de recourir parfois au premier venu pour lire une adresse prétendue mal écrite ; cependant, comme Faucheux n'avait jamais commis d'erreur grave, comme il était complaisant et serviable, on passait volontiers sur ces défauts et on les mettait charitablement sur le compte de l'imperfection humaine.

Du reste, à Saint-Martin-les-Monts, le titre de facteur ou plutôt de factrice n'appartenait réellement qu'à Thérèse Jacquinet, connue dans le pays sous le nom de *Thérèse de la poste*. Thérèse était le premier aide de camp, le bras droit, l'*alter ego* de madame Chervis ; elle assistait la directrice, comme nous l'avons vu, à la cuisine aussi bien qu'au bureau. Humble et doucereuse avec sa maîtresse, elle avait un air déterminé lorsque, chargée de sa boîte, elle arpentait l'unique rue du bourg. Elle savait relancer vertement ceux qui lui adressaient des questions saugrenues, et en parlant de l'administration des postes, elle disait *nous*. Du reste, elle était active, intelligente, d'une probité à toute épreuve. Avant d'être agréée comme factrice en titre de Saint-Martin, elle avait servi chez une vieille dame du voisinage qui lui avait appris à lire, à écrire, et lui avait laissé en mourant une petite rente. Thérèse, à la rigueur, eût pu vivre de son revenu ; mais elle ne manquait pas d'ambition, et elle avait été tentée par les honneurs d'une fonction publique. Aussi s'était-elle attachée à madame Chervis, et elle avait conquis peu à peu une autorité qui ne le cédait qu'à celle de sa patronne.

Thérèse *de la poste* avait alors vingt-six ans : c'était une petite femme grassouillette, au teint coloré, à la taille épaisse. Mise avec plus de recherche que les femmes du pays, elle laissait voir quelque prétention à suivre de loin les modes bourgeoises. Malheureusement sa figure était ravagée par la petite vérole et son nez, beaucoup trop épaté, contribuait à déranger l'harmonie de ses traits.

En dépit de ces désavantages, Thérèse eût pu choisir parmi les meilleurs partis de la contrée. Ses deux collègues, notamment, n'eussent pas été fâchés de lui inspirer des sentiments tendres ; Faucheux, le pied-bot, quand il était enhardi par une pointe d'ivresse, lui adressait des soupirs significatifs, et le beau Jacques lui décochait en toute occasion ses œillades assassines. Mais la fière Atalante de la poste aux lettres était demeurée jusqu'ici indifférente aux œillades de l'un et aux soupirs de l'autre, et rien n'avait pu la faire sortir de sa dédaigneuse réserve.

Quand on l'avait présentée le matin à la nouvelle directrice, qu'elle avait seulement entrevue la veille, Thérèse se disposait à partir pour accomplir sa tournée quotidienne dans le village. Elle avait un bonnet bien blanc et bien empesé, une robe d'indienne un peu courte, qui laissait voir des bas de coton tricotés et de gros souliers. Comme madame Chervis faisait avec complaisance l'éloge de ses divers talents et de ses bonnes qualités, la factrice baissait d'abord les yeux avec modestie. Mais encouragée par l'air bienveillant de sa nouvelle maîtresse, elle se redressa insensiblement et crut nécessaire, en femme adroite, de jeter sans retard les bases de son importance future.

Elle se hasarda donc à dire qu'elle connaissait fort bien les affaires du bureau, comme la bonne madame Chervis pouvait en témoigner ; et que, s'il était nécessaire, elle aiderait madame Arnaud à se mettre au courant du service.

Madame Arnaud sourit ; cependant elle répondit avec une certaine fermeté :

— J'aurai peut-être besoin de quelques renseignements sur le pays... Quant au reste, je crois, Thérèse, qu'il vaut mieux que nous restions l'une et l'autre dans nos attributions.

Thérèse se le tint pour dit ; elle fit une révérence, s'empressa de prendre sa boîte et quitta le bureau, tandis que madame Chervis murmurait en regardant de côté sa remplaçante :

— Hum ! elle a du nerf... Je crois décidément qu'elle ira !

En effet, madame Arnaud était beaucoup mieux instruite de ses devoirs qu'elle ne l'avait paru la veille. Si l'expérience lui manquait, elle connaissait parfaitement la théorie administrative, et, après une heure de conversation avec madame Chervis, le mécanisme, assez peu compliqué, il est vrai, de son service, n'avait plus de secrets pour elle.

La vieille directrice n'en revenait pas, et écarquillait ses yeux derrière ses grosses lunettes.

M. de Bernay étant entré, elle s'écria d'un ton d'admiration :

— Ah! monsieur, c'est à n'y rien comprendre! Moi qui la croyais si novice en affaires! Elle sait sur le bout du doigt l'usage des registres à souche, la comptabilité, les virements de fonds, la taxe des lettres, des journaux, des livres... On dirait qu'elle n'a pas fait autre chose de toute sa vie!... Fiez-vous donc aux petites mains blanches et aux airs innocents!... Je comptais que trois mois d'apprentissage ne suffiraient pas à madame Arnaud, mais je partirai dans trois jours.

— Et moi je la quitterai dès demain, dit M. de Bernay; Valérie sait quelles obligations pressantes me réclament à Paris...

Et comme cette nouvelle avait appelé une larme dans les yeux de madame Arnaud, il continua pour détourner l'attention :

— Ma nièce a déjà reçu, madame Chervis, des conseils et des instructions très-détaillées d'un de vos chefs les plus éminents. D'ailleurs, autrefois, elle servait de secrétaire intime à son mari qui était un fonctionnaire distingué et un administrateur de premier ordre.

— Mais, pour Dieu! qu'était-il donc, son mari? demanda madame Chervis poussée à bout.

— Un fonctionnaire civil, répliqua le vieillard malicieusement.

Peut-être la digne dame allait-elle poser la question de manière à rendre impossible toute réponse évasive, mais l'entrée de deux femmes dans le bureau vint la rappeler à ses fonctions. C'était Jeanne Marsais et sa fille.

Jeanne, pauvre paysanne de quarante ans environ, flétrie depuis longtemps par les privations et le travail, était couverte de haillons et marchait pieds nus. Suzette, qui pouvait avoir seize ou dix-sept ans, mais à qui l'on en eût donné douze à peine, était beaucoup mieux vêtue; elle avait des chaussures; elle portait une robe toute passée, dont la couleur était devenue problématique, mais d'une extrême propreté. Son chapeau de paille grossière, déchiré en plusieurs endroits, encadrait une figure dénuée de beauté, mais fort douce, dont la pâleur maladive excitait l'intérêt et la pitié. La jeune fille avait voulu accompagner sa mère à la poste; quoique le trajet ne fût pas long, elle dut s'asseoir sur un banc en arrivant, et elle fit entendre une toux sèche de funeste augure.

Jeanne Marsais s'approcha du guichet, tenant à la main un petit papier rouge qu'elle remit à la directrice.

— Madame Chervis, dit-elle, voici encore un mandat qui vient de mon pauvre Noël... Le brave garçon, comme vous voyez, aime toujours sa mère et sa sœur!... Je vous remercie bien de m'avoir envoyé hier au soir la lettre qui contenait ce mandat. Quoique vous m'ayez congédiée brusquement, je ne m'étais pas couchée, car j'étais sûre que s'il y avait une lettre pour moi, vous me la feriez parvenir dans la soirée... vous êtes si bonne!

— Je ne suis pas bonne, et je ne veux pas qu'on dise..... Mais, au fait, qu'importe maintenant?... Voyons votre mandat, Jeanne; il est de quinze francs, comme à l'ordinaire?

— Oui, madame; Noël se saigne pour nous... Mais, sur cet argent, vous avez à retenir cinq francs que M. Jacques m'a avancés hier au soir de votre part, en me remettant le poulet et le pain... On peut dire, madame Chervis, que jamais provisions et argent ne sont arrivés plus à propos. Il n'y avait plus rien à manger chez nous, et la Suzette venait de se coucher sans avoir pris autre chose que la tasse de lait qu'une voisine nous donne à crédit.

— Et toi, mère, tu n'avais même pas eu de lait pour souper! dit Suzette en toussant.

— Oh! moi, j'en ai bien vu d'autres!... Enfin, grâce à vous, madame, nous avons fait un bon repas avant de nous endormir, et la Suzette n'a pas trop mal passé la nuit.

Les auditeurs étaient profondément émus, bien que la paysanne dit tout cela d'un ton simple et naturel, en femme habituée depuis longtemps à la misère et à la faim.

— Eh bien! la Jeanne, reprit madame Chervis en s'efforçant de raffermir sa voix un peu altérée, voici vos quinze francs... Quant aux cinq francs avancés par Jacques de ma part, nous en parlerons au mois d'août prochain, lorsque, Suzette et vous, vous serez allées glaner dans la plaine...

— Ah! ma mère glanera seule cette année! murmura la jeune fille.

Heureusement Jeanne n'avait pas entendu cette observation.

— Et vous ne voulez pas qu'on vous dise que vous êtes bonne! reprit-elle les larmes aux yeux en s'adressant à madame Chervis; mais est-il vrai que vous allez partir? Ce serait une cruelle perte pour le pays, pour nous surtout... Vous rudoyez peut-être un peu le monde, si l'on arrive dans un mauvais moment; mais ensuite vous savez si bien réparer cela!

— Voyons, Jeanne, allez-vous finir? interrompit madame Chervis avec une sorte de colère, car elle se sentait attendrir et craignait de perdre sa gravité directoriale. Que d'histoires pour des bagatelles!... Prenez votre argent, vous dis-je, et comme vous ne savez pas écrire, je vais acquitter le mandat en votre nom... Je dois en effet quitter Saint-Martin prochainement. Mais voici la dame qui doit me succéder, et sans doute vous ne perdrez pas trop au change.

— Je ne pourrais vous faire oublier, madame Arnaud, et je ne l'essayerai pas, répliqua madame Arnaud; mais si Jeanne Marsais et sa fille ont jamais besoin de mes services, elles devront venir à moi avec confiance, comme elles venaient à vous.

L'air gracieux, l'accent pénétrant de la nouvelle directrice parurent un peu rassurer la pauvre femme, et elle balbutia des remerciements timides.

Madame Chervis, qui depuis un moment prêtait l'oreille au bruit lointain d'une voiture, s'écria tout à coup :

— Voilà le courrier du matin!... voilà Planchet qui remonte!... Nous allons sans doute avoir de la besogne.

Jeanne Marsais s'empressa de ramasser l'argent qu'elle noua dans un coin de son mouchoir troué, et elle se préparait à se retirer avec sa fille, quand M. de Bernay s'approcha du guichet et lui dit à voix basse :

— Eh! bonne femme, n'oubliez pas aussi de venir me voir dans la journée à l'auberge du *Roi René*... vous n'aurez pas lieu de vous en repentir.

Jeanne, toute surprise, voulait demander la cause de cette invitation; mais en ce moment la voiture s'arrêta devant la porte, la paysanne, craignant de devenir un embarras dans le bureau, fit un signe d'assentiment, puis elle prit Suzette par le bras, et elles s'enfuirent l'une et l'autre.

Au même instant, Planchet entrait, tenant à la main un paquet de dépêches et sa feuille de route.

— Quoi de nouveau, Planchet? demanda madame Chervis. Avez-vous quelque chose pour moi?

— Voici, répondit le courrier en jetant le paquet sur la table... Un seul voyageur dans la voiture.

— Ce voyageur se rend sans doute à la ville?

— Non, madame; il s'arrête ici.

— Un voyageur pour Saint-Martin! cela est rare. Le connaissez-vous, Planchet?

— Oui, oui, et vous le connaissez aussi... Tenez! qu'est-ce que je disais?

Un homme de vingt-cinq à trente ans, en élégant costume de voyage, venait d'entrer dans le bureau, portant un léger sac de nuit. Ses traits étaient agréables, mais il était surtout remarquable par la distinction de ses manières, par l'air de franchise empreint sur sa physionomie.

Madame Chervis l'accueillit avec son plus charmant sourire.

— Ah! monsieur Gérard, est-ce vous? s'écria-t-elle; quel bon vent amène un ingénieur des ponts et chaussées dans cette partie du département? S'agit-il encore de percer quelqu'une de nos montagnes, ou bien de mettre à la raison quelqu'un de nos torrents qui sont fort indisciplinés?

— Rien de tout cela, madame Chervis, répliqua Gérard avec affabilité; je m'arrête ici un instant seulement, le temps de trouver un polisson pour porter mon sac de voyage jusqu'à la Bastide-Vialard, où je vais passer quelques jours... J'ai reçu une invitation pressante du comte, et j'ai hâte de me rendre.

— Allons! dit la directrice avec un sourire malin, nous savons qu'il existe à la Bastide un aimant qui vous attire... Dieu veuille pourtant qu'il ne s'y en trouve pas un autre pour vous repousser!... Eh bien! monsieur l'ingénieur, puisque vous êtes si pressé, je vais vous donner le neveu de Faucheux, un honnête enfant qui portera votre sac avec toute la célérité désirable.

Elle dit un mot à Thérèse, qui venait d'achever sa tournée dans le village, et qui ressortit aussitôt pour chercher l'enfant désigné.

Gérard échangea encore quelques paroles amicales avec la directrice, mais il ne semblait pouvoir tenir en place, et après avoir confié son sac à madame Chervis afin qu'elle le lui fit parvenir le plus promptement possible, il voulut partir.

Comme il prenait congé, il demeura tout à coup bouche béante, les yeux fixés sur madame Arnaud, qui avait l'air d'étudier fort attentivement les registres de la poste aux lettres.

— Bon Dieu! madame, dit-il en ôtant précipitamment sa casquette de toile vernie, ne me trompé-je pas? Est-ce que je n'aurais pas l'honneur de parler à madame la marquise de...

Il s'arrêta.

M. de Bernay paraissait inquiet; mais la jeune femme leva sur Gérard un regard clair, froid, étonné, qui le déconcerta.

— Pardon, madame, je crois que je me trompe, en effet, balbutia-t-il en rougissant un peu.

Madame Chervis, de son côté, était devenue très-attentive.

— Quoi donc! cher monsieur Gérard, demanda-t-elle avec curiosité, connaîtriez-vous madame Arnaud, la directrice qui me succède au bureau de Saint-Martin?

— Madame Arnaud! répéta l'ingénieur un peu honteux; j'ai commis une méprise... Mais madame Arnaud ressemble d'une manière frappante à une belle et noble dame qui faisait, il y a quelques années, l'admiration d'une province entière, et dont le mari, homme de cœur et d'intelligence, avait daigné encourager mes débuts dans la carrière administrative.

— Et où avez-vous rencontré cette personne, monsieur Gérard?

— Dans les salons de la préfecture de X***, en Bretagne, et l'on vantait alors avec raison la beauté, les grâces, les perfections de la dame dont je vous parle..... Comme vous voyez, ajouta-t-il en s'inclinant, mon erreur ne peut avoir rien d'offensant pour madame la directrice.

Valérie, puisque tel était le prénom de madame Arnaud, fit un signe de tête pour remercier du compliment, mais elle ne prononça pas une parole.

— Allons! adieu, mesdames, reprit l'ingénieur avec vivacité; sans doute, madame Chervis, j'aurai le plaisir de vous retrouver ici quand je passerai dans quelques jours pour retourner à la ville?

— C'est probable, et nous causerons... En attendant, vos effets seront à la Bastide aussitôt que vous... Mes respects aux dames de Vaublanc, je vous prie!

Gérard salua de nouveau, et comme si le nom prononcé en dernier lieu eût redoublé son impatience, il sortit presque en courant.

Alors M. de Bernay sembla respirer plus librement, et sa nièce, sans lever les yeux de dessus son registre, lui adressa un imperceptible sourire.

— Pauvre jeune homme! dit madame Chervis avec intérêt; il part bien joyeux, plein d'espoir, et Dieu sait ce qu'il va trouver à la Bastide! Il est amoureux fou de mademoiselle Emma de Vaublanc, et peut-être la petite n'avait-elle pas d'abord d'éloignement pour lui. Mais toute la fortune de M. Gérard consiste dans sa place d'ingénieur, tandis que mademoiselle de Vaublanc aura une dot très-considérable... Et puis, il rencontrera là-bas ce baron de Puysicux que l'on dit fier, insolent, et qui a lui-même des prétentions à la main d'Emma... Oui, peut-être le brave garçon ne reviendra-t-il pas aussi content qu'il est parti!

— Ne se pourrait-il pas aussi, reprit M. de Bernay, que ce comte de Vaublanc eût besoin de M. Gérard dans ses combinaisons de chemin de fer? A mon avis, il n'y a pas si loin de la fille d'un spéculateur, concessionnaire d'une voie ferrée, à un jeune ingénieur.

— Sans doute, sans doute; et cependant, je soupçonne... Enfin, qui vivra verra... Mais, vraiment, madame Arnaud, poursuivit la directrice, seriez-vous jamais allée dans ce département où M. Gérard a connu une dame qui vous ressemble?

— C'est possible; nous avons beaucoup voyagé du temps de mon mari.

— Ah! vous voyagiez? Alors feu M. Arnaud devait être dans les douanes ou les ponts et chaussées... ou peut-être dans les tabacs!

Comme on le voit, le désir de savoir était tenace chez madame Chervis. Malheureusement pour elle, une personne qui entra dans le bureau vint encore interrompre cet interrogatoire, et elle ne trouva pas l'occasion d'adresser de nouvelles questions à sa compagne pendant le reste de la journée.

Vers le soir arriva un chariot, chargé de meubles appartenant à madame Arnaud, qui étaient destinés à remplacer ceux que l'ancienne directrice devait emporter avec elle. Par les soins des deux piétons et du charretier, ils furent bientôt mis en place. Ce mobilier, fort simple, ne contenait rien qui ne fût rigoureusement nécessaire; mais il était neuf, tout entier en acajou, et madame Chervis paraissait éblouie de tant de splendeur, quoique certains portiers de Paris en eussent parfois une plus grande dans leurs loges aristocratiques. La bonne dame regardait et touchait tout, s'extasiait sur tout. Quand une petite pendule en bronze doré et les chandeliers pareils se dressèrent sur la tablette de bois de la cheminée, quand un tapis, aux brillantes couleurs, recouvrit le carreau de la chambre à coucher, elle ne put retenir des cris d'admiration, et demeura convaincue que son hôtesse était une princesse déguisée. Elle eût bien voulu aussi vérifier le contenu de deux ou trois malles qui semblaient pleines d'effets, et surtout d'une caisse plate, en voliges de sapin, qui devait renfermer un portrait de grande dimension; mais on ne jugea pas à propos de les ouvrir en sa présence.

Une autre circonstance vint bientôt porter au comble son ardente curiosité.

Pendant que Valérie s'occupait de son installation dans la pièce voisine, madame Chervis vit entrer la Jeanne Marsais, seule cette fois, mais tout émue et palpitante de joie. Jeanne lui apprit, sous le sceau du secret, que s'étant rendue à l'auberge, selon l'invitation du *monsieur* de la *nouvelle madame*, le *monsieur* lui avait remis quarante francs en deux belles pièces d'or, pour qu'elle pût soigner mieux que par le passé sa fille Suzette, en promettant de lui envoyer de temps en temps un secours pareil.

— Comprenez-vous cela, madame Chervis? disait Jeanne; en voilà un ange de Dieu! Vous savez ce qu'a dit M. Regnier le médecin : ma pauvre Suzette n'est pas perdue sans ressources ; avec du bon vin, de la bonne nourriture, on pourrait encore la guérir ; et grâce à cet excellent monsieur, je pourrai donner tout cela à la chère petite! Ah! si je lui devais la vie de ma fille, je baiserais la trace de ses pas!

Madame Chervis félicita la pauvre mère de cette aubaine et la congédia, en lui recommandant le secret, puisque le bienfaiteur ne voulait pas que le bienfait fût connu.

Demeurée seule, elle éprouva une véritable anxiété.

— Mais, par tous les saints du paradis! disait-elle en prenant sa tête dans ses mains, qui peuvent donc être ces gens-là? Ce vieux bonhomme a l'air d'un modeste bourgeois, et il donne en une fois quarante francs à Jeanne, en lui annonçant qu'il lui fera plus tard de semblables aumônes ; il a donné des pourboires énormes à Planchet, aux piétons, à Thérèse, qui ne sont pas habitués à la chose... D'un autre côté, sa nièce, malgré sa petite robe noire, a l'air d'une véritable duchesse ; elle marche sur des tapis, habite dans l'acajou, et elle vient s'enterrer ici pour gagner douze cents francs en travaillant du matin au soir!... C'est à n'y rien comprendre. Je donnerais mes appointements de trois mois pour connaître le mot de cette énigme! M. Gérard paraît savoir quelque chose ; je le guetterai au passage et je tâcherai de lui arracher la vérité ; mais jusque-là... Eh bien! dussé-je lire l'Annuaire tout entier, depuis le nom des ministres jusqu'à celui de M. Arnaud garde champêtre, je découvrirai qui était ce M. Arnaud, qui est ce M. de Bernay, qui est cette petite dame si cachottière!... Mordicus, je n'en aurai pas le démenti!

Elle passa, en effet, une partie de la soirée à lire d'interminables listes de noms et de charges publiques ; mais elle n'apprit rien, se coucha de mauvaise humeur et ne dormit pas de la nuit.

IV

LE DÉPART

On sait que le lendemain matin M. de Bernay devait prendre place dans la voiture de Planchet pour retourner à la ville voisine, d'où il continuerait son voyage pour Paris.

Un peu avant l'arrivée du courrier, l'oncle se rendit au bureau de la poste avec une fille d'auberge qui portait son bagage. En le voyant, madame Arnaud se mit à fondre en larmes, et le vieillard, malgré son pouvoir sur lui-même, paraissait à peine moins ému.

Le chagrin de Valérie redoubla quand la vieille et lourde patache vint stationner devant la porte, et madame Chervis, touchée de l'affliction de sa compagne, lui suggéra un moyen de passer encore quelques instants avec ce parent bien-aimé. La route, comme nous le savons, formait une côte très-roide depuis le bourg de Saint-Martin jusqu'à la gorge qui s'enfonçait dans les montagnes, et la voiture ne pouvait monter cette côte qu'au petit pas. Pourquoi M. de Bernay et madame Arnaud ne précéderaient-ils pas la voiture à pied ? Ils ne se quitteraient ainsi qu'à l'entrée du défilé. Le grand air lui ferait du bien, et elle reviendrait en se promenant, ce qui serait pour elle une distraction salutaire.

Valérie accueillit cette idée avec empressement ; elle alla donc mettre sa mantille et son chapeau ; puis, laissant le bureau à la garde de madame Chervis, elle sortit avec son oncle qui avait pris amicalement congé de la vieille directrice.

Madame Arnaud s'appuyait sur le bras de M. de Bernay et elle avait baissé son voile, afin qu'on ne vît pas ses yeux rouges et battus. L'oncle et la nièce gardaient le silence ; mais s'ils avaient compté passer inaperçus dans le bourg de Saint-Martin, ils reconnurent bientôt leur erreur. Ce furent d'abord M. le maire et son secrétaire, le maître d'école, qui saluèrent respectueusement d'une fenêtre de la mairie. Puis Jeanne Marsais et sa fille se trouvèrent sur leur chemin, levant les yeux au ciel comme pour l'invoquer en faveur du voyageur, et la pauvre petite malade lui envoya des baisers. Enfin tout le personnel de l'auberge du *Roi René*, alléché sans doute par de généreux pourboires, se tenait sur le seuil de la porte, saluant de la main et du bonnet.

M. de Bernay répondait à ces manifestations par un sourire affable, tandis que sa nièce disait à demi-voix :

— Voyez... voyez! on vous aime déjà!

Bientôt ils franchirent les dernières maisons du bourg et se trouvèrent en rase campagne.

Alors Valérie ne se contint plus et donna un libre cours à sa douleur.

— Mon oncle, mon ami, mon second père, murmurait-elle en sanglotant, que vais-je devenir sans vous?

M. de Bernay s'arrêta brusquement.

— Valérie, dit-il d'un ton résolu, il en est temps encore, voulez-vous revenir avec moi ? Aussi bien ce parti extrême de vous enterrer, à votre âge, dans ces montagnes, au milieu de gens dont les mœurs, les goûts, les idées sont si contraires aux vôtres, doit vous paraître maintenant d'une exécution difficile. De loin, à travers le prisme d'une brillante imagination, les choses revêtent les formes et les couleurs les plus séduisantes ; mais le désenchantement ne tarde pas à venir, la réalité fait évanouir ces éblouissantes images. Ainsi pour vous sans doute ; l'illusion tombe à présent et cette existence à laquelle vous vous étiez résignée vous apparaît dans toute sa prose repoussante. Je vous le répète, si le fardeau excède vos forces, vous êtes libre encore de le rejeter... Partons ensemble ; je vous ramène à Paris. Un mot à madame Chervis, votre démission adressée au directeur général, régulariseront tout ; on comprendra aisément que vous aviez trop présumé de votre courage, et personne n'osera vous blâmer... Eh bien ! Valérie, chère Valérie, êtes-vous prête et voulez-vous me suivre?

Madame Arnaud sourit malgré ses larmes.

— Eh! où irai-je, mon oncle? demanda-t-elle en se remettant en marche.

— Chez moi d'abord, répliqua M. de Bernay avec un peu d'embarras ; vous serez toujours accueillie chez moi avec l'affection qui vous est due.

— Par vous, mon excellent parent, oui, par vous, je le sais, j'en suis sûre! mais il est une autre personne... oh ! ne craignez ni récriminations ni reproches : j'ai eu tort peut-être, pendant mon court séjour chez vous, maison, d'attacher trop d'importance à certaines façons d'agir, à certaines paroles de madame de Bernay à mon égard ! C'était mon devoir de les subir, de la part d'une parente plus âgée que moi ; mais il faut pardonner beaucoup à la susceptibilité, peut-être exagérée, d'une femme qui, après avoir été ce que j'ai été, est devenue ce que je suis.

— Vous êtes injuste envers votre tante, répliqua M. de Bernay avec chaleur, vous êtes injuste, Valérie, je vous l'affirme. C'était avec franchise et cordialité qu'elle vous avait offert, après votre malheur, un asile honorable auprès de nous. Vous avez donné trop d'attention à certains écarts d'un caractère naturellement un peu difficile...

— De grâce, mon oncle, laissons ce sujet, interrompit madame Arnaud. Je n'ai aucune aigreur dans l'âme contre les autres personnes de la famille de mon mari ou de la mienne, qui m'ont témoigné tant de froideur, d'indifférence, de dédain même, dans mon affliction ; comment en aurais-je pour madame de Bernay quand vous, mon oncle, vous vous êtes montré si affectueux, si dévoué pour moi?

— Ne parlons pas de mon dévouement et de ma bonté, interrompit M. de Bernay avec impatience; je n'ai rien fait qui ne fût exigé par nos positions réciproques... Cependant, Valérie, en accusant ainsi votre famille et celle de votre mari, ne pourriez-vous pas aussi vous adresser des reproches? Sans vouloir excuser les procédés de quelques-uns de nos parents à votre égard, n'avez-vous pas de votre côté repoussé un peu trop fièrement peut-être certaines avances?...

— Encore une fois, je n'oserais dire que je suis entièrement exempte de blâme, répliqua Valérie en baissant les yeux ; Dieu m'est témoin, mon oncle, que pendant le temps où j'ai été heureuse, puissante, enviée, je suis parvenue à me garantir de l'orgueil ; mais peut-être, depuis que j'ai été précipitée du faîte des prospérités, une fierté chagrine s'est-elle glissée, à mon insu, dans mon cœur. Peut-être ai-je vu de la tiédeur et du mépris où il y avait seulement de la réserve et de la prudence. Mais il faut pardonner une susceptibilité trop ombrageuse, une délicatesse trop défiante à une pauvre créature qui a tant souffert depuis quelques mois. Je l'avoue, cette position fausse de *parente pauvre*, dans une famille opulente, a révolté mon orgueil ; il m'a semblé que je demeurerais plus digne de celui que j'ai perdu, en vivant dans l'indépendance, fruit du travail, en acceptant un emploi modeste mais honorable. Vous, mon oncle, vous avez bien voulu employer votre crédit à me le procurer, vous avez écarté des obstacles, vous avez entrepris un long voyage, en dépit de certaines résistances, afin de veiller vous-même à mon établissement. Maintenant que j'ai trouvé cette retraite paisible à laquelle j'aspirais, me croyez-vous capable d'y renoncer ? Pensez-vous que je reculerai lâchement devant de mesquines considérations de bien-être matériel? Vous avez mal interprété mon affliction en vous voyant partir ; de ce monde où vous retournez, je ne regrette que vous.

— Mais, Valérie, êtes-vous sûre de pouvoir supporter la vie solitaire, décolorée, mortellement ennuyeuse, que vous avez choisie? Ce pays est pittoresque, je le reconnais; toutefois, l'admiration se lasse bien vite à contempler les mêmes choses. Le premier moment passé, vous chercherez autour de vous des distractions en harmonie avec vous-même ; n'en trouvant pas, vous tomberez dans la tristesse et le découragement.

— Ma vie sera occupée, active, et mes souvenirs suffiront pour remplir mes heures de solitude. Ce calme profond, cette existence monotone sont ce qui me convient le mieux après tant d'agitations et de souffrances. D'ailleurs, si humble que soit ma condition, je trouverai peut-être encore l'occasion de faire un peu de bien, et le contentement de moi-même me soutiendra dans les mauvais moments.

— Le calme sur lequel vous comptez, Valérie, n'est rien moins qu'assuré. Le sévère incognito que nous avons cru nécessaire pour ne pas attirer sur vous une attention importune me semble fort compromis. Déjà, hier, ce jeune ingénieur, M. Gérard, a failli vous reconnaître, et sans votre imperturbable sang-froid... Mais une autre occasion peut se présenter ; et il y a surtout ce baron de Puysieux, qui se trouve dans le voisinage.

— M. de Puysieux, non plus que personne au monde, ne saurait m'inquiéter sérieusement. J'ai voulu éviter, c'est vrai, que le nom que j'ai porté, le rang que j'ai occupé dans le monde fussent connus dans ce pays ; je craignais la pitié, aussi insultante parfois que le mépris. Voilà pourquoi j'ai tenu à ne porter ici que ce simple nom d'Arnaud,

un de nos noms de famille, tout à fait assorti à ma fortune présente, et je vous remercie, mon oncle, d'avoir obtenu de l'administration des postes qu'il figurât seul dans les pièces officielles. Mais j'envisage sans effroi la révélation de la vérité. M. Gérard, M. de Puysieux, ou toute autre personne, peut raconter, s'il lui plaît, que madame Arnaud, la directrice des postes de Saint-Martin, s'appelait autrefois la marquise de la Villévêque, et qu'elle est veuve d'un préfet mort sans fortune ; il n'y a rien là qui doive altérer ma sérénité. Cette circonstance, après avoir produit peut-être une impression passagère sur les bonnes gens au milieu desquels je suis appelée à vivre désormais, sera bien vite oubliée. Je deviendrai pendant quelques jours l'objet d'une curiosité oiseuse, puis on n'y pensera plus. J'attendrai donc sans émoi toute éventualité de cette nature ; et j'en subirai les conséquences sans me troubler et sans me plaindre.

Ces paroles étaient prononcées avec une fermeté simple qui témoignait d'une résolution bien arrêtée.

M. de Bernay serra le bras de sa nièce contre sa poitrine et dit avec attendrissement.

— Allons! chère Valérie, je m'étais trompé. J'avais pris pour des regrets ce qui n'était que le témoignage de votre amitié pour moi... Courage donc et que votre volonté s'accomplisse, puisque vous y persistez!... Si cependant vous changiez d'avis quelque jour, n'hésitez pas à m'en prévenir. J'accourrais ici vous chercher et je vous traiterais encore comme une enfant chérie.

Pendant cette conversation, les promeneurs avaient gravi la pente du coteau, et ils étaient arrivés à l'entrée du défilé où s'engouffrait la route. Ils s'arrêtèrent alors et, se retournant, ils jetèrent un regard distrait sur les alentours.

Au-dessous d'eux s'étendait la pleine boisée, féconde, où la verdure bleuâtre des blés en herbe, des peupliers et des oliviers, contrastait avec la verdure éclatante des pâturages. Dans cette partie riante du pays, on apercevait de toutes parts des métairies, des bastides, des villages, les uns se chauffant au soleil comme des lazzaroni napolitains, les autres se cachant sous des arbres touffus et ne trahissant de loin leur présence que par une girouette dorée ou par une flèche de clocher.

Derrière les spectateurs, au contraire, tout était grave, nu, désert, et la route semblait barrée brusquement par un mur immense, infranchissable. Les montagnes, comme nous l'avons dit, étaient disposées par étages ; mais l'œil ne pouvant apercevoir d'en bas les nombreuses vallées qui séparaient ces majestueux gradins, on eût dit d'une montagne unique, s'élevant de la région des fleurs à la région des glaces éternelles. Le soleil méridional éclairait les versants de teintes éblouissantes. Les sons lointains des sonnailles, les chants des oiseaux, les cris des cigales, le bourdonnement des insectes, tempéraient ce qu'il y aurait eu de trop solennel dans le calme de ces solitudes.

Mais ce qui occupait le plus, en ce moment, le voyageur et sa nièce, c'était la voiture qui gravissait la pente escarpée au petit pas des chevaux, soulevant, malgré sa lenteur, des flots de poussière. Elle se rapprochait insensiblement, et, bientôt, l'on put entendre jusqu'au grincement des roues, jusqu'au souffle haletant des chevaux fatigués. L'heure de la séparation était venue.

— Mon enfant, dit M. de Bernay d'une voix affectueuse, tandis que nous sommes encore seuls, n'avez-vous pas quelque vœu à exprimer ? N'avez-vous pas à me charger d'aucune commission ?

—Mille grâces, mon oncle ; vous avez tout prévu, rien n'a été négligé pour assurer mon bien-être et ma tranquillité. Cependant, poursuivit Valérie d'un air pensif, vous venez d'attirer mon attention sur certaines possibilités... Toute réflexion faite, je vous prierai de chercher parmi les papiers de mon mari, restés en dépôt dans votre hôtel à Paris, et de m'envoyer, par la plus courte voie, une

liasse qui porte pour suscription : *Affaires de Puysieux*.
— Il suffit, répliqua M. de Bernay en écrivant quelques mots sur son carnet ; est-ce bien tout ?

En ce moment, la voiture les rejoignit et s'arrêta. Planchet descendit de son siége pour ouvrir la portière et faire monter le voyageur.

Valérie, se jetant dans les bras du vieillard, lui dit avec plus de courage qu'elle n'en avait montré jusqu'alors :
— Allons ! adieu, mon généreux parent, mon second père... Dans l'isolement où je vais vivre, je penserai à vous tous les jours, à toute heure !
— Que Dieu vous bénisse, ma fille, répliqua M. de Bernay d'une voix altérée, en lui donnant un baiser sur le front, et qu'il vous accorde le calme dont vous avez besoin après tant de douloureuses épreuves !... Et si vraiment vous croyez, ajouta-t-il plus bas, me devoir quelque reconnaissance, je vous en conjure, oubliez les torts de votre tante pour l'amour de moi.

Sans attendre la réponse, il se hâta de franchir le marchepied.

Planchet, de son côté, referma vivement la portière, et en grimpant sur son siége il dit à Valérie, d'un ton mystérieux :
— A ce soir, madame la directrice... Il y a eu du grabuge, là-bas, au bureau, pendant votre absence! Mais madame Chervis vous contera cela quand vous redescendrez... Adieu.

Valérie, dans son trouble, ne parut pas comprendre l'avis alarmant que contenaient ces paroles.

Planchet fouetta ses chevaux et partit à fond de train. M. de Bernay se pencha à la portière et vit la jeune femme à la même place ; elle lui souriait en agitant son mouchoir.

Valérie ne changea pas d'attitude tant que son oncle fut à portée de l'observer. Mais aussitôt que les chevaux eurent tourné l'angle de la route, elle poussa un douloureux sanglot, et, s'asseyant sur une touffe de gazon, à l'ombre d'un châtaignier, elle versa d'abondantes larmes.

En effet, la fermeté qu'elle venait de montrer était factice. D'ailleurs, tant qu'elle avait vu M. de Bernay auprès d'elle, le lien qui rattachait le présent au passé ne lui avait pas semblé entièrement rompu ; mais, à cette heure, elle se sentait seule, bien seule, et son délaissement l'épouvantait.

Elle parvint pourtant à se dominer, et tomba dans une profonde rêverie. Peut-être, pendant ce quart d'heure de recueillement, voyait-elle passer devant ses yeux les images brillantes de ce qui n'était plus ; peut-être songeait-elle à ses joies de femme aimée, à ses triomphes de salon, à l'atmosphère d'affection et de respect qu'elle avait respirée pendant plusieurs années.

Enfin, elle se leva, et elle dit tout haut, comme pour se rappeler à elle-même la réalité :
— Allons ! je suis directrice des postes dans ce bourg des Basses-Alpes... Songeons à mon devoir.

Avant de se remettre en marche, elle jeta encore un regard autour d'elle. La route qui conduisait à Saint-Martin était déserte ; sauf un cantonnier qui travaillait au pied d'un talus, on ne voyait pas un être humain sur cette voie poudreuse, où les pies venaient sautiller en agaçant. Mais, quand elle se tourna du côté de la plaine, la jeune femme aperçut quelques personnes qui excitèrent vivement son attention.

A moins d'un quart de lieue de la route, s'élevaient des constructions importantes qui avaient pour dépendances de magnifiques jardins et un parc d'une étendue considérable. Valérie devina la Bastide-Vialard, la demeure aristocratique de la famille de Vaublanc. On y arrivait par deux longues avenues, dont l'une partait de la grande route, un peu au-dessous du bourg de Saint-Martin, tandis que l'autre, qui débouchait tout près de l'endroit où se trouvait en ce moment la directrice des postes, descendait en droite ligne la pente de la montagne.

Or, c'était justement dans cette allée que s'avançaient plusieurs promeneurs, suivis à distance par une calèche découverte, et madame Arnaud ne semblait pas pouvoir les éviter.

Cette compagnie se composait de quatre personnes. En avant marchaient deux dames, dont les ombrelles aux couleurs vives et les robes élégantes s'harmonisaient avec les teintes printanières de la campagne. L'une d'elles, âgée de trente-six à trente-huit ans, était mise avec beaucoup de coquetterie, et elle eût encore été fort belle si la prétention de ses manières n'eût semblé vouloir violenter un peu l'admiration et les hommages. L'autre était une jeune fille de dix-sept ans, aux traits angéliques, aussi simple et aussi naturelle que la première était affectée. Bien qu'elle fût à l'âge où les jeunes demoiselles ont le droit de ne plus être traitées en enfants, elle portait encore le costume d'une pensionnaire : robe blanche, ceinture aux bouts flottants et chapeau de paille d'Italie. Ainsi le voulait l'autre dame plus âgée, qui était sa mère. Néanmoins ce costume ajoutait encore à l'air de vivacité naïve qui distinguait cette charmante créature, et les plus riches toilettes n'auraient pu mieux faire ressortir les grâces de toute sa personne. Ces dames étaient la comtesse de Vaublanc et sa fille Emma.

Deux hommes les accompagnaient dans cette promenade, outre les domestiques attachés au service de la voiture. L'un de ces hommes, vêtu avec une extrême recherche, bien qu'il eût déjà dépassé la trentaine, reproduisait avec une certaine exactitude ces figures de dandys popularisés par les gravures de modes. Il était grand, bien fait, du moins en apparence, car peut-être portait-il un corset, par-dessous son habit de fantaisie fort savamment coupé. Sa figure, d'une pâleur aristocratique, était encadrée dans une barbe fine, parfumée, taillée avec un soin particulier. Un camélia rose ornait sa boutonnière, et chacun de ses pas faisait crier sur le gazon ses bottines fines et brillantes. Une badine à pomme d'agate, qu'il tortillait dans ses mains gantées, servait à lui donner un air aisé et cavalier en accord parfait avec l'expression fière, dédaigneuse, souvent provocatrice, de sa physionomie. Ce personnage était M. le baron de Puysieux, l'hôte actuel de la Bastide-Vialard.

Le quatrième promeneur de ce groupe est déjà connu du lecteur : c'était Gérard, le jeune ingénieur des ponts et chaussées que nous avons vu arriver la veille au bureau de poste de Saint-Martin.

Autant le baron montrait de recherche dans sa tenue, de hardiesse dans son maintien et dans son regard, autant Gérard paraissait naturel et modeste. Son costume consistait en une redingote noire et un pantalon de coutil ; il avait encore sur la tête sa petite casquette de toile vernie ; mais la distinction de sa personne donnait à ce costume l'élégance que le baron semblait devoir seulement à la science de son tailleur parisien. De même, tandis que M. de Puysieux parlait haut, d'un ton moqueur, faisant des pointes et cherchant des mots soi-disant spirituels pour amuser les dames, le jeune savant, un peu étourdi par cette faconde vide, mais intarissable, s'exprimait simplement, sans afféterie, et chacune de ses paroles était marquée au coin du bon sens. Nous saurons plus tard qui, du fat ou de l'homme de cœur et d'intelligence, avait le plus de succès.

Toute cette société, usant de la liberté qu'autorise la campagne, marchait un peu à la débandade, pendant que la calèche suivait au pas. Les messieurs avaient bien offert le bras aux promeneuses, mais on les avait renvoyés en riant. Mademoiselle Emma, bien qu'elle montrât parfois certaines velléités de dignité, n'était pas fâchée de s'écarter de temps en temps pour cueillir une fleurette ou pour essayer de saisir au vol quelque beau papillon alpestre. Ces caprices paraissaient beaucoup divertir sa mère, qui ne manquait pas alors de faire remarquer combien Emma était *enfant*. Quant à elle, craignant qu'on n'attribuât sa fatigue à l'embonpoint qui commençait à la gagner, elle s'efforçait de gravir avec une aisance apparente cette côte escarpée, et cachait sous un sourire l'oppression légère que la marche lui causait.

D'abord, Valérie ne s'alarma pas trop de cette rencontre; elle avait reconnu les dames de Vaublanc, dont madame Chervis lui avait tant parlé, et l'ingénieur Gérard qu'elle avait vu au bureau de poste; mais à peine eut-elle envisagé le baron, qu'elle rabattit précipitamment son voile, et doubla le pas afin de passer devant l'avenue avant l'arrivée des promeneurs.

Elle avait compté sans l'humeur étourdie et la gracieuse agilité de mademoiselle Emma de Vaublanc. Quand la jeune fille ne fut plus qu'à une vingtaine de pas de la grand'route, elle s'élança en avant, pour avoir le puéril honneur d'atteindre la première le sommet de la pente. Parvenue à l'extrémité de l'avenue, elle se retournait en agitant joyeusement son ombrelle d'un air de triomphe, lorsque tout à coup elle aperçut madame Arnaud.

Il n'était pas ordinaire de rencontrer une femme de tournure distinguée, seule dans cet endroit désert et si loin de toute habitation. Aussi Emma, surprise de cette apparition, se mit-elle à observer l'inconnue avec une curiosité naïve, et elle ne sut pas éviter une pierre saillante qui se trouvait sous ses pas; le pied lui tourna et elle tomba en poussant un cri de douleur.

La résolution qu'avait prise Valérie d'éviter tout rapport avec les habitants du voisinage ne tint pas devant cet accident. La directrice courut à la jeune fille, la releva et lui dit d'un ton d'intérêt :

— Ah! mademoiselle, je crains bien d'avoir été la cause de cette chute. Ma présence inattendue vous a effrayée, sans doute... seriez-vous blessée?

— Non, madame... j'espère que non, répondit mademoiselle de Vaublanc avec effort.

Cependant elle semblait beaucoup souffrir, et elle finit par prier qu'on lui permît de s'asseoir sur une touffe de gazon. Alors, moitié souriant, moitié gémissant, elle prit dans ses deux mains la mignonne bottine qui renfermait le pied malade, sans cesser de regarder madame Arnaud.

Le baron et Gérard s'étaient mis à courir en entendant le cri de douleur d'Emma et en la voyant tomber; la comtesse elle-même avait doublé le pas. Quand on atteignit la grand'route, on trouva Valérie, qui lui adressait des paroles encourageantes.

— Eh bien ! eh bien ! qu'y a-t-il donc ? demanda Puysieux avec plus d'étonnement que de véritable intérêt.

— Ah! mademoiselle Emma, que vous est-il arrivé? s'écria le jeune ingénieur.

— Ma fille ! ma fille! balbutia la comtesse, qui arrivait à son tour.

Mais elle étouffait, et les palpitations causées par la rapidité de sa course l'empêchèrent, aussi bien que l'émotion, d'en dire davantage.

Cependant mademoiselle de Vaublanc répondit en essayant de dissimuler ses souffrances :

— Ce n'est rien, chère maman, rassurez-vous. En arrivant ici, mon pied a heurté contre une pierre, et sans cette dame qui semble tout exprès envoyée pour me soutenir, ma chute aurait pu être sérieuse. Il n'y paraîtra plus sans doute dans quelques instants.

Ce léger mensonge, qui témoignait déjà de la sympathie d'Emma pour la dame inconnue, attira sur Valérie l'attention générale ; toutefois, dans ce premier moment d'inquiétude, on n'examina pas bien scrupuleusement la femme voilée qui s'était trouvée d'une manière si étrange à portée de secourir Emma.

La comtesse recouvra enfin la parole.

— Chère petite, dit-elle, tu me feras mourir par tes étourderies... Ne pouvais-tu rester auprès de nous? Où souffres-tu?

La jeune fille indiqua du doigt l'extrémité du petit pied qui venait de disparaître sous la robe, aux approches de la compagnie.

— Bah! répliqua-t-elle, la douleur est déjà presque passée.

— Ce n'est sans doute qu'une foulure sans importance, reprit Valérie, et l'accident n'aura pas de suites fâcheuses... Eh bien ! mademoiselle, je vous laisse à la garde de madame votre mère et de vos amis.

Elle se redressa et parut vouloir se retirer ; la comtesse lui dit cérémonieusement :

— Recevez mes remercîments, madame, pour l'assistance que vous avez bien voulu donner à ma fille ; mais ne pourrais-je savoir à qui j'ai l'honneur...

Valérie feignit de ne pas avoir entendu cette question, et salua sans répondre.

Elle allait s'éloigner, quand Gérard s'écria tout à coup :

— Pardonnez-moi, madame Arnaud, j'avais tant d'inquiétude au sujet de mademoiselle Emma... je ne vous avais pas reconnue d'abord.

Et il s'inclina poliment.

— Arnaud ! répéta le baron avec un accent singulier. Puysieux, malgré son pouvoir sur lui-même, paraissait éprouver un certain trouble et fixait un regard ardent sur Valérie qui demeurait impassible derrière son voile.

— Eh! oui, répliqua l'ingénieur, madame Arnaud, la nouvelle directrice des postes de Saint-Martin.

Le baron, en apprenant la qualité de la dame secourable, parut plus tranquille, et ses traits perdirent l'expression d'anxiété qu'ils avaient un moment auparavant.

— La nouvelle directrice ! s'écria Emma ; on m'avait bien dit qu'elle était jolie, mais je sais aussi combien elle est obligeante et bonne !

Valérie remercia l'enthousiaste enfant par un signe amical, et dit à la comtesse :

— Il y aurait peut-être de l'imprudence à ce que mademoiselle essayât de marcher... Avant de m'éloigner, permettez-moi de vous aider à la mettre dans la voiture.

— Volontiers, madame la directrice.

Cette fois la comtesse parlait d'un petit ton dégagé; elle ne croyait plus avoir sujet de se confondre en politesses.

Toutes les deux soulevèrent la jeune fille avec précaution ; à peine Emma eut-elle posé par terre son pied blessé, qu'elle poussa un nouveau cri de douleur.

La voiture était seulement à quelques pas et un valet venait d'ouvrir la portière; mais mademoiselle de Vaublanc ne pouvait marcher, même en s'appuyant sur sa mère et sur Valérie.

— Si mademoiselle y consentait, dit le baron avec empressement, il me serait facile de la transporter sur la banquette.

Gérard, immobile et muet, semblait stupéfait de la hardiesse du dandy.

— Non, non, je ne veux pas, répondit Emma d'un ton péremptoire; si vous tenez à vous rendre utile, monsieur de Fuysieux, ramassez mon ombrelle qui s'est brisée. Pour moi, que personne ne me touche... Vous allez voir.

En même temps, écartant sa mère et la directrice, elle franchit à cloche-pied le court espace qui la séparait de la voiture. Puis, s'aidant de ses mains, elle escalada le marchepied et se laissa tomber sur les coussins de la calèche.

LA DIRECTRICE DES POSTES

JEANNE MARSAIS ET SA FILLE.

Ces mouvements, si ridicules en apparence, s'étaient accomplis avec tant de souplesse, tant de grâce, que les assistants en paraissaient charmés, sauf la comtesse, qui disait avec confusion :

— Emma, Emma, est-il convenable?... Excusez-la, madame et messieurs. Elle est si enfant et ne peut oublier les plaisirs de son âge... C'est une petite fille, vous le voyez!

— Eh! maman, pas si petite! répondit Emma en faisant la moue.

Madame de Vaublanc était remontée à son tour dans la voiture.

— Pierre, dit-elle au cocher, nous ne continuerons pas notre promenade ; il faut tourner bride et nous ramener à la maison... Quant à vous, Charles, continua-t-elle en s'adressant au valet de pied, vous allez descendre au bourg et prier le docteur Régnier de venir sans retard à la Bastide, où ses soins seront nécessaires à ma fille.

Le valet de pied partit aussitôt afin d'exécuter cet ordre. La comtesse poursuivit :

— Mille grâces encore une fois, madame la directrice, pour l'intérêt que vous avez témoigné à cette pauvre petite folle... Messieurs, ajouta-t-elle en se tournant vers le baron et vers Gérard, l'un de vous, à mon grand regret, se trouvera dans l'obligation de revenir à pied. Vous voyez que ma fille a besoin de la banquette de devant pour étendre sa jambe malade. Il ne reste donc plus qu'une place auprès de nous, et comme il me serait impossible de faire un choix entre vous deux...

Le baron monta résolûment dans la calèche, prit la place

vide sur la banquette de devant, puis promena autour de lui un regard fier, comme pour chercher qui pourrait avoir l'audace de lui contester ce privilège.

Gérard devint cramoisi ; ses traits, habituellement doux et placides, exprimaient une irritation violente.

— Si le respect et l'affection pour les dames de Vaublanc, dit-il avec beaucoup de feu, étaient un titre suffisant pour mériter cette place auprès d'elles, j'aurais autant de droit que personne à l'occuper, et je défendrais ce droit même contre M. de Puysieux.

Le baron ne daigna pas répondre. La comtesse répliqua distraitement :

— Allons, messieurs, pas de querelle pour si peu de chose... Monsieur Gérard, vous êtes le plus jeune, et je vous remercie d'avoir renoncé à votre place pour le bien-être d'Emma.

L'ingénieur s'inclina en silence, mais ses lèvres frémissaient et son œil continuait de briller.

Emma n'avait pas paru s'apercevoir de cette contestation entre les deux jeunes gens. Elle avait appelé Valérie auprès d'elle, et lui disait d'un ton caressant :

— Oh ! madame, vous viendrez me voir à la Bastide, n'est-ce pas ? Je m'y ennuie bien parfois ! Vous y viendrez comme y venait madame Chervis, et je vous aimerai, je crois, plus encore que je n'aimais madame Chervis !... D'ailleurs, vous voilà obligée de vous informer de moi ; je m'efforce de rire, mais je souffre bien, allez ! je souffre beaucoup ; et vous qui avez empêché l'accident d'avoir de la gravité, vous devez vous intéresser à mon état.

— Mais, mademoiselle, dit Valérie en souriant, vous savez bien que j'ai eu seulement l'occasion de vous montrer de la bonne volonté ; vous étiez déjà tombée lorsque je suis accourue...

— Je vous dis, moi, chère madame, reprit l'enfant gâtée d'un ton résolu, que, sans vous, l'accident aurait été certainement plus grave. Au lieu de me fouler le pied, j'aurais pu me le casser ; ma tête aurait pu porter contre ce gros caillou que vous voyez là ; je risquais de rouler le long de ce talus ; vous m'avez peut-être sauvé la vie... oh ! ne riez pas... J'en suis sûre, vous m'avez sauvé la vie ; et je le dirai partout, et vous serez obligée de venir à la Bastide voir une personne qui vous a tant d'obligations. D'ailleurs, ajouta-t-elle, en baissant la voix, je veux arranger cette affaire de la poste, vous savez ? Oui, je vais en parler à mon père et je l'arrangerai. Dites cela en rentrant à madame Chervis, qui doit être bien inquiète, la chère dame !

— Mademoiselle, répliqua Valérie avec étonnement, j'ignore encore...

— Ah ! vous ne connaissez pas cette affaire de la poste dont vous êtes directrice ? Eh bien ! ne vous en effrayez pas... Je suis là... et vous viendrez me voir, me remercier, et vous m'aimerez, j'en réponds.

Valérie voulait s'excuser de se rendre à la Bastide, et surtout questionner la volontaire jeune fille au sujet de l'événement dont Planchet lui avait déjà dit quelques mots, quand une voix cria :

— Prenez garde !

Au même instant les chevaux tournèrent sur eux-mêmes, afin de redescendre l'avenue. La directrice et Gérard durent se ranger au bord du chemin pour ne pas être écrasés.

Comme la voiture s'éloignait, le baron de Puysieux, se penchant vers Emma, lui dit quelques mots à voix basse. La jeune fille poussa un éclat de rire joyeux aussitôt réprimé par la souffrance ; puis on n'entendit plus que le bruit des fers des chevaux sur le pavé et la calèche ne tarda pas à disparaître dans l'éloignement.

V

LES CONFIDENCES.

Madame Arnaud et Gérard restèrent un moment immobiles. L'ingénieur paraissait bouleversé ; l'éclat de rire qu'Emma avait poussé en partant, lorsqu'il venait de recevoir devant elle une sanglante humiliation, lui avait déchiré le cœur. Valérie lui jeta un regard de pitié ; mais, fidèle à son système de réserve, elle salua en silence et se dirigea vers le bourg, sans que le jeune homme se fût aperçu de son départ.

La directrice avait l'intention de suivre le valet de pied qui se trouvait en avant et de se tenir à peu de distance de cet homme jusqu'à Saint-Martin. Elle accéléra donc le pas ; mais elle n'était pas encore bien éloignée de l'avenue de la Bastide, quand elle entendit marcher derrière elle ; et, se tournant, elle vit Gérard qui s'efforçait de la rejoindre. Valérie n'avait aucun motif pour l'éviter ; aussi, bien qu'elle ne s'arrêtât pas pour l'attendre, l'ingénieur fut-il bientôt à son côté.

En l'abordant, Gérard se découvrit respectueusement.

— Madame, dit-il d'une voix altérée, je vous supplie d'excuser ma distraction. Au lieu de vous offrir de vous accompagner à Saint-Martin, comme la plus simple politesse m'en faisait un devoir, des préoccupations de la nature la plus cruelle... Pardonnez, madame, vous me plaindriez si vous saviez ce qui se passe en moi !

Madame Arnaud répondit froidement qu'elle remerciait M. Gérard de sa proposition, qu'elle n'avait rien à craindre sur une voie publique et qu'elle serait désolée de détourner M. Gérard de sa destination.

— Ma destination ? et quelle est-elle ? répliqua l'ingénieur avec amertume ; sais-je seulement si je dois retourner dans cette maison où je ne trouve plus qu'indifférence et raillerie ?... Mais si vous repoussez ma prière, ajouta-t-il timidement, j'espère du moins que vous ne m'empêcherez pas de vous suivre de loin afin de vous protéger contre toute insulte !

— Je vous assure, monsieur, que je n'ai pas besoin...

Cependant, en voyant de grosses larmes rouler, sans qu'il s'en doutât peut-être, sur les joues du jeune homme, Valérie n'eut pas le courage de persister dans son refus.

— Eh bien ! monsieur, dit-elle avec douceur, puisque vous insistez avec tant d'obligeance, nous marcherons de compagnie.

Ils firent quelques pas en silence. La voix mélancolique de madame Arnaud avait produit sur Gérard une impression qui ne tarda pas toutefois à s'effacer. Comme il était retombé dans sa rêverie, la directrice lui dit :

— Monsieur Gérard n'accorde-t-il pas trop d'importance à une circonstance frivole, ne devrait-il pas mépriser les fanfaronnades de M. de Puysieux ?

— Ah ! s'il n'y avait que lui ! s'écria l'ingénieur en serrant le poing avec rage, mais tout à l'heure, quand j'ai reçu cette insulte, n'avez-vous pas entendu le rire moqueur, cruel, d'une personne... que, malgré tout, je ne saurais haïr ?

— Mademoiselle de Vaublanc est à l'âge où l'on rit aisément et où l'on pleure de même. D'ailleurs quelle preuve avez-vous que vous étiez bien la cause de ce rire offensant ?

Depuis quelques instants, comme nous l'avons dit, le son de voix de Valérie semblait éveiller chez Gérard de vagues souvenirs, et il se mit à regarder la directrice avec plus d'attention. Madame Arnaud, incommodée par la chaleur, venait de soulever distraitement l'épais voile qui cachait ses traits. Quand elle s'aperçut qu'elle était l'objet d'un examen soutenu, elle détourna la tête, mais trop tard.

— Je vous supplie de me pardonner, madame, reprit Gérard, si je reviens sur une opinion qu'une fois déjà vous avez repoussée ; mais sans aucun doute je vous ai vue autrefois, dans un autre pays, sous un nom différent et dans une position différente.
— Eh bien ! quand cela serait, monsieur ? dit Valérie.
— C'est qu'alors, madame, je ne saurais témoigner assez d'égards, assez de confiance à la noble et digne épouse de mon protecteur, du fonctionnaire éminent à qui j'ai voué une gratitude éternelle.
Cet hommage à la mémoire de son mari émut vivement la directrice.
— Je ne m'en cache plus, monsieur Gérard, répondit-elle ; oui, je suis la veuve du marquis de la Villelévêque. Je ne rougis pas de la condition inférieure à laquelle sa mort prématurée m'a réduite ; après une telle perte, les autres malheurs ne sont rien... Cependant, monsieur, j'ai des raisons pour désirer que ce secret ne s'ébruite pas, et je le mets sous la sauvegarde de votre honneur.
— Votre secret sera bien gardé, madame ; et ma profonde vénération pour la mémoire du marquis de la Villelévêque doit vous en être garant. Je n'ai pas de peine à m'expliquer comment je vous retrouve dans une position si fort au-dessous de vous : M. de la Villelévêque, enlevé prématurément à l'affection de sa famille, à la reconnaissance de ses administrés, était trop grand, trop désintéressé pour n'avoir pas dépensé sa fortune au service de l'État ; et vous, madame la marquise, vous avez été certainement trop fière...
— Appelez-moi madame Arnaud, interrompit Valérie avec vivacité.
Elle reprit d'un ton différent, après une pause :
— Tout à l'heure, monsieur Gérard, vous sembliez vouloir me faire une confidence ?
— Ah ! madame, comment oserais-je parler de mes misérables chagrins devant une douleur si noble et si noblement supportée ?
— Vous oubliez qu'il est une sorte de chagrins dont une femme reçoit toujours volontiers la confidence, si malheureuse qu'elle soit elle-même... Tout à l'heure, monsieur Gérard, j'ai vu des larmes dans vos yeux, et votre peine m'a touchée. Je ne feindrai pas d'en ignorer la cause, car vos préférences pour mademoiselle de Vaublanc sont connues de tout le pays.
Peut-être Valérie, en provoquant ainsi les aveux du jeune ingénieur, avait-elle des motifs particuliers ; mais Gérard ne les soupçonna pas.
— Merci de votre touchant intérêt pour moi ! dit-il avec chaleur ; rien ne peut m'être plus précieux en ce moment que les avis et les consolations d'une femme du monde qui a l'expérience de tous les sentiments tendres et délicats... Oui, madame, on vous a dit vrai : j'aime mademoiselle de Vaublanc, et en dépit des obstacles qui nous séparent, cet amour ne finira qu'avec moi.
— Bien, et... elle ?
— Jusqu'ici j'avais cru que tout espoir ne devait pas m'être interdit ; mais je viens d'acquérir la désolante certitude de mon erreur. Emma est noble et riche, moi je suis pauvre et roturier ; néanmoins les fonctions que j'exerce, fonctions qui me permettent légitimement d'aspirer à la fortune et aux honneurs, me semblaient devoir me rapprocher d'elle. Autrefois le comte me témoignait une grande considération ; il me consultait dans toutes ses entreprises ; et il devait d'autant plus estimer mes conseils qu'il s'était repenti souvent de ne les avoir pas suivis. L'automne dernier, quand je séjournai pendant une quinzaine de jours à la Bastide-Vialard, la comtesse m'accueillit avec bienveillance et distinction ; Emma, que je connais depuis sa plus tendre enfance, me montrait une douce affection et nous vivions dans l'innocente intimité d'un frère et d'une sœur. J'étais donc en droit de penser que le moment venu, mes prétentions pourraient être agréées, lorsque j'ai reçu récemment, à la ville que j'habite une lettre pressante du comte. Il m'invitait encore à passer quelques jours à la Bastide-Vialard, et vous vous imaginerez aisément mon bonheur. Vous avez été témoin, lorsque je traversai Saint-Martin, de l'impatience fiévreuse que j'éprouvais ; il me semblait que je n'arriverais jamais assez tôt ; quand j'aperçus de loin les toits de la Bastide, mon cœur battit à briser ma poitrine... j'ai été bien puni de cette joie prématurée.

« J'ai trouvé installé à la Bastide ce baron de Puysieux, que j'y avais déjà entrevu l'année dernière, et dont l'attitude alors était des plus modestes ; mais aujourd'hui il y exerce une influence absolue. Il s'est emparé de l'esprit de M. de Vaublanc, en faisant parade d'un crédit que je crois imaginaire, et il pousse le comte dans des entreprises dont la hardiesse même est du plus mauvais augure. Il captive la comtesse en lui parlant sans cesse des plaisirs de Paris et des salons de Paris, dont il prétend être l'oracle. Enfin, je ne sais comment il est parvenu à fasciner Emma, autrefois si bonne et si naïve ; mais elle ne voit plus que lui, n'entend plus que lui, n'estime, n'admire, n'aime plus que lui. Dès le premier moment de mon arrivée, j'ai eu la preuve du changement funeste de toute la famille à mon égard. Le comte me demande bien encore mon avis au sujet de graves intérêts où sa fortune entière est en jeu ; mais on dirait qu'il est prévenu contre moi, et il s'irrite de l'opposition que ma conscience m'oblige à lui faire. Madame de Vaublanc me traite avec une politesse glacée, dédaigneuse, presque hostile. Emma surtout, Emma est devenue railleuse, dénigrante, coquette ; elle se ligue toujours contre moi avec cet odieux baron. Elle rit de ses épigrammes, elle approuve ses insolences. Aussi avez-vous pu voir tout à l'heure avec quelle arrogance il en agit... Mais j'y suis décidé, je lui cède la place. Si je restais une heure de plus à la Bastide, je deviendrais fou, et peut-être la colère me pousserait-elle à quelque éclat fâcheux... Il vaut mieux que je parte ; je ne reverrai jamais Emma, qui a conçu tout à coup contre moi cette aversion inexplicable. »

Et ses larmes coulèrent de nouveau. Valérie lui sourit avec indulgence.

— Allons ! monsieur Gérard, répliqua-t-elle, il n'y a pas encore de quoi tant se désoler, et je ne suis nullement convaincue de la préférence d'Emma pour M. de Puysieux. Emma me paraît être vive, rieuse, étourdie peut-être ; mais je me tromperais fort, ou elle a de l'intelligence et du cœur. Ne vous découragez donc pas ; mademoiselle de Vaublanc ne peut manquer de vous revenir bientôt et de reconnaître ce que vous valez... Quant au baron de Puysieux, il est indigne d'elle, et, croyez-moi, il ne l'épousera jamais.

— On dirait, madame, que vous avez connaissance de quelque fait peu honorable pour M. de Puysieux ? En effet, il a longtemps habité le département de***, et M. le préfet, votre mari, a pu mieux que personne, savoir la vérité sur son compte. Moi-même je me souviens qu'autrefois des bruits, qui ne lui étaient pas favorables, avaient circulé dans le monde, et lorsqu'en arrivant ici, j'ai trouvé le baron placé si avant dans l'intimité d'une si estimable famille, je me suis demandé s'il n'était pas de mon devoir de révéler cette circonstance au comte. Mais, à la réflexion, il m'a semblé odieux d'attaquer la réputation du baron sur quelques données vagues et peut-être calomnieuses ; j'ai donc gardé le silence.

— Vous avez eu raison, monsieur Gérard ; néanmoins votre affection pour Emma, l'intérêt que vous portez à M. de Vaublanc, vous imposent l'obligation de surveiller les démarches de ce personnage suspect. Croyez-moi donc, ne quittez pas si vite la Bastide, ne renoncez pas ainsi sans combat à une honnête et charmante enfant qui ne vous est pas aussi contraire que vous le pensez peut-être. Si un démon malfaisant s'est glissé dans cette maison, soyez-en l'ange gardien ; efforcez-vous d'annuler l'influence mauvaise. Comment oseriez-vous vous dire l'ami de cette famille, si dès le premier choc vous fuyiez devant le danger qui la menace ?

Ces paroles, prononcées d'un ton ferme et persuasif, rassurèrent le jeune ingénieur ; il sécha ses yeux et releva la tête.

— Madame, dit-il avec effusion, c'est un heureux hasard qui vous a placée sur mon chemin, dans ce moment de doute et de découragement, pour me plaindre, me soutenir et me montrer ce que je dois faire. Vous avez raison, il ne m'est pas permis encore d'abandonner la partie. Peut-être Emma ne reviendra-t-elle plus de ses préventions contre moi ; mais je n'en dois pas moins mettre tout en usage pour sauver son père de la ruine, s'il en est temps encore !

— Quoi donc ! monsieur Gérard, demanda la directrice avec étonnement, le comte de Vaublanc, que l'on dit si riche, serait-il en danger d'être ruiné ?

— Je puis vous avouer, madame, ce que je n'avouerais à personne ici. Dans la voie où s'est engagé M. de Vaublanc, une fortune est placée entre vite gagnée ou bien vite perdue ; et pour lui, j'en ai peur, les mauvaises chances sont près de l'emporter sur les bonnes.

— Alors cette particularité doit être ignorée de M. de Puysieux, car il n'aurait garde de vouloir épouser la fille d'un homme ruiné... Eh bien ! monsieur, plus cette famille est menacée, plus il importe que ses amis lui demeurent fidèles... Essayez de la sauver, et Dieu vous aidera.

Pendant cette conversation, on avait atteint les premières maisons du bourg.

La directrice s'arrêta.

— Monsieur Gérard, reprit-elle avec embarras, ma position m'oblige à des ménagements exagérés peut-être, mais que vous comprendrez sans peine ; séparons-nous. Je retourne à Saint-Martin ; vous, n'hésitez pas à regagner la Bastide-Vialard.

— Vous m'avez rendu la force et le courage, madame, et je vous en remercie. Je vous promets de supporter désormais avec patience les mauvais procédés de M. de Puysieux, bien que parfois tout mon sang bouillonne dans mes veines... Adieu donc. Je vous reverrai bientôt sans doute... Si tous ceux qui vont commettre des folies ou des fautes avaient le bonheur de trouver des confidentes telles que vous, l'humanité serait meilleure et s'épargnerait bien des regrets.

Il salua et s'éloigna par le chemin latéral, tandis que Valérie, après avoir rabattu son voile, descendait à pas rapides l'unique rue du bourg.

Elle était pensive et les révélations de l'ingénieur semblaient avoir augmenté encore sa tristesse habituelle. Cependant elle crut remarquer que la curiosité des gens du village à son égard avait quelque chose de singulier en ce moment. On chuchotait sur son passage, tous les yeux la suivaient avec une fixité plus tenace encore qu'à l'ordinaire. La préoccupation publique était telle, que plusieurs notables oublièrent de la saluer, et que M. le maire, qui se trouvait à sa fenêtre quand elle passa, se retira précipitamment.

La directrice ne s'alarma pas beaucoup de tous ces signes qui pouvaient néanmoins avoir leur importance ; mais quand elle approcha de sa demeure, elle entendit madame Chervis qui parlait sur un ton de colère, et des protestations, des plaintes, des sanglots qui lui répondaient. Inquiète cette fois, Valérie s'empressa d'entrer dans la salle basse, et là elle fut témoin d'une scène tout à fait inattendue.

VI

L'ENQUÊTE.

Madame Chervis, Thérèse, les deux piétons, enfin tout le personnel de la poste de Saint-Martin, étaient réunis en ce moment dans le bureau, et le guichet, soigneusement clos, ne permettait pas aux profanes de voir ce qui s'y passait.

La factrice, assise sur un tabouret, le visage caché dans son tablier, poussait les bruyants sanglots qui s'entendaient jusque dans la rue. Un peu plus loin, les deux hommes, debout, ne paraissaient pas moins affligés, quoique leur affliction fût moins expansive. Jacques Dumoulin, du canton sud, parlait avec une volubilité méridionale en se démenant avec énergie, tandis que Faucheux, du canton nord, posé sur son pied-bot et les deux mains appuyées sur la pomme de son bâton, avait l'air idiot d'un paysan qui essaye vainement de comprendre le malheur dont il est frappé.

Quant à madame Chervis, il serait impossible de donner une idée de la douleur et de l'indignation qui éclataient dans chacun de ses gestes, dans chacune de ses paroles. Elle avait encore ce négligé peu galant qu'elle portait le matin : grande robe mal ajustée, cornette de nuit posée de travers et laissant passer quelques mèches rebelles de cheveux gris. Mais il s'agissait bien de toilette en ce moment !

Madame Chervis, siégeant dans son fauteuil directorial (un vieux fauteuil de paille que rembourrait un coussin de velours flétri), tenait ses assises au milieu de ses subordonnés et semblait chercher un coupable. La main étendue sur une table où l'on voyait des enveloppes de lettres, des pancartes administratives et mille autres paperasses, elle parlait avec une véhémence toujours croissante, et l'animation de son regard, les plaques rouges qui coloraient son visage, aussi bien que sa voix tonnante, la gravité de l'événement dont il s'agissait.

Quand Valérie entra, tout le monde se tut brusquement, comme si l'on eût redouté l'indiscrétion d'un intrus ; mais à peine eut-on reconnu la nouvelle maîtresse du logis, que madame Chervis se leva impétueusement.

— Ah ! vous arrivez bien, madame ! s'écria-t-elle ; je vous attendais avec impatience... Oui, j'avais hâte de vous voir rentrer, car nous sommes tous dans de beaux draps, et il est bien juste que vous ayez part à la fête !

— Bon Dieu ! que se passe-t-il donc ? demanda Valérie qui ne put s'empêcher de sourire de l'air tragi-comique de madame Chervis.

Ce sourire déchaîna sur sa tête l'orage qui grondait auparavant sur la tête des employés inférieurs.

— Ah ! vous riez, madame ! s'écria la vieille directrice ; nous allons voir tout à l'heure si vous trouverez la chose plaisante !... Sachez-le bien, la responsabilité de ce qui arrive pèse sur vous, sur vous seule, qui êtes la directrice en titre du bureau de Saint-Martin-les-Monts. Moi, je ne suis plus rien ici ; je ne suis plus que votre employée, votre commis, tout au plus votre amie qui vous assiste bénévolement dans vos fonctions. L'affaire retombera sur vous devant l'administration des postes, devant la justice, s'il y a lieu. Moi, je retire mon épingle du jeu... cela ne me regarde plus... Ah ! je connais la loi, allez !

Valérie était stupéfaite.

— Vous m'effrayez, madame Chervis, répondit-elle ; par grâce, qu'est-il arrivé ?

— Tiens ! vous ne riez plus ? Je savais bien, moi, que votre gaieté ne durerait pas !... Ce qu'il y a, madame, vous allez le savoir. Il y a que l'on a volé la poste, et que le voleur ou la voleuse ne peut être qu'ici. La voleuse, c'est vous, ou moi, ou Thérèse ; le voleur, c'est Faucheux ou

Dumoulin. Vous voyez que je ne vous fais pas languir, et que je conte rondement l'histoire.

Madame Arnaud avait trop de délicatesse dans l'âme, et elle était trop habituée à certains ménagements de langage pour ne pas être choquée des expressions passablement crues et malsonnantes, dont venait de se servir la directrice.

— Je croirai, jusqu'à preuve du contraire, dit-elle avec dignité, qu'il n'y a ici ni voleur ni voleuse; et certainement ces braves gens seront de mon avis.

— Ah! oui, madame, s'écria Thérèse en montrant sa grosse face rouge toute baignée de larmes; ce n'est pas moi, du moins, qui ai volé la poste!... Sainte Vierge! ai-je assez vécu pour m'entendre accuser d'une pareille infamie? Mon Dieu! prenez-moi.... Je veux mourir..... Je suis morte.

Et les pleurs recommencèrent de plus belle.

— Bagasse! ce n'est pas moi non plus, s'écria Jacques Dumoulin, en se livrant à sa pantomime exagérée; je suis connu depuis six ans dans la poste aux lettres et personne ne trouverait rien à dire sur mon service. Oui, l'on est connu et l'on est ferré sur l'honneur, tron de diou!... Ah! si quelqu'un, en rase campagne, osait me dire que j'ai chipé de l'argent à la poste, ce quelqu'un-là verrait de quel bois je me chauffe! Je lui donnerais une raclée, une trempée...

Et, tout en parlant, il frappait avec acharnement des pieds et des poings un ennemi imaginaire.

— Pour lors, dit Faucheux à son tour, d'un ton bourru, ce sera donc moi qui aurai fait la bêtise, moi qui ne sais pas tant seulement de quoi il retourne? Je suis du canton nord, moi, et cette lettre regarde le canton sud, c'est clair!... Et puis, continua-t-il en passant sur son front sa grosse main calleuse, si vraiment cette lettre de malheur avait contenu autant d'argent qu'on le dit, comment donc aurait-elle été si petite? M'est avis à moi qu'elle aurait dû, au contraire, être grosse comme un poltron, et qu'il aurait fallu se mettre deux pour la porter à la Bastide-Vialard.

Personne n'eut la charité de donner à Pied-Bot l'explication de cette énigme, et madame Chervis reprit en s'adressant à Valérie:

— Vous voyez comme ils se défendent; à les entendre, ce sont tous de petits saints, et véritablement, jusqu'à ce jour, il n'y avait pas eu grand'chose à leur reprocher..... Mais s'ils disent vrai, madame, il n'y a plus que vous et moi qui ayons pu commettre la soustraction dont on accuse la poste de Saint-Martin.

— Une pareille supposition, madame Chervis, est aussi indigne de vous que de moi, reprit Valérie avec noblesse; mais, de grâce, faites-moi connaître l'événement dont il s'agit, et gardons-nous d'incriminer personne avant d'y avoir mûrement pensé.

La réserve et le sang-froid de Valérie apaisèrent les transports des assistants. Madame Chervis elle-même parvint à recouvrer assez de présence d'esprit pour exposer en peu de mots la cause de cet émoi.

La veille au soir, étaient arrivées plusieurs lettres pour la Bastide-Vialard; mais le comte de Vaublanc ayant négligé de les envoyer chercher, contre son habitude, elles n'avaient pu être expédiées que le matin, à l'heure ordinaire de la distribution. Elles étaient donc restées pendant douze heures au moins dans le bureau de Saint-Martin. Or, le commis, en dépouillant sa correspondance, avait constaté un fait des plus graves.

Parmi ces lettres il s'en trouvait une qui portait le timbre d'une ville voisine. On se souvient que M. de Vaublanc s'occupait alors de créer une compagnie de chemin de fer; la lettre en question lui était adressée par un propriétaire qui, désirant prendre un intérêt dans cette compagnie, avait jugé à propos de joindre à sa demande deux billets de banque de mille francs chacun, afin de payer sa souscription d'avance. La lettre était parvenue à son adresse, mais les billets de banque qu'elle eût dû contenir avaient disparu, et une incision, pratiquée adroitement à l'enveloppe, indiquait par quelle voie ces précieux oiseaux s'étaient envolés.

M. de Vaublanc, aussitôt qu'il s'était aperçu de la soustraction, avait envoyé un domestique à la direction de Saint-Martin pour lui dénoncer le crime, en même temps qu'il lui faisait remettre la lettre perforée comme preuve à l'appui.

Maintenant, qui pouvait être l'auteur du vol? Le piéton Jacques Dumoulin avait été chargé de porter la lettre à la Bastide-Vialard; mais il jurait ses grands dieux qu'elle était restée confondue avec les autres dans sa sacoche, et qu'il ne l'avait point touchée qu'au moment de la remettre. D'ailleurs, il n'avait pas employé plus de temps qu'à l'ordinaire pour opérer sa tournée, et plusieurs personnes du pays l'avaient rencontré en chemin pendant qu'il se rendait tranquillement à son devoir. D'autre part, si la lettre dérobée était restée dans la nuit précédente dans le bureau de Saint-Martin, elle ne s'y était pas trouvée pourtant à la disposition du premier venu; elle avait été soigneusement enfermée avec les autres paquets dans un coffre dont madame Chervis gardait la clef, et c'était seulement à l'heure du triage des dépêches qu'elle avait pu passer entre les mains de Thérèse ou de Pierre Faucheux. Mais aucune irrégularité n'avait été remarquée dans le service de Faucheux et de Thérèse, pas plus que dans celui de Jacques, et la disparition des valeurs semblait complètement inexplicable.

— Comprenez-vous, disait madame Chervis, ce niais, cet idiot, ce butor de bourgeois qui enferme dans une lettre simple des objets de cette importance? Ne pouvait-il, pour quelques sous de plus, faire *charger* sa lettre et mettre ainsi l'administration en demeure de veiller sur elle? Il sera bien puni de sa sottise, car la poste ne répond pas des valeurs non déclarées, et il perdra ses deux mille francs... Mais qu'il les perde ou non, madame, le bureau de Saint-Martin n'est pas moins déshonoré. L'administration va certainement ouvrir une enquête, la justice en ouvrira une autre, peut-être; et, quand même l'administration et la justice ne s'en mêleraient pas, nous devons employer tous les moyens pour découvrir le coupable.

— Vous avez raison, madame Chervis, reprit Valérie d'un ton ferme; notre honneur exige que la lumière se fasse sur ce déplorable événement.. Eh bien donc! puisque nous sommes tous ici plus ou moins intéressés à ce que la vérité soit connue, procédons sans retard à sa recherche.

En même temps Valérie, avec une lucidité, une sagacité qu'on n'eût pu attendre d'une femme si jeune et en apparence si peu expérimentée, se mit à questionner tour à tour chacun des assistants sur l'emploi de son temps pendant la soirée précédente et pendant la matinée, sur ses attributions, sur les remarques qu'il avait pu faire. Ils répondirent tous d'une manière satisfaisante, et il ne résulta de cet interrogatoire aucune charge contre eux.

Alors madame Arnaud voulut voir la lettre qui avait contenu les valeurs et qui avait été envoyée au bureau, comme nous l'avons dit, par le comte de Vaublanc. Elle la retourna longtemps, l'examina avec un soin minutieux. L'enveloppe était en papier fort et le cachet ne semblait avoir subi aucune altération jusqu'au moment où il avait été rompu par le destinataire. L'incision avait eu lieu latéralement, dans le sens du pli de l'enveloppe; elle n'était pas très-grande, et, comme on avait pris soin, le vol consommé, d'en rejoindre les bords avec un peu de colle, il avait dû être presque impossible, au premier aspect, de reconnaître la fraude. Madame Arnaud constata ces particularités sans rien dire.

Tout à coup elle se tourna vers Dumoulin :

— Mon ami, lui dit-elle avec une indifférence simulée, n'avez-vous pas un canif, un couteau bien affilé pour que je puisse couper un échantillon de ce papier?

— Un canif, madame! répliqua Jacques avec simplicité; bagasse! je n'en ai jamais eu; mais j'ai ma serpe dont je ne me sépare jamais, car on ne sait ce qu'on peut avoir à couper par les chemins.

Il tira de sa poche un couteau à lame recourbée, au grossier manche de corne, l'ouvrit, et, après l'avoir essuyé sur son pantalon, le présenta d'un air empressé à la directrice.

Celle-ci s'assura d'un coup d'œil qu'il avait été impossible d'opérer avec un pareil instrument l'incision délicate de l'enveloppe; elle écarta donc la serpe, en disant avec dédain :

— Que voulez-vous que je fasse de cela? Vous, Faucheux, ajouta-t-elle en s'adressant au boiteux, ne pourriez-vous me prêter un couteau plus commode?

Pied-Bot, avec le même empressement que son camarade, exhiba un petit couteau de six sous, à lame branlante, sur laquelle on voyait encore la trace des oignons dont son propriétaire avait dû se régaler la veille au soir. Ce couteau était arrondi par le bout, et il semblait tout à fait inadmissible qu'il eût pu produire une incision nette et régulière comme celle de la lettre violée.

Valérie tourna le dos à Faucheux.

— En vérité, dit-elle avec une impatience bien jouée, il n'y a rien à faire de vos couteaux campagnards... Thérèse, ma bonne fille, ne sauriez-vous me tirer d'embarras?

— Mon habitude n'est pas de porter de couteau sur moi, répondit la factrice; mais j'ai mes ciseaux qui ne me quittent guère... les voici.

Elle présenta une paire de ciseaux, qui, selon l'usage des femmes du pays, étaient suspendus à son côté par un long ruban de fil.

Madame Arnaud les prit et feignit de vouloir s'en servir, mais elle reconnut aussitôt qu'elle ne parviendrait jamais à couper du papier avec les ciseaux de Thérèse. Les deux branches en étaient si écartées, si peu tranchantes, qu'évidemment ce lourd ustensile n'avait pu exécuter la fine découpure dont il s'agissait. Aussi Valérie le rendit-elle aussitôt à la factrice d'un air d'humeur et elle continua d'examiner l'enveloppe de la lettre.

Thérèse et les deux piétons ne se doutaient nullement de l'inquisition dont ils venaient d'être l'objet; mais madame Chervis avait compris les intentions de sa compagne, et elle l'observait avec étonnement et admiration.

Enfin, Valérie jugea à propos de faire connaître le résultat de ses observations, et elle dit à madame Chervis :

— J'en ai la certitude, madame, l'incision de la lettre ne peut être l'ouvrage des ciseaux de Thérèse, du couteau de Faucheux ou de la serpe de Dumoulin. Je croirais plutôt qu'elle a eu lieu au moyen de ciseaux très-aigus et très-fins, tels que pourraient être des ciseaux à broder... Auriez-vous des ciseaux de ce genre, madame Chervis?

— Moi, broder? A quoi pensez-vous donc, ma chère? Je n'ai jamais brodé de ma vie, et mes ciseaux diffèrent fort peu de ceux de Thérèse.

— Eh bien! moi, poursuivit la jeune femme en souriant, je possède une paire de ciseaux à broder; mais, par bonheur pour ma probité, ils reposent dans mon nécessaire que je n'ai pas eu le loisir de déballer encore. Maintenant, autre chose : quelle espèce de colle emploie-t-on chez vous pour réunir les bandes déchirées par mégarde et pour les autres usages du bureau?

— Mon Dieu! répliqua madame Chervis, on n'y met pas tant de façons... on emploie des pains à cacheter ou parfois un peu de pâte de farine que Thérèse confectionne dans sa cuiller à pot.

— Et vous n'avez ici aucune espèce de gomme, de colle à bouche... de la colle à bouche au citron, par exemple, comme celle dont on s'est servi pour refermer cette enveloppe après l'avoir coupée?

— Que dites-vous, madame? demanda madame Chervis très-étonnée.

— Regardez.

Valérie remit la lettre à madame Chervis, et celle-ci put en effet constater que les deux bords de l'incision avaient été réunis au moyen d'une substance gommeuse, exhalant encore une odeur de citron légère, mais distincte.

— Eh bien! ma chère, que concluez-vous de tout ceci? demanda-t-elle.

— J'en conclus, répliqua Valérie avec fermeté, qu'il ne peut y avoir ici ni voleur ni voleuse, comme vous avez paru d'abord le croire. Nos employés n'ont en leur possession ni l'instrument capable de produire une pareille coupure, ni la colle fine et parfumée qui a dû servir à la refermer. D'ailleurs, une pareille opération n'aura pu se faire à la hâte, debout et en marchant; si j'en juge au contraire par la délicatesse et la précision de l'ouvrage, elle a sans doute pour auteur une personne commodément assise devant une table, ne manquant pas de temps et munie de tous les objets nécessaires. Enfin, comme la lettre ne portait aucune marque extérieure trahissant qu'elle contenait des valeurs, on doit croire ou que le malfaiteur connaissait l'écriture de l'adresse, ou bien qu'il avait une habileté prodigieuse à deviner, sous les plis de l'enveloppe, l'existence de billets de banque. Je vous l'ai dit, le vol n'a pas eu lieu à la poste de Saint-Martin, et il ne peut être imputé à nos gens.

Cette déclaration causa une joie inexprimable aux piétons et à la factrice. Thérèse leva les mains au ciel comme pour le remercier d'avoir ainsi fait éclater son innocence; Dumoulin lâcha un juron provençal, tandis que Faucheux disait en balançant son pied-bot :

— Ainsi donc, ce n'est pas moi, ni les autres, ni personne?... Je vais boire un fameux coup chez la mère Grinchet!

La sagacité de la jeune femme causait une sorte de ravissement à madame Chervis.

— Ah çà! mais, savez-vous que vous vous y entendez? s'écria-t-elle; vous êtes vraiment une finaude... Et moi qui vous prenais pour une petite dame sucrée, ne sachant rien de rien!... Encore une fois, croyez donc à la mine! Sur ma parole! un juge d'instruction n'eût pas fait mieux... Voici la Thérèse, et Dumoulin, et Faucheux, blancs comme la neige!

— Ah! vous en convenez donc enfin? dit la pauvre factrice.

— Ce n'est pas dommage! grommela Jacques.

— Un moment, reprit madame Chervis; nous sommes tous innocents; la chose paraît claire; mais il ne suffit pas que nous soyons réciproquement convaincus de notre innocence; il importe que tout le pays, que l'administration des postes, que la justice en soient convaincus comme nous. Or, pour en arriver là, il faudra des pourparlers à l'infini, et la réputation d'un bureau est, voyez-vous bien, aussi délicate que la réputation d'une femme. Tout n'est donc pas fini... Deux mille francs ont été perdus, une lettre a été ouverte; ce sont des faits positifs, cela. Des contestations vont s'élever, des procès s'engager; l'administration laissera faire, c'est son droit; pourquoi n'avait-on pas pris la précaution de *charger* cette maudite lettre? Néanmoins, le bruit se répandra qu'à Saint-Martin on ouvre les dépêches, on dérobe l'argent, et notre considération à tous tant que nous sommes n'y gagnera rien.

— C'est vrai, cela, dit Thérèse tristement, on ne pourra plus aller dans le village le front levé.

— Écoutez, chère madame Chervis, reprit Valérie d'un air de réflexion; je ne suis pas riche, comme vous pouvez le croire, et mon emploi est ma seule ressource; mais il me serait possible de me procurer la somme soustraite et d'imposer silence aux intéressés en les remboursant intégralement. Que dites-vous de cette idée? Tout serait alors attribué aux désordres inévitables d'un début, et j'aurais l'air de payer mon apprentissage.

— Mais, puisque je vous dis, s'écria la vieille directrice, que, dans le cas actuel, la poste n'est pas responsable? D'ailleurs songez donc... Les méchantes gens penseraient peut-être que, de votre part, cet acte ne serait pas une preuve de désintéressement, mais une restitution.

Valérie rougit de cette interprétation donnée à un sentiment délicat; et, quoique habituée déjà aux expressions peu mesurées de la vieille directrice, elle ne put s'empêcher de dire :

— Ah! madame, vous avez des mots bien malheureux.

Madame Chervis ne soupçonnait pas le moins du monde comment elle avait pu blesser sa compagne; cependant, il y eut dans le bureau un silence embarrassé.

Ce silence permit d'entendre gratter timidement au guichet destiné à communiquer avec le public. Madame Chervis, furieuse d'être dérangée, se leva d'un bond et allait congédier lestement l'importun ou l'importune qui s'annonçait ainsi, quand la porte s'ouvrit et l'on vit entrer Jeanne Marsais plus humble et plus gauche qu'à l'ordinaire.

La directrice lui dit avec impatience :

— Allons! que vous faut-il, la Jeanne? Je n'ai pas de lettre pour vous.

Jeanne, qui se confondait en révérences, parut extrêmement troublée de cet accueil.

— Pardon, madame Chervis, répliqua-t-elle; je n'aurais pas osé venir, parce que j'avais peur de vous déplaire, mais la Suzette m'a tant pressée, tant pressée, que je n'ai pu résister.

— Alors, que désirez-vous? Nous sommes en affaires et nous n'avons pas de temps à perdre.

Jeanne, interdite et effrayée, gardait le silence.

— Vous déconcertez cette pauvre femme, reprit Valérie, et vous ne tirerez rien d'elle en lui parlant sur ce ton... Voyons, Jeanne, poursuivit-elle avec affabilité, qu'avez-vous à dire, à madame Chervis ou à moi?

— A toutes les deux, s'il vous plaît, madame la directrice, répliqua la paysanne; car madame Chervis est bonne aussi, quoique parfois un peu emportée... Donc, on assure dans le pays que vous vous trouvez l'une et l'autre dans la peine pour de l'argent perdu, et cela nous chagrine beaucoup la Suzette et moi... Mais la chose est-elle vraie?

— Comment! c'est pour savoir cela que vous tombez ici comme une bombe? s'écria madame Chervis avec rudesse; on vous a conté des balivernes, la Jeanne Marsais ; mais quand même ces bruits seraient exacts, quel intérêt, votre fille et vous, pourriez-vous y prendre ?

— Ah! c'est donc vrai? vous en convenez donc? Alors la Suzette avait raison, et notre tour est venu de vous rendre service.

— Quoi? s'écria madame Chervis, pourriez-vous nous fournir des renseignements au sujet des deux mille francs qui ont disparu d'une manière si inconcevable?

— Deux mille francs! répéta la paysanne avec consternation.

Elle poursuivit aussitôt en baissant les yeux :

— Je ne sais rien, madame, je n'ai rien trouvé. La Suzette et moi nous ignorions que vous eussiez besoin de tant d'argent; mais enfin, puisque vous vous trouvez réellement dans la peine, je vous apporte ce que nous avons. Il y a donc d'abord les quarante francs du *Monsieur* et puis les quinze francs de Noël, mon fils aîné... Mais là-dessus j'ai payé cinq francs sept sous à M. Bernard, le boulanger, et puis cinquante-deux sous de lait à la vigneronne, si bien qu'il ne reste plus...

— Ah çà! ma chère, où voulez-vous en venir?

— Eh bien ! madame Chervis, je vous apporte le reste : quarante-six francs cinq sous; et Suzette et moi nous espérons que cela pourra vous aider à sortir d'embarras, vous et l'autre excellente dame. Vous n'aurez pas à vous gêner pour nous rendre cet argent ; comme on croit que nous en avons beaucoup, on ne refusera plus de nous faire crédit ; et puis il nous faut si peu !

En même temps elle tira du coin de son vieux mouchoir deux pièces d'or et quelque monnaie qu'elle offrit naïvement aux deux directrices.

Valérie était touchée jusqu'aux larmes d'un désintéressement où se montrait tant de simplicité et de grandeur; mais madame Chervis ne vit pas la chose du même point de vue, et elle dit avec aigreur :

— Ah çà, êtes-vous folle? A quoi donc pourrait nous servir...

— De grâce, chère amie, ne rudoyez pas cette digne femme! interrompit Valérie ; son action est le plus bel éloge que l'on puisse faire de votre conduite dans ce pays, et vous devrez la citer plus tard comme un titre d'honneur.

Puis, se tournant vers la paysanne qui demeurait confuse :

— Merci, ma brave Jeanne, continua-t-elle avec bonté; gardez cet argent pour vos besoins et pour ceux de votre fille ; il nous est inutile. Nous ne vous sommes pas moins reconnaissantes de votre offre, et quant à moi, j'en garderai toujours le souvenir.

— Comme ça, vous ne voulez pas de mes quarante-six francs ? demanda Jeanne consternée.

Madame Arnaud allait répondre, quand un bruit de pas dans le vestibule annonça l'arrivée d'une personne étrangère; au même instant on vint frapper au guichet et madame Chervis s'empressa d'ouvrir.

C'était Charles, le domestique de la Bastide-Vialard. Il présenta une lettre fermée d'un large cachet et dit poliment :

— De la part de mon maître, M. le comte de Vaublanc, pour madame Arnaud, la nouvelle directrice de Saint-Martin.

— Pour moi ? dit Valérie étonnée.

— Y a-t-il réponse ? demanda madame Chervis.

— Non, madame.

Charles toucha sa casquette et partit.

Valérie s'empara de la lettre, qui en effet lui était adressée, et en rompit le cachet. Tout le personnel de la poste semblait éprouver des angoisses mortelles.

— Sans doute, le comte s'impatiente, dit madame Chervis, et il veut commencer les poursuites judiciaires.

— Nous serons tous mis en prison, s'écria Thérèse, que le bon Dieu ait pitié de nous!

— Eh! bagasse! puisque nous n'avons pas fait de mal! dit Jacques Duroulin, du canton sud.

— Pour moi, je n'y comprends rien de rien, murmurait Faucheux, du canton nord.

Cependant Valérie avait parcouru rapidement la lettre.

— Nous n'en sommes pas où vous croyez, dit-elle à madame Chervis; écoutez ce que m'écrit M. de Vaublanc.

Et elle lut au milieu du plus profond silence :

« Madame la directrice, toute réflexion faite, je désire ne donner aucune suite à l'événement que j'ai dû porter à votre connaissance par ma lettre en date d'aujourd'hui. La réputation du bureau de Saint-Martin est trop bien établie, ce bureau a été et est encore maintenant dirigé par des personnes trop honorables, pour que je veuille laisser planer sur lui la moindre suspicion. Je n'ai donc pas de peine à céder aux instances de ma fille à laquelle vous avez eu l'occasion ce matin de rendre un service dont je vous serai toujours reconnaissant. En conséquence, que cette fâcheuse affaire soit complétement mise en oubli; je répondrai à la demande d'actions, comme si j'avais réellement reçu les fonds qui ont disparu; et je suis heureux, madame, de trouver cette occasion de vous exprimer les sentiments de haute estime et de respect, etc.

« Léopold, comte de Vaublanc. »

Madame Chervis ignorait les circonstances auxquelles la lettre faisait allusion. Valérie dut lui expliquer comment elle avait rencontré, le matin, les dames de Vaublanc, et comment elle avait eu, en effet, l'occasion de rendre un léger service à Emma.

— Parbleu! voilà une aventure qui est arrivée bien à propos! dit la vieille directrice ; je comprends maintenant pourquoi le comte se montre si radouci... Enfin, pour une raison ou pour une autre, l'honneur du bureau est sauf... vous l'entendez, vous autres? poursuivit-elle en s'adressant aux piétons et à la factrice qui n'osaient croire à cet heureux dénoûment; vous pouvez maintenant retourner à vos occupations, et moins vous parlerez de cette histoire, mieux cela vaudra... Ah çà! la leçon va vous servir, j'espère, et vous allez redoubler d'exactitude et de zèle pour ne donner sujet à aucune plainte nouvelle. Thérèse, ma chère fille, vous prenez des airs d'importance qui ne vous conviennent pas, et votre orgueil pourrait vous perdre... Vous, Jacques, vous aimez trop à jaser avec telle ou telle petite guenon du voisinage ; et Faucheux, au lieu de boire à tous les cabarets, ferait bien de se renforcer sur la lecture... Qu'on se le tienne donc pour dit et que l'on marche droit, si c'est possible!

Cette allocution magistrale qui terminait heureusement l'affaire pour les employés inférieurs de la poste, fut accueillie par de grandes démonstrations de joie.

— Ah! madame, s'écria Thérèse, quoi que vous en disiez, je serai bien contente de pouvoir encore me promener dans le bourg, sans rougir! Je fais vœu d'aller tous les matins, pendant neuf jours, en pèlerinage à la fontaine de Saint-Martin, pour remercier le bon saint de nous avoir tirés de ce mauvais pas.

— Mademoiselle Thérèse, reprit Jacques d'un ton hypocrite, ne me permettrez-vous pas de vous accompagner? J'étais le plus compromis, puisque j'avais été chargé de cette lettre de malheur, et je dois bien aussi des remerciments à saint Martin... D'ailleurs, la fontaine est à plus d'une demi-lieue d'ici, et vous aurez besoin de quelqu'un pour vous protéger par les chemins.

On n'entendit pas la réponse de Thérèse à cette proposition si pleine de piété et de désintéressement; Pied-Bot venait de relever son bâton et disait par forme de conclusion :

— Comme ça, tout est fini et l'on a la permission d'aller boire un coup? Néanmoins, je ne sais pas encore comment une méchante lettre pouvait contenir tant d'argent! Ce n'était pas un mandat sur la poste, un morceau de papier rouge, comme il y en a là... Mais alors, qu'était-ce donc? Je vais demander la chose à la mère Grinchet qui est maligne.

Thérèse et les deux piétons sortirent; alors, on remarqua la Jeanne Marsais qui se tenait humblement à l'écart.

Valérie s'approcha d'elle pour la congédier aussi :

— Vous le voyez, ma bonne, lui dit-elle avec affabilité, tout s'arrange à merveille; il n'y a pas de réclamations, et personne n'est compromis. Dites-le bien aux gens du pays :

cette affaire était tout simplement un malentendu. Quant à vous, gardez votre argent et employez-le aux besoins de votre fille malade. Ne l'épargnez pas trop, car il en arrivera d'autre peut-être, quand celui-ci sera dépensé... Adieu donc, revenez me voir souvent, et ni vous ni Suzette n'aurez lieu de vous en repentir.

La paysanne voulait répondre, mais un froncement de sourcils de madame Chervis coupa court à cette velléité ; Jeanne fit donc une révérence et quitta le bureau.

Quand les deux directrices se trouvèrent seules, madame Chervis dit à sa compagne :

— Quelle matinée, bon Dieu! J'ai cru que j'en deviendrais folle... Eh bien! ma chère, vous ne pouvez vous dispenser maintenant de venir avec moi à la Bastide-Vialard?

— Oui, oui, madame, vous avez raison, répliqua Valérie avec vivacité; malgré mon parti pris, une visite à la Bastide est maintenant indispensable pour moi, et si vous y consentez, nous partirons dans quelques instants.

— A la bonne heure; j'approuve cet empressement. Ma foi! nous devons un beau cierge au comte et surtout à la charmante demoiselle qui est parvenue à l'amadouer si vite! Une pareille accusation, au début de votre carrière administrative, eût pu vous causer le plus grand dommage. On vous eût tout au moins accusée de négligence ou d'incapacité. Dans l'état actuel des choses, au contraire, l'administration centrale ne saura rien, et aucune mauvaise note ne pourra être jointe à votre nom.

— Nous ne nous entendons pas, madame, répliqua Valérie froidement; si je vais à la Bastide-Vialard, c'est afin de rendre plus nette ma situation. J'exposerai à M. de Vaublanc mes raisons de croire à l'innocence complète de nos employés, et, s'il admet ces raisons, je ne repousserai pas son offre généreuse. Mais s'il a cédé uniquement à des considérations d'une autre nature, comme, par exemple, aux sollicitations de sa fille, je me propose de refuser un sacrifice qui aurait pour seul mobile une humiliante pitié; et alors, dussé-je vendre mes derniers bijoux, je dégagerai la responsabilité qui pèse sur moi, à raison de mes fonctions.

— Que dites-vous? demanda madame Chervis toute ébahie, vous refuseriez...

— Chère dame, nous n'avons pas un instant à perdre. Je vais passer dans ma chambre pour m'habiller; songez, de votre côté, à faire vos préparatifs. Thérèse gardera le bureau pendant notre absence.

Et elle entra dans la pièce voisine, tandis que madame Chervis disait avec stupéfaction :

— Quelle femme! une princesse, une véritable princesse... bonne personne après tout, et qui ne manque pas de nerf!

Quelques instants plus tard, madame Chervis, affublée de son célèbre châle et coiffée de son chapeau à plumes, se dirigeait vers la Bastide-Vialard, avec la jeune directrice dont le simple costume noir avait toujours, comme en dépit d'elle-même, un cachet d'élégance et de bon goût.

VII

LE SALON DE LA BASTIDE.

Vue de près, la Bastide-Vialard ne démentait pas l'idée de grandeur et de magnificence que le voyageur pouvait en prendre de loin. Elle avait été construite par un ancien négociant de Marseille nommé Vialard, d'où on l'avait d'abord appelée *Folie-Vialard*, puis *Bastide-Vialard*, et le comte de Vaublanc, son propriétaire actuel, s'était plu à l'embellir à grands frais.

L'habitation se composait d'un corps de logis à l'italienne, précédé d'un petit péristyle à colonnes élégantes, et flanqué de deux ailes en retour. Ces bâtiments entouraient

LA DIRECTRICE DES POSTES

Mademoiselle de Vaublanc entra dans la salle de billard. (Page 33.)

une vaste cour dont une grille de fer formait le quatrième côté. Au centre de la cour, une belle fontaine versait dans un bassin de marbre des eaux abondantes et limpides.

Les jardins étaient vastes; et, bien que des courants d'air glacial descendissent parfois des montagnes, ils présentaient cette végétation vigoureuse de la France méridionale. A la vérité, les orangers, les grenadiers et les lauriers-roses n'y poussaient pas en pleine terre, comme ils faisaient quelques lieues plus loin vers la Méditerranée; mais ces arbres précieux acquéraient, dans les caisses en bois que l'on alignait le long des allées et que l'on rentrait dès les premiers froids, des proportions tout à fait inconnues sous nos climats du Nord. Le parc, avec ses arbres de haute futaie toujours verts, formait autour de l'habitation comme une ceinture d'émeraudes.

Au rez-de-chaussée du pavillon central, du côté des jardins, se trouvait un salon d'été dont la splendeur avait une grande célébrité à Saint-Martin et dans les environs. Ce salon était revêtu tout entier de marbre rouge; des panneaux de glaces, posés entre les pilastres qui les soutenaient, paraissaient, en se réfléchissant mutuellement, lui donner une immense étendue. Des jardinières toujours bien garnies de fleurs, des trophées d'armes et de chasse complétaient la décoration de cette pièce somptueuse. Une large porte-fenêtre, aux vitres de couleur, s'ouvrait sur les parterres, où le gazouillement des fauvettes et des rossignols s'harmoniait au murmure des jets d'eau.

C'est dans le salon d'été de la Bastide-Vialard que nous allons retrouver plusieurs personnages de cette histoire, un peu avant l'arrivée de madame Chervis et de Valérie.

Sur un canapé de satin, apporté là pour la circonstance,

était couchée mademoiselle Emma de Vaublanc. L'entorse n'avait pas sans doute une gravité extrême, car le docteur, après avoir examiné le petit pied endolori, s'était contenté de prescrire le repos et des compresses camphrées. La jeune fille, redoutant les ennuis de sa chambre solitaire, avait voulu être transportée dans la salle où se tenait habituellement la famille; et, soit force morale, soit qu'en effet la lésion ne fût pas bien douloureuse, Emma prenait part à la conversation avec sa gaieté ordinaire.

Sa mère, assise auprès d'elle, devant une chiffonnière en incrustations de Boule, travaillait à un ouvrage de broderie. La comtesse, débarrassée du chapeau et de la mantille qui, le matin, cachaient en partie ses beaux cheveux blonds soigneusement frisés et sa taille élancée, avait l'extérieur d'une très-jeune femme. A la vérité, la pose savante qu'elle avait prise en tournant le dos à la fenêtre, sous prétexte que la grande lumière offensait sa vue, contribuait à l'illusion et empêchait de voir l'épaisse couche de poudre de riz qui rehaussait le lis de son teint. Elle travaillait distraitement et prêtait l'oreille au babil du baron de Puysieux, qui s'évertuait à amuser les dames avec ces banalités en usage dans le monde.

Un groupe tout différent se trouvait à l'autre extrémité du salon.

L'ingénieur Gérard examinait, au moyen d'une loupe, de nombreux échantillons de roche posés sur une table et étiquetés avec soin. Il ne prononçait pas une parole, mais cette étude ne l'absorbait pas assez pour l'empêcher de jeter parfois un regard oblique vers les dames et le baron.

A quelques pas de lui, M. de Vaublanc, le maître du logis, parcourait un manuscrit volumineux dont la lecture appelait sur son front des plis de mécontentement. Le comte de Vaublanc avait alors une cinquantaine d'années; mais ses cheveux presque blancs, ses traits usés par les soucis des affaires, et aussi la négligence de sa mise, pouvaient faire croire à un âge plus avancé. Il était de moyenne taille, peu chargé d'embonpoint, et chacun de ses mouvements trahissait une activité fiévreuse que ne démentait pas son caractère.

En effet, M. de Vaublanc, riche de sa fortune patrimoniale et de la dot considérable de sa femme, eût pu vivre largement de son revenu, soit à Paris, soit dans cette province reculée. Mais l'humeur inquiète, le besoin de jouer un rôle, le désir d'augmenter cette richesse qu'il y avait pas acquise, l'avaient poussé, depuis quelques années, vers les hautes spéculations, et il y trouvait des émotions qui plaisaient à sa nature nerveuse, à son imagination ardente. Par malheur pour lui, ses premières opérations avaient favorablement tourné; il croyait avoir le *génie des affaires*, et, plein de confiance en lui-même, il se livrait à ses goûts entreprenants qui, dans un moment donné, pouvaient avoir les plus funestes conséquences.

Comme nous l'avons dit, son extérieur négligé contrastait avec la splendeur de l'appartement et avec la riche toilette de sa femme et de sa fille. Il portait une vieille jaquette de coutil, un pantalon usé et des pantoufles. Une de ses mains était enfoncée dans sa poche, tandis que l'autre tenait le manuscrit qu'il était en train de feuilleter. Tout en lui attestait l'insouciance ou la distraction de l'homme occupé, qui, comptant pour rien les futilités de la forme, s'attache uniquement aux réalités sérieuses.

Pendant que le comte et Gérard travaillaient silencieusement, le baron de Puysieux redoublait de verve et de gaieté auprès des dames qui paraissaient fort reconnaissantes de ses efforts. On a dit déjà que le baron avait des vues sur mademoiselle Emma; mais il était trop expérimenté pour ne pas comprendre le danger de faire une cour directe et assidue à la fille, quand la mère, encore jeune et belle, n'avait pas renoncé à certaines prétentions; aussi adressait-il ses galanteries à la comtesse, et, par une habile tactique, il cherchait à captiver la mère afin de réussir plus sûrement auprès de la fille.

M. de Puysieux brodait en ce moment sur un thème qu'il savait être également agréable à l'une et à l'autre; il s'agissait d'un voyage que la famille de Vaublanc devait faire à Paris l'hiver suivant.

— J'ai déjà tout arrangé avec ce cher comte, disait-il avec assurance; on n'obtient rien des ministres si l'on ne les voit journellement, et M. de Vaublanc avancera plus ses affaires en quelques semaines de séjour à Paris, qu'il ne le ferait ici en dix ans. Je vous aiderai à monter votre maison, je vous présenterai dans le monde officiel. Le comte aura besoin de jeter un peu de poudre aux yeux, et pour cela, il devra mener un train de fermier général ou de fournisseur au temps de l'Empire; ainsi seulement on arrive aux grandes affaires... J'espère, ajouta-t-il en s'adressant à Emma un fin sourire, que mademoiselle de Vaublanc sera assez bien remise de son entorse pour briller parmi les plus intrépides danseuses parisiennes?

— Vous vous moquez de moi, monsieur le baron, repartit Emma d'un air boudeur; cependant je souffre réellement!

— Vous souffrez? demanda Puysieux avec un intérêt si bien joué qu'il donna le change à la jolie malade elle-même.

— Oh! il n'y a pas trop sujet de s'alarmer, répliqua-t-elle; certainement, je pourrai danser l'hiver prochain.

— Mais, monsieur le baron, reprit la comtesse, vous qui connaissez si bien les usages, seriez-vous d'avis que je présentasse sitôt Emma dans le monde? Songez donc qu'elle n'a encore que dix-sept ans.

— Dix-huit, chère maman, répondit mademoiselle de Vaublanc avec vivacité; ce n'est pas moi qui vous contredis, mais mon acte de naissance... Dix-huit, si je sais bien compter; et à cet âge, vous étiez déjà mariée à mon excellent père.

— Bon Dieu! dit la comtesse, cette petite est terrible avec son état civil!... A la vérité, j'ai été mariée si jeune, si jeune... Je n'étais qu'une enfant moi-même.

— Autrefois, en effet, reprit M. de Puysieux avec aplomb, une jeune personne de qualité se mariait dès sa sortie du couvent, et elle apparaissait pour la première fois dans le monde au bras de son mari. Mais les mœurs ont changé, et, même au faubourg Saint-Germain, on n'est plus aussi rigoureux à l'égard des jeunes demoiselles. Chez la princesse de C***, où je puis vous promettre l'accueil le plus empressé, mademoiselle Emma trouvera de nombreuses compagnes, tout aussi jeunes qu'elle, quoique certainement aucune ne puisse lui être comparable sous d'autres rapports... Quant à moi, ajouta-t-il aussitôt, comme s'il avait hâte de rétablir l'équilibre un moment rompu entre deux forces égales, je vois d'ici l'étonnement de la bonne compagnie parisienne, quand elle apprendra que les dames de Vaublanc ne sont que les deux sœurs! Personne n'y voudra croire et je m'attends à être appelé bien souvent en témoignage.

La comtesse et sa fille semblaient trouver plaisir l'une et l'autre à écouter ces fadeurs adroitement calculées.

Emma souriait, tandis que la mère répondait en minaudant:

— Vous nous flattez, monsieur le baron; je ne suis plus une enfant, et Emma n'est pas encore une femme, quoi qu'elle en dise... Mais, s'il faut l'avouer, l'approche du jour où nous irons nous établir à Paris, pour toute une saison, me cause un certain effroi. Jusqu'ici, vous le savez, M. de Vaublanc a fait seul d'assez longs séjours dans *la capitale*; ma fille et moi, nous ne nous y sommes arrêtées qu'en passant... Quel accueil recevront de pauvres provinciales dans cette société choisie dont vous parlez?

— Je vous prédis, au contraire, le succès le plus étourdissant. La grâce, l'esprit, la beauté sont de tous pays; seulement, à Paris, on apprécie ces qualités plus que partout ailleurs. Les hommages, qui vous attendent là-bas, auront bien une autre valeur que ceux auxquels vous êtes habituées dans cette province où se fourvoie si rarement un véritable homme du monde; vous serez entourées de toutes les sommités de l'administration, de la richesse, de l'intelligence; vous aurez un cadre digne de vous... Vous serez débarrassées enfin, ajouta-t-il d'un ton dédaigneux en baissant la voix, de ces notabilités de département, de ces supériorités de sous-préfecture, dont la nullité et les manières communes ont dû vous blesser bien des fois, quoique vous les supportiez avec tant de courage et de résignation!

Ces allusions blessantes s'adressaient évidemment à Gérard; Emma ne put s'empêcher de dire avec humeur :

— Ah! monsieur le baron, vous êtes bien sévère pour nos amis!

— Il faut savoir se contenter de ce qu'on a, répliqua la comtesse.

— Peut-être; mais certaines amitiés sont trop précieuses pour qu'on les prodigue au premier venu... Pardonnez-moi ma franchise, mesdames, poursuivit le baron, mais je ne peux trop m'étonner de l'importance extrême que l'on donne hors Paris au plus mince fonctionnaire. A Paris, vous rencontrerez dans les salons, dans les lieux de réunion, dans les rues, partout, les plus grands personnages, les chefs de service, les officiers du grade le plus élevé; nul n'y fait attention, ils sont confondus dans la foule et le même niveau passe sur tous. Ici, au contraire, le moindre employé trouve, dans son isolement même, une valeur singulière. Le plus obscur gratte-papier est une puissance; le plus infime commis, une autorité; la plus obscure charge publique donne droit au respect. Tel qui est bon seulement à inspecter des tas de cailloux sur une route royale s'intitule *monsieur l'ingénieur*, et il est reçu dans les meilleures maisons... Tout à l'heure encore, mademoiselle Emma elle-même ne s'est-elle pas crue obligée de se confondre en politesses avec la dame vêtue de noir, que nous avons rencontrée dans l'avenue, parce que cette dame est, paraît-il, la directrice des postes du village voisin?

La mère et la fille, éblouies par la faconde de Puysieux, par la parfaite connaissance du monde qu'il s'attribuait, semblaient un peu confuses de ces critiques. La comtesse reprit :

— Comment donc faire, à moins de ne recevoir personne?... Mais je croyais que M. de Puysieux avait été autrefois lui-même fonctionnaire public en province.

— En effet, madame, j'ai accepté jadis une certaine charge en Bretagne; c'est là, j'en conviens, une de mes péchés de jeunesse. Mais mon erreur a été courte; je n'ai pas pu me décider à faire ma démission, afin de reconquérir ma chère indépendance et de venir me réchauffer à notre brillant soleil parisien. Depuis ce temps, aucune sollicitation n'a pu me décider à sacrifier de nouveau ma précieuse oisiveté; et m'offrit-on même une préfecture...

— Cependant, interrompit la comtesse, vous êtes dans les Basses-Alpes, et nous espérons que vous y séjournerez une partie de l'été.

— Ah! c'est bien différent! répliqua le baron avec un regard et un soupir qui en disaient plus qu'un long discours.

Toutefois, le soupir et le regard étaient assez adroitement dirigés pour que la mère ou la fille pût également les croire à son adresse. Emma reprit de son petit ton décidé :

— Quel que soit votre dédain pour les fonctionnaires de province, monsieur le baron, je vous prie de vous montrer indulgent à l'égard de ceux que vous pourrez rencontrer ici. Il en est que nous estimons fort et qui méritent notre affection... N'est-il pas vrai, chère maman?

La comtesse fit distraitement un geste d'approbation.

— Quant à la nouvelle directrice des postes, continua Emma, si elle se présentait à la Bastide (et elle s'y présentera, j'en suis sûre!), vous n'oublierez pas, je l'espère, qu'elle m'a sauvé la vie, ou peu s'en faut, et qu'à ce titre elle a droit à ma reconnaissance.

— Et à la mienne autant qu'à celle de personne, répliqua le baron avec chaleur, bien que peut-être votre bonté exagère les services de cette dame. Enfin, si mademoiselle de Vaublanc l'exige...

— On aurait pu croire ce matin, monsieur, dit la comtesse en interrompant son travail, que vous aviez déjà été en rapport avec notre nouvelle directrice?

— D'abord, en effet, une ressemblance singulière m'avait donné à penser... Mais je me suis bientôt aperçu de ma méprise; je n'ai jamais eu de relations personnelles avec la poste aux lettres, que je sache.

Peut-être allait-on questionner Puysieux sur cette dame inconnue dont la ressemblance avec madame Arnaud l'avait frappée, quand une conversation, qui s'était établie d'abord à voix basse entre le comte et Gérard, à l'autre bout du salon, s'anima insensiblement et finit par attirer exclusivement l'attention.

On se souvient que M. de Vaublanc, poussé par ses manies de spéculation, avait pris un intérêt dans l'entreprise du percement d'une montagne à travers laquelle devait passer un chemin de fer. C'était afin de consulter le jeune ingénieur à ce sujet que le comte l'avait mandé à la Bastide-Vialard; les échantillons de pierre qu'examinait Gérard provenaient des sondages opérés sur le terrain que devait traverser le tunnel en voie d'exécution.

Gérard avait terminé son examen et rejeté avec découragement le dernier morceau de roche; le comte lui demanda d'un air empressé trahissant le vif intérêt qu'il prenait à cette question :

— Eh bien! qu'en dites-vous, Gérard? Touchons-nous enfin à l'extrémité de cette masse maudite qui donne tant de peine aux ouvriers et nous cause tant de dépenses?

— Je n'oserais l'assurer, répliqua l'ingénieur avec tristesse; je regrette vivement, bien vivement, que vous soyez engagé dans cette affaire!

— Comment! dit le comte en pâlissant, ces échantillons ne prouvent-ils pas que nous allons atteindre un terrain moins résistant?

— Ces échantillons ont été pris à la surface du sol, tout au plus à trente ou quarante mètres de profondeur; ils ne prouvent rien contre cette masse de granit qu'on pourrait appeler le *noyau* de la montagne et qui présente des difficultés si terribles. A mon avis, la roche deviendra de plus en plus dure, à mesure que vous approcherez du centre, et vous n'y êtes pas encore arrivé.

— Plus dure! répéta M. de Vaublanc avec une sorte de colère; et comment pourrait-elle être plus dure? Les outils les mieux trempés s'ébrèchent ou se brisent sur elle. Cinquante ouvriers travaillent pendant vingt-quatre heures pour faire avancer l'ouvrage de quelques centimètres. La mine elle-même n'a plus aucun résultat; la poudre brûle comme une fusée sans produire de détonation, sans parvenir à désagréger cette roche maudite; c'est du porphyre, du diamant; aucune force humaine n'en peut venir à bout.

Le comte s'exprimait avec une sorte de désespoir; il poursuivit bientôt :

— Malheureusement, Gérard, votre opinion se trouve confirmée par le rapport que voici, où l'on énumère les difficultés de l'opération. Cet imbécile de Fortin, l'entrepreneur auquel je me suis associé, n'a rien su prévoir; craignant toujours que l'exécution du tunnel ne fût adjugée à un autre, il a soumissionné au prix le plus bas. Il a déjà englouti les sommes énormes que je lui ai avancées, celles qui ont été avancées par le gouvernement, et nous ne sommes pas à la moitié de l'ouvrage. On me demande encore de l'argent, sous peine d'interrompre les travaux... Si cela continue, toute ma fortune y passera.

Ces dernières paroles étaient dites si bas que l'ingénieur les devina plutôt qu'il ne les entendit.

— Mon cher de Vaublanc, répondit Gérard, ne perdez pas courage; je me trompe peut-être..... D'ailleurs, il doit exister quelque moyen de vous soustraire à ces obligations fâcheuses. Si vous y consentez, je verrai le préfet, et je tâcherai d'obtenir...

— C'est cela, dit le comte avec amertume, rendre publiques ma déconvenue, l'ignorance de Fortin et ma propre sottise? Voyons, Gérard, ne vaudrait-il pas mieux laisser aller les choses et chercher une compensation d'un autre côté? Si j'obtenais la concession du chemin de la Corniche, je pourrais aisément réparer ce désastre partiel. Ma compagnie est toute prête; nous avons déjà plus de cent millions de souscrits. Les avantages que je me réserverais comme directeur non-seulement couvriraient les pertes causées par le percement de ce fatal tunnel, mais encore tripleraient ma fortune... Ne pourriez-vous me faciliter les moyens d'obtenir cette concession? Vous avez des connaissances, des amis dans les notabilités compétentes, et vous n'obligeriez pas un ingrat.

— Hélas! mon cher comte, c'est dans une sphère supérieure à la mienne que s'accordent ces hautes faveurs administratives, soumises du reste à des règles inflexibles, et il ne m'appartient pas de me targuer d'un crédit que je n'ai pas.

— Bah! vraiment; j'avais pourtant espéré... Heureusement que je ne suis pas trop dépourvu. Plusieurs pairs de France, plusieurs députés influents m'ont demandé des actions et agissent énergiquement pour le bien de l'entreprise. D'autre part, Puysieux pourra nous donner un bon coup d'épaule. Il nous procurera de puissantes protections à Paris, et, le moment venu, il fera pencher la balance de notre côté. Cependant il faut qu'il se hâte, car ce tunnel commence à me donner de cruelles inquiétudes... Eh bien! Puysieux, ajouta-t-il en élevant la voix, avez-vous reçu des nouvelles ce matin?

Le baron, se retournant à demi, répliqua négligemment :

— Pas encore, mon cher Vaublanc; je ne sais ce qu'ils font là-bas; mais les absents ont toujours tort, vous savez?

— Vous n'avez pourtant pas négligé d'écrire, comme vous me l'aviez promis? demanda le comte qui se rapprocha de lui et fut suivi de Gérard.

— Non, non; j'ai adressé, il y a trois jours, au *petit* Chaville, le secrétaire, le bras droit du ministre, une lettre fort pressante. Chaville est mon camarade de collège, et s'il ne nous sert pas chaudement, je le mènerai bon train. Quant au duc de C***, dont l'influence est si grande à la Chambre, il nous appartient et se jettera en avant quand nous voudrons; je réponds de lui corps pour corps.

— A merveille! répliqua M. de Vaublanc en se frottant les mains; mais l'époque de l'adjudication du chemin de la Corniche est encore bien éloignée, baron; serait-il impossible de la faire avancer?

— On pourrait en toucher deux mots à Chaville, et si vous y tenez absolument...

— Bon Dieu! messieurs, interrompit la comtesse, ne sauriez-vous trouver des sujets de conversation moins moussades? Actions, chemins de fer, travaux, entreprises, sont-ce là des choses bien divertissantes pour ma fille et pour moi?

— Et encore quand je suis souffrante! dit Emma d'un ton plaintif.

— Allons! allons! répliqua M. de Vaublanc en s'efforçant de sourire, ces questions ont beaucoup plus d'importance que vous ne pensez, même pour vous..... Comment les femmes pourraient-elles parler dentelles, cachemires et bijoux, si les maris et les pères ne parlaient pas quelquefois rentes, revenus, bénéfices et argent?

— Ces dames me rendront justice, dit le baron; ce n'est pas moi qui le premier ai conduit la conversation sur un terrain qui leur déplaît. Mais il est des influences, pour ainsi dire, fatales; elles imposent aux bouches les plus rebelles les mots utilitaires de moellons, terrassements, tranchées et bâtisses... Il y a trois jours qu'il s'agissait seulement à la Bastide-Vialard de beaux-arts, de littérature, de concerts et de théâtres.

Cette allusion hostile attira une vive rougeur sur le visage doux et tranquille du jeune ingénieur.

— C'est à moi sans doute, dit Gérard se contenant à peine, que M. de Puysieux attribue ce rôle fâcheux de trouble-fête; néanmoins, je pourrais lui répondre que des moellons et des terrassements sont au moins des réalités, tandis que certains brillants projets, certaines promesses audacieuses, ne sont évidemment que des chimères.

— Que voulez-vous dire, monsieur? s'écria Puysieux en se redressant.

— Rien autre chose que ce que je dis; seulement, je supplie mon digne ami, M. de Vaublanc, de ne pas oublier mes paroles.

— Monsieur Gérard, je vous invite...

— Vous avez tort tous les deux, jeunes gens, interrompit le comte avec beaucoup d'autorité; vous, Puysieux, vous savez bien qu'on a de fortes raisons ici pour parler de travaux et de matériaux, en présence de Gérard comme en son absence... Quant à vous, Gérard, il ne vous appartient pas de révoquer en doute, sans motifs, le crédit de M. de Puysieux, crédit dont j'ai besoin et sur lequel je compte... Allons! messieurs, ce sont là des enfantillages, et par égard pour moi, vous n'insisterez pas sur ce sujet.

L'un et l'autre protestèrent que tout était fini; mais leur teint enflammé, leurs regards ardents ne laissaient aucun doute sur la colère dont ils étaient animés intérieurement.

La comtesse ne paraissait pas bien comprendre la rivalité qui existait entre ses hôtes et elle s'occupait distraitement de sa broderie. Mais Emma était pâle, frémissante; regardant tour à tour Puysieux et Gérard, elle murmurait d'une voix étouffée :

— Ah! messieurs, messieurs, pouvez-vous me causer de pareilles frayeurs?

Un silence pénible régnait dans le salon, quand un domestique vint annoncer que les deux directrices des postes de Saint-Martin désiraient voir M. et mesdames de Vaublanc. La nouvelle de cette visite, qui allait faire diversion au malaise général, fut bien accueillie de tous; mais Emma se montra particulièrement satisfaite. Passant d'un sentiment à l'autre avec une extrême mobilité, elle se souleva, sans songer à ses souffrances, et dit en battant des mains :

— Ah! je savais bien, moi, qu'*elle* viendrait!

La comtesse haussa les épaules :

— Ah ça! mon enfant, lui dit-elle, tu t'es donc affolée de cette femme?

— Que voulez-vous, maman? répondit naïvement Emma, elle me plaît... Et puis, oubliez-vous qu'elle m'a sauvé la vie?

En ce moment, madame Chervis et madame Arnaud entrèrent dans le salon.

VIII

LES VISITEUSES.

Depuis longtemps déjà madame Chervis, avec son grand châle et son chapeau à volumineuses plumes noires, avec ses allures quasi masculines, ses manières tour à tour brusques et prétentieuses, avait acquis une certaine célébrité à la Bastide-Vialard. Mais ce jour-là, son costume suranné, qui jurait avec la chaleur de la saison, sa haute taille, l'assurance qu'elle affectait dans ce riche appartement, afin d'inspirer de la confiance à sa compagne, ressortaient d'une manière frappante, en regard de la mise simple, de la tournure gracieuse de Valérie. Cependant, aucun des assistants ne parut disposé en ce moment à remarquer les ridicules de la vieille directrice, et l'attention se concentra sur madame Arnaud. Celle-ci supporta cet examen sans embarras, mais sans forfanterie, et toute sa personne avait une distinction parfaite à laquelle des gens du monde ne pouvaient se méprendre.

Le comte et la comtesse reçurent les visiteuses avec politesse, et Emma, qui s'agitait sur son canapé comme si elle n'avait jamais eu d'entorse, voulut qu'elles prissent place à côté d'elle. Gérard, malgré le nuage encore amassé sur son front, avait salué les deux directrices avec un respect très-marqué pour madame Arnaud. Quant au baron, il regardait fixement Valérie qui avait levé son voile et n'essayait plus de cacher sa belle et mélancolique physionomie.

M. et madame de Vaublanc crurent devoir d'abord la remercier du service qu'elle avait rendu le matin à leur fille ; mais elle répondit en peu de mots que la reconnaissance de mademoiselle de Vaublanc avait exagéré ce prétendu service et qu'une action si simple ne méritait aucune gratitude. Quoique pleine de convenance, Valérie paraissait se tenir sur la réserve et attendre l'occasion favorable d'exposer l'objet réel de sa visite.

En revanche, madame Chervis n'avait rien perdu de son assurance première ; elle conservait dans le salon de la Bastide-Vialard cette contenance résolue, ce ton décidé qu'elle avait dans son bureau :

— Figurez-vous, mes chères dames, disait-elle, que je viens vous faire mes adieux. L'administration a bien voulu récompenser mes services en me nommant à la direction de D***, ce qui est pour moi un avancement considérable ; il me faut donc quitter Saint-Martin. J'ai la consolation de penser que j'y laisserai quelques regrets ; néanmoins, le pays n'y perdra pas. Madame Arnaud, que voici, est une charmante petite dame, qui, malgré son air mignard et comme il faut, saura mener carrément les choses, je vous le garantis.

Ce singulier éloge attira un imperceptible sourire sur les lèvres de Valérie.

— L'honorable famille de Vaublanc, répliqua-t-elle modestement, ne doit pas moins croire à mon ardent désir de lui être agréable en tout ce qui dépendra de moi.

Le comte et la comtesse s'inclinèrent.

— Vraiment, ce n'est que justice, ma chère, répliqua la vieille directrice, après ce que M. de Vaublanc a fait aujourd'hui pour l'administration des postes... Quant à moi, je le remercie du fond du cœur, car nous aurions pu nous trouver dans de mortels embarras, si l'affaire eût suivi son cours.

— Vous ne me devez pas de remerciements à moi, mesdames, répliqua le comte ; en agissant comme j'ai agi, j'ai cédé aux instances de ma fille, qui a tous les privilèges et tout le despotisme d'une enfant gâtée...

— C'est moi qui vous en remercie, mon cher père, dit Emma d'un ton câlin ; aussi bien auriez-vous eu le courage de causer le moindre ennui à l'excellente dame qui m'a sauvée d'un si grand péril?... Mais ne parlons plus de cette odieuse lettre ; l'affaire est terminée, grâce à votre bonté, et j'espère...

— Avec votre permission, mademoiselle, interrompit Valérie amicalement, mais d'un ton ferme, je suis obligée de revenir sur cette question. Quoique pénétrée de reconnaissance pour votre bon vouloir et pour celui de M. de Vaublanc, il m'est impossible d'accepter ce désistement dans les termes où il est posé.

— Ainsi, ma chère, demanda madame Chervis avec impatience, vous vous obstinez dans vos malheureuses idées ? Votre délicatesse excessive ne peut amener rien de bon pour personne.

— C'est sur moi, comme vous l'avez dit, madame, sur moi seule que retombe la responsabilité du fait dont il s'agit ; il importe donc que je demande à M. de Vaublanc et que je donne moi-même quelques explications à cet égard... Je pense, ajouta Valérie en regardant les deux jeunes gens, que je peux parler devant ces messieurs ?

— Certainement, certainement, répliqua le comte ; ce sont des amis de la maison.:. M. Gérard, ingénieur des ponts et chaussées... M. le baron de Puysieux !

Madame Arnaud s'inclina en silence, comme si ces noms lui eussent été inconnus ; puis, sans se laisser intimider par la moue d'Emma et de la comtesse, par les froncements de sourcils de madame Chervis et même par les distractions évidentes de M. de Vaublanc, elle exposa ses motifs de croire que la soustraction des billets de banque ne pouvait être imputée aux employés de la poste de Saint-Martin. Pour rendre sa démonstration plus précise, elle tira l'enveloppe de sa poche et prouva que le piéton dépourvu des instruments nécessaires, et ignorant du reste l'importance de la lettre dont il était porteur, n'avait pu, dans le rapide trajet de la poste à la Bastide-Vialard, exécuter l'opération délicate qui avait précédé le vol. D'ailleurs les deux directrices affirmaient que la lettre en question, arrivée la veille au soir, leur avait paru intacte à l'une et à l'autre, et que jusqu'au moment de la distribution, elle était restée dans un coffre soigneusement clos avec les autres dépêches.

Tous les assistants étaient peu à peu devenus attentifs ; le baron lui-même ne perdait pas un mot de cet entretien.

M. de Vaublanc, après un moment de réflexion, demanda froidement :

— Et puis-je savoir, madame, ce que vous concluez de tout ceci ?

— La conséquence est claire, monsieur le comte ; la soustraction n'a pu avoir lieu pendant que la lettre était confiée à l'administration des postes.

— Fort bien, mais alors où donc, selon vous, aurait-elle eu lieu ?

— Il ne m'appartient plus de le rechercher, et je laisse à qui de droit de découvrir les auteurs de cet acte coupable.

— Eh bien ! madame, reprit le comte, les raisons que vous venez de donner pour mettre à couvert votre responsabilité me semblent spécieuses, je l'avoue ; mais elles ne sont pas suffisamment concluantes, et l'on peut sans peine imaginer des circonstances fort spécieuses aussi qui les réduiraient à néant. Voyons, madame, parlons avec franchise ; avez-vous quelques motifs de supposer que la soustraction aurait pu se faire ici, chez moi ?

Valérie ne répondit pas.

Madame Chervis, qui ne comprenait rien à la réserve de sa compagne, demanda étourdiment :

— Mon Dieu ! monsieur le comte, votre maison est une maison riche et respectable ; mais êtes-vous sûr, là, bien sûr... de tous vos gens ?

— Je n'ai jamais eu l'occasion de suspecter leur probité, répliqua M. de Vaublanc avec un peu de raideur.

— De la part d'une autre personne que madame Chervis, dit la comtesse, une pareille question pourrait paraître fort étrange.

— Il faut bien s'expliquer, pourtant, reprit la vieille directrice avec bonhomie ; madame Arnaud repousse toute grâce, à moins que l'on ne reconnaisse d'abord l'innocence complète de l'administration. Or, on peut bien, sans offenser les excellents maîtres de la Bastide-Vialard, demander, par exemple, si les lettres arrivées ce matin ont été remises immédiatement à M. le comte ou bien si elles seraient restées, pendant un temps plus ou moins court, à la disposition des personnes du logis ?

Valérie paraissait interdite de la manière hardie dont madame Chervis posait les questions ; le comte répondit, après avoir réfléchi quelques secondes :

— En effet, ce matin j'étais occupé dans mon cabinet et j'avais défendu qu'on me dérangeât ; aussi Charles, mon valet de chambre, a-t-il déposé ici même mon courrier sur cette table, en attendant que j'eusse sonné. Cette pièce est ouverte à tous ; on y entre et on en sort librement, je dois en convenir.

— Et combien de temps votre courrier est-il resté dans ce salon ?

— Ma foi ! je ne sais trop... une demi-heure, une heure peut-être.

— Ce temps eût suffi pour qu'une personne étrangère à la maison pût s'introduire ici et violer le secret de votre correspondance, répliqua Valérie, qui, malgré sa réserve, sentait la nécessité de soutenir sa compagne. Mais, pardon ! ajouta-t-elle aussitôt avec timidité, ce panier à ouvrage est-il à demeure dans cette pièce ?

Et elle désignait une élégante corbeille qui se trouvait sur le guéridon.

— Il est vrai, répliqua la comtesse d'un air étonné ; mon panier reste habituellement sur cette table où personne, je pense, n'oserait le toucher... Mais, de grâce, que regardez-vous donc là, madame ?

Valérie avait pris dans la corbeille une mignonne paire de ciseaux à broder et les avait rapprochés de la coupure de l'enveloppe. Une particularité frappait tout d'abord ; c'était que les ciseaux, d'une finesse extrême, étaient très-légèrement ébréchés sur une de leurs branches ; or, l'incision de la lettre présentait une petite éraillure qui s'accordait avec le défaut de ce joli ustensile féminin. Valérie en fit l'expérience sur un morceau de papier, et reproduisit exactement l'éraillure aux yeux du comte et des autres personnes présentes. Elle hésitait à tirer une conclusion de cette circonstance, mais madame Chervis se montra plus audacieuse :

— Voilà certainement les ciseaux qui ont servi à faire le coup ! s'écria-t-elle ; maintenant, il ne s'agirait plus que de retrouver la colle à bouche au citron et celui qui s'en sert van tant d'habileté.

— Mes ciseaux ! quelle horreur ! dit la comtesse.

Il y eut un moment de silence ; M. de Vaublanc reprit enfin en pesant chacune de ses paroles :

— Ainsi donc, madame la directrice, selon vous, le vol se serait accompli ce matin, dans ce salon, pendant que j'étais enfermé dans mon cabinet, et l'on aurait employé pour l'opérer les ciseaux de ma femme ?

— En matière si grave, répliqua Valérie, je n'oserais rien affirmer ; mais vous pouvez juger par vous-même...

— La chose devient claire comme le jour, interrompit madame Chervis d'un ton assuré. A cette heure, monsieur de Vaublanc, vous n'avez pas besoin de vous creuser beaucoup la tête pour découvrir le coquin ; il vous suffira de vous informer si quelque personne de la maison aurait pu savoir d'avance l'existence de ces billets dans la lettre.

— Eh ! qui l'aurait su ? J'ignorais moi-même...

— Pardon, mon cher comte, interrompit Puysieux d'un ton nonchalant, c'est moi qui vous ai parlé de ce M. Robillard, l'expéditeur de la lettre, et c'est moi encore qui, à mon passage à D***, lui ai conseillé de vous écrire en vous adressant les fonds du premier versement. A la vérité je n'ai jamais vu l'écriture dudit Robillard ; mais puisque ces dames de la poste sont en train de faire des suppositions, pourquoi s'arrêteraient-elles en si bon chemin ?

Il y avait tant d'ironie dédaigneuse dans l'accent et les paroles du baron que madame Chervis en fut déconcertée ; mais Valérie attacha sur Puysieux un regard perçant qui l'obligea de détourner la tête.

La comtesse était partie d'un éclat de rire.

— Voilà, reprit-elle, où l'on en arrive à force de torturer les mots et les faits. Je suis confuse, monsieur de Puysieux, que, chez moi, vous soyez exposé à subir des plaisanteries de ce genre.

— Ne me plaignez pas, madame, s'écria Puysieux avec une gaieté affectée. Êtes-vous donc vous-même exempte des soupçons qui pèsent sur tous les habitants actuels de la Bastide-Vialard ? Ces petits ciseaux à broder, qui sont bien authentiquement votre propriété, n'ont-ils pas servi à la perpétration du crime ? Hum ! la justice n'est pas galante, prenez-y garde, madame la comtesse !... Voici de même mademoiselle Emma qui rit de bon cœur ; mais est-elle bien sûre qu'on ne trouverait pas dans sa bonbonnière quelques pastilles de gomme au citron ? Ce serait contre elle une grave présomption, je l'en avertis.

Comme l'hilarité était générale, Puysieux reprit en s'adressant aux directrices de poste :

— Pardonnez-moi, mesdames ; j'ai voulu seulement vous montrer jusqu'où l'on peut aller en donnant aux circonstances les plus simples et les plus naturelles une interprétation arbitraire. Je sais bien que l'honneur immaculé de la poste aux lettres exige des ménagements infinis ; la poste est comme la femme de César qui ne doit pas même être soupçonnée. Néanmoins la maison de madame la comtesse de Vaublanc devrait aussi être à l'abri de certaines insinuations.

Gérard, qui avait été spectateur silencieux de cette scène, intervint brusquement :

— J'ai pour cette maison autant de respect que personne, dit-il ; mais peut-être monsieur le baron aurait-il dû laisser à M. de Vaublanc le soin de la défendre lui-même.

— Quoi donc ! monsieur l'ingénieur prétendrait-il m'apprendre les convenances ? demanda Puysieux avec colère ; je donne quelquefois des leçons, mais je n'en reçois jamais.

— Vous en auriez pourtant besoin quand vous parlez à des dames sur ce ton insultant...

— Paix ! messieurs, je vous en prie, interrompit le comte avec autorité ; permettez-moi de vous rappeler à l'un ou à l'autre qu'à moi seul appartient d'apprécier ce qui se passe chez moi, en ma présence... Vous voyez, mesdames, ajouta-t-il avec mécontentement en se tournant vers les directrices, quelles pénibles discussions suscite cette misérable affaire... Mais il faut en finir ; voyons, madame Arnaud, qu'attendez-vous de moi ?

— Simplement, monsieur, répliqua Valérie avec calme, que vous reconnaissiez pour un acte de justice, ce désistement qui était d'abord un acte de condescendance de votre part.

— Je le voudrais ; mais, au point où en sont les choses, innocenter les employés de la poste ne serait-ce pas reconnaître coupables les gens de ma maison ? Or, il ne m'est pas suffisamment prouvé... Enfin, à quoi bon tout cela, puisque je désire laisser ma réclamation dans l'oubli ?

— Je vous supplie, monsieur le comte, de ne pas prendre mon insistance en mauvaise part, répliqua Valérie en se levant ; mais il ne m'est pas permis d'accepter une grâce... Ou bien votre accusation n'est pas fondée et je vous demande de le reconnaître hautement, ou elle a une base sérieuse, et alors je dois exiger que le malfaiteur soit recherché et puni.

Le comte, Gérard et le baron lui-même étaient émerveillés de la puissance de logique, de la fermeté, avec lesquelles cette jeune et charmante femme soutenait sa cause.

— Vrai Dieu! madame, reprit M. de Vaublanc, vous entendez à merveille la considération qui doit s'attacher à un fonctionnaire public, et vous défendez la vôtre avec autant de dignité que d'énergie. Allons! nous ne discuterons pas plus longtemps sur une question de forme... Je le déclare donc devant toutes les personnes ici présentes qui pourront en témoigner au besoin : la soustraction des valeurs ne me semble pas devoir être imputée à l'administration des postes en général, et à la direction de Saint-Martin en particulier. Bien plus, certaines circonstances que madame Arnaud vient de constater avec tant de sagacité, me donnent le désir d'ouvrir une enquête dans ma maison, et je ne manquerai pas de le faire très-prochainement... Eh bien! madame, ajouta-t-il d'un ton gracieux, êtes-vous contente? Et la directrice des postes, maintenant que satisfaction lui est donnée, voudra-t-elle nous traiter en hôtes et en amis?

Ce langage ne pouvait manquer d'être compris de Valérie. Elle remercia le comte de sa condescendance, et s'excusa envers les dames de les avoir fatiguées si longtemps de cette désagréable affaire.

— Qu'il n'en soit donc plus parlé! s'écria Emma joyeusement; mon bon père, comme à l'ordinaire, a trouvé moyen de concilier toutes les convenances et tous les intérêts... Mais savez-vous, madame, continua-t-elle d'un ton de reproche, que, pour votre première visite à la Bastide, vous nous avez bien rudement traitées?

— Il est vrai, dit la comtesse avec un peu d'aigreur; grâce à madame la directrice, tout ici, jusqu'à mes ciseaux à broder, est devenu suspect.

— Ah! elle sait joliment défendre l'administration! s'écria madame Chervis transportée du triomphe de sa compagne; aussi, je peux partir tranquille; je suis sûre qu'il y aura toujours une maîtresse femme au bureau de Saint-Martin.

On changea d'entretien, et Valérie alors se mit à causer avec tant de tact, d'esprit, de parfaite connaissance du monde, que les assistants tombèrent sous le charme de cette parole facile, modeste et bienveillante. Le comte et la comtesse elle-même ne cachaient pas le plaisir qu'ils trouvaient à l'écouter ; Emma était ravie, tandis que madame Chervis, malgré sa loquacité habituelle, se taisait devant une supériorité si réelle et si imposante. Gérard seul ne manifestait aucune surprise, et souriait. En revanche, le baron de Puysieux était profondément préoccupé; son air dédaigneux, son aplomb hautain avaient disparu ; il suivait des yeux chaque mouvement de la jeune femme, et paraissait commenter intérieurement chacune de ses paroles. Enfin, n'y tenant plus, il profita d'un moment où la conversation devenait générale pour demander bas à Valérie :

— De grâce, madame, excusez ma hardiesse; mais il est impossible que deux femmes réunissent au même degré tant de beauté et de qualités séduisantes. Aussi malgré un changement de nom et de position, suis-je convaincu que j'ai déjà eu l'honneur de vous rencontrer à une autre époque et dans un autre pays... On ne saurait vous oublier quand on vous a vue une fois.

Valérie se leva.

— Monsieur de Puysieux se trompe sans doute, répliqua-t-elle avec aisance ; il y a trop loin du monde où il vit à une humble directrice des postes telle que moi.

En même temps elle prit congé de la famille de Vaublanc, à laquelle madame Chervis fit aussi ses adieux. Le comte et la comtesse exprimèrent à madame Arnaud le désir de la recevoir le plus souvent possible à la Bastide-Vialard, et Emma, comme on peut croire, appuya chaudement l'invitation.

— Oh! venez nous voir, madame Arnaud, dit-elle d'un ton suppliant : vous ne pouvez abandonner ainsi une pauvre malade! venez à la Bastide ou j'irai vous chercher à Saint-Martin.

Valérie promit de venir aussi souvent que ses devoirs le lui permettraient. Elle profita du moment où madame Chervis occupait l'attention de la famille de Vaublanc pour dire bas à l'ingénieur :

— Veillez bien, monsieur Gérard; vos amis ont peut-être plus besoin de vous que vous ne l'imaginez!

Gérard répondit seulement par un signe d'intelligence ; mais, si courts qu'eussent été ces rapports entre lui et madame Arnaud, ils avaient été surpris par Puysieux qui ne perdait pas Valérie de vue. Comme elle s'éloignait avec madame Chervis, il s'approcha de Gérard et lui dit avec agitation :

— Vous connaissez cette femme, monsieur? N'essayez pas de le nier... vous la connaissez certainement.

— Et s'il ne me plaisait pas de répondre à cette question?

— Monsieur!... gronda le baron dont les yeux brillèrent d'un feu menaçant.

Mais il se ravisa presque aussitôt et poursuivit plus bas :

— Cette lutte doit cesser, et il importe que nous ayons une explication... Pas de bruit, et allez m'attendre au billard.

— J'y vais, répliqua Gérard du même ton.

En levant les yeux, ils aperçurent Emma qui les observait; une expression de surprise et d'effroi se reflétait sur le visage de la jeune fille, comme si elle eût entendu ou tout au moins deviné ce qui venait de se passer entre eux.

Le comte et la comtesse rentrèrent après avoir reconduit les visiteuses, et l'on parla encore de madame Arnaud, de madame Chervis, du vol mystérieux qui s'était accompli le matin. Mais Emma était distraite ; Gérard et le baron avaient un air sombre et embarrassé ; aussi la conversation ne tarda-t-elle pas à languir. Bientôt M. de Vaublanc retourna dans son cabinet pour se livrer à ses travaux ordinaires, et les deux jeunes gens se retirèrent sous différents prétextes. La comtesse elle-même, ayant des ordres à donner, quitta le salon, et Emma resta seule pendant quelques instants.

Alors mademoiselle de Vaublanc se souleva, et posant par terre son pied blessé, essaya de marcher. D'abord la douleur lui arracha des plaintes étouffées; mais peu à peu elle s'aguerrit et parvint à faire sans trop de peine le tour de la pièce. Satisfaite du résultat de son expérience, elle se rassit et se mit à réfléchir profondément.

IX

LE BILLARD.

Le jardin de la Bastide était entouré d'une charmille épaisse, où l'on trouvait, à toute heure de la journée, de l'ombre et de la fraîcheur. Des eaux abondantes, provenant du bassin de la cour, formaient de distance en distance des jets d'eau, des cascatelles, des fontaines rustiques; et un tapis de gazon, qui ouatait le sol, ajoutait au charme de la promenade dans ces ombreuses avenues.

Plusieurs constructions de parade, belvédères, chalets suisses, chapelles gothiques s'élevaient sur divers points, soit pour servir de lieux de repos, soit tout simplement pour satisfaire aux lois de la perspective. La plus importante était un pavillon dans le goût oriental, que l'on appelait « le kiosque ». Situé à peu de distance de la maison, il en était pourtant assez éloigné pour qu'une gaieté bruyante pût s'y épancher librement; aussi contenait-il la salle de billard, et les hôtes masculins de l'habitation s'y réunissaient d'ordinaire après dîner. C'est dans cette salle que se trouvaient Gérard et le baron de Puysieux, quelques instants après que les directrices eurent quitté la Bastide-Vialard.

L'ingénieur, debout et appuyé contre le billard, était un peu pâle, mais calme en apparence. Le baron, de son côté, assis sur une chaise, les jambes croisées, ne montrait aucune colère; il semblait absorbé par une pensée importune qu'il essayait vainement de dominer. Cependant il dit d'un ton à la fois roide et distrait :

— Puis-je savoir, monsieur, pourquoi vous vous êtes abstenu de répondre lorsque je vous ai demandé si vous connaissiez cette madame Arnaud?

— Tout bonnement, monsieur, parce que je m'abstiens habituellement de répondre à certaines questions, faites sur un certain ton, par certaines personnes.

— Fort bien; nous allons tout à l'heure discuter vos motifs... Véritablement, poursuivit-il, d'un air rêveur, je suis confondu de cette étonnante ressemblance... Mais, si je ne me trompe, vous avez vous-même habité le département de***; ne trouvez-vous pas que cette madame Arnaud, quoique plus maigre et plus délicate, rappelle d'une manière incroyable une dame qui excitait alors des admirations ardentes dans le pays breton?

— C'est possible, répondit l'ingénieur; mais est-ce donc pour causer de la directrice des postes de Saint-Martin que vous avez souhaité de me voir ici seul à seul?

Puysieux tressaillit et le regarda fixement. Rendu enfin à lui-même, il dit avec brutalité :

— Soit, monsieur. Eh bien! je voulais vous déclarer que je ne souffrirai pas plus longtemps vos façons insultantes. Plusieurs fois aujourd'hui vous m'avez parlé sur un ton que je ne tolère plus de personne. L'un de nous deux est de trop dans cette maison et doit en sortir au plus tôt.

— Quant à moi, monsieur, répliqua Gérard se contenant à peine, je ne sortirai pas de la Bastide tant que ses maîtres m'y verront avec plaisir, et tant que j'aurai une raison d'y rester. Ne croyez pas qu'aucune intimidation me décide à vous céder le terrain. Je ne peux deviner précisément quels sont vos projets, vers quel but vous tendez, mais je soupçonne que ces projets n'ont rien de louable. Votre acharnement contre moi, votre désir évident de m'éloigner sont des motifs de plus pour que j'aie l'œil ouvert sur vos actions. J'avais annoncé mon départ pour demain, je ne partirai pas; voilà le cas que je fais de vos menaces.

— Vous partirez, monsieur! répliqua le baron froidement.

— Et qui m'y obligera?

— Moi... moi que vous gênez, et que vos assiduités auprès de mademoiselle de Vaublanc importunent.

— Ah! c'est donc sur mademoiselle Emma que vous avez jeté vos vues? On aurait pu en douter tant vous saviez partager également vos galanteries entre la fille et la mère. Mais quel droit exclusif avez-vous d'offrir ainsi vos hommages à Emma? Vous a-t-elle donc témoigné une préférence qui autorise un semblable privilège?

La voix de Gérard était devenue un peu tremblante en prononçant ces dernières paroles. Puysieux s'en aperçut.

— Peut-être, répliqua-t-il; sachez seulement, monsieur, que si les maîtres de cette maison avaient à choisir entre vous et moi, leur préférence ne se manifesterait pas en votre faveur.

— Les choses en sont-elles là? demanda l'ingénieur avec un étonnement douloureux; le comte est-il fasciné à ce point par vos forfanteries, vos promesses mensongères et irréalisables? Madame de Vaublanc s'est-elle laissé prendre à l'afféterie hypocrite de votre langage? Et Emma, Emma, si franche et si bonne, a-t-elle donc oublié une affection loyale pour prêter l'oreille aux propos d'un libertin usé, blasé et sans cœur?... Tenez, monsieur, continua-t-il avec énergie, à mon tour je vous dirai : Finissons-en. C'est un duel que vous voulez, n'est-ce pas?... J'y consens; nous nous battrons.

— A la bonne heure! répliqua le baron avec ironie; vous autres savants, vous avez l'intelligence dure quand il ne s'agit pas de calculs et de figures géométriques... Mais, puisque nous nous entendons enfin, nous pouvons arranger la partie à la satisfaction commune. D'abord ne vous semble-t-il pas comme à moi que le nom de la famille de Vaublanc ne doit nullement être prononcé dans cette affaire?

— J'approuve ce scrupule.

— Donc, aux yeux du monde, ce duel n'aura d'autre motif qu'une antipathie de caractères, fort réelle de mon côté, je vous assure, par des différences d'opinion, des rivalités de préséance, que sais-je? Et nos témoins eux-mêmes n'auront pas besoin d'en savoir davantage.

— Je me conformerai, pour ma part, à cet arrangement; mais où et quand nous rencontrerons-nous? J'ai maintenant grande hâte, je vous l'assure...

— Il faut pourtant que nous prenions le temps de nous procurer des témoins. D'ailleurs, cette rencontre ne saurait avoir lieu tant que nous serons les hôtes de M. de Vaublanc. Il importe donc que nous quittions la Bastide; et comme nous ne pourrions le faire en même temps sans exciter des soupçons, l'un de nous devra partir aujourd'hui même; ce sera vous, je l'espère.

— A merveille, monsieur! Vous en revenez toujours à vos fins, et vous êtes tenace dans vos résolutions; mais je vous prouverai que je ne suis pas moins opiniâtre. Je quitterai seulement la Bastide quand vous la quitterez vous-même.

— Vous ne voulez donc pas vous battre? Que diable! monsieur, nous ne pouvons pourtant pas échanger une balle ou un coup d'épée dans le salon de la comtesse de Vaublanc!

— Je ne veux pas, répliqua Gérard, que vous puissiez profiter de mon absence pour me calomnier auprès des personnes dont l'estime et l'affection me sont précieuses... Mes souvenirs à votre sujet sont vagues, monsieur le baron de Puysieux; mais votre réputation en Bretagne serait de nature à me faire craindre toute espèce de perfidies... Quittons l'un et l'autre la Bastide dès ce soir, et nous nous battrons demain.

— Votre opinion sur mon compte me touche peu; mais si vous avez entendu parler de moi en Bretagne, vous ne pouvez ignorer qu'une affaire d'honneur ne m'effraye guère; je commence à croire qu'il n'en est pas ainsi de vous.

— Battons-nous ici... sur-le-champ! s'écria Gérard indigné.

— Avec quoi donc? avec des queues de billard sans doute! dit Puysieux en haussant les épaules. Allez, monsieur, je compte vous mettre à la raison avec des armes plus sérieuses et plus nobles.

— Et moi je pensais que vous auriez assez de bon goût pour laisser aux guerriers du poëme épique les longs discours et les fanfaronnades qu'ils échangeaient avant d'en venir aux mains. Là-bas, en effet, on parlait de vous, si j'ai bonne mémoire, comme d'un duelliste de profession...

LA DIRECTRICE DES POSTES

Emma trouva M. de Vaublanc dans son cabinet de travail. (Page 40.)

— Cela vaut mieux encore que d'encourir, comme vous, le soupçon de lâcheté.
— Misérable !

Gérard, furieux, s'élançait sur le baron, quand un cri perçant retentit derrière lui et l'arrêta court. La porte du pavillon venait de s'ouvrir; mademoiselle de Vaublanc, se soutenant à peine, entra dans la salle de billard. L'ingénieur stupéfait put seulement balbutier :
— Emma ! mademoiselle Emma ! Est-il possible ?

Puysieux, beaucoup plus maître de lui, courut d'un air empressé vers la jeune fille qui boitait cruellement et la conduisit vers une chaise en disant :
— Ah ! mademoiselle, quelle imprudence ! que dira votre mère ?

Emma se laissa tomber sur un siège, et soit émotion, soit effet de la souffrance, elle resta quelques instants sans parler. Les deux jeunes gens, penchés vers elle, l'observaient avec inquiétude. Enfin, elle sourit faiblement et dit en essayant de prendre ce ton espiègle qui lui était ordinaire :
— Vous ne m'attendiez pas, messieurs ? Mais je savais que je vous trouverais ici et... et j'ai voulu vous surprendre.

— Heureux, mademoiselle, celui de nous qui est l'objet de ce courageux effort ! répliqua Gérard avec mélancolie ; et pourtant il devra peut-être regretter...

— Laissons cela, interrompit Emma précipitamment. Messieurs, vous êtes des amis de mon père, et à ce titre vous m'êtes également chers. J'ai remarqué entre vous certains signes de mésintelligence, et tout à l'heure, au salon, j'ai entendu certaines paroles... Sûre de vous rencontrer ici l'un et l'autre, je suis venue du mieux que j'ai pu,

5

en m'appuyant aux arbres de l'allée, et sans doute j'arrive à temps.

— A temps! répéta le baron d'un ton léger, et que craignait donc notre charmante visiteuse? Le fait est que, M. Gérard et moi, nous nous préparions à jouer une partie. Il m'avait défié et je voulais lui prouver...

— N'essayez pas de me tromper, reprit Emma d'un ton sérieux; jene suis pas aussi crédule qu'on le croit. Depuis deux jours, M. Gérard et vous, vous êtes constamment en guerre sourde, vous échangez des regards de colère. J'en ai la certitude, les plus sinistres projets vous ont réunis ici... Messieurs, écoutez-moi : j'aurais dû peut-être prévenir mon père et ma mère de mes soupçons, les prier d'intervenir amicalement auprès de vous. Mais mon père est vif, emporté; je redoutais qu'il ne fût profondément blessé de voir sa maison devenir le théâtre de vos discussions, auquel cas sa colère serait tombée inévitablement sur vous deux. Ma mère, de son côté, est si impressionnable, si nerveuse, qu'une pareille intervention l'eût émue d'une manière dangereuse pour sa santé. Je me suis décidée, bien que peut-être cette démarche soit contraire aux usages du monde, à remplir moi-même le rôle de messager de paix. Votre amour-propre ne saurait avoir à souffrir devant moi. Si je ne me trompe, les torts sont réciproques; vous, monsieur le baron, vous avez été parfois un peu trop mordant avec Gérard; vous, monsieur Gérard, vous avez eu tort de répondre avec aigreur à des plaisanteries sans portée... Allons! messieurs, que je vous voie vous donner la main. Je vous demande cette grâce au nom de la tranquillité de notre maison, au nom de mon père, de ma mère, en mon propre nom... Oh! je vous en préviens, ajouta-t-elle avec vivacité, je détesterai toute ma vie celui de vous qui refusera!

Les deux jeunes gens ne bougèrent pas.

— Voilà une menace, mademoiselle, dit le baron, qui pour ma part me déciderait aux plus pénibles efforts; mais d'où vous vient cette pensée, qu'il existe des motifs d'inimitié entre M. Gérard et moi? M. Gérard n'a-t-il pas été un modèle d'urbanité depuis qu'il habite la Bastide? A-t-il manqué pour moi d'attentions et d'égards? A-t-il essayé d'accaparer à mon détriment une bienveillance et une estime auxquelles je tiens par-dessus tout? Alors pourquoi en voudrais-je à M. Gérard?

— Et moi, mademoiselle, reprit l'ingénieur à son tour, n'ai-je pas pu vous prendre plusieurs fois à témoin des aménités dont m'honorait M. de Puysieux? Quand, sur l'invitation de votre père, je suis revenu, après plusieurs mois d'absence, dans cette maison où je trouvais autrefois tant de confiance et de cordialité, ai-je à reconnaître un changement funeste, surtout dans la personne dont l'affection m'était le plus chère? Enfin, n'ai-je pas foi complète dans la loyauté de M. le baron, dans son puissant crédit auprès des ministres, dans ses intentions franches et désintéressées pour la famille de Vaublanc, dans son profond respect pour vous-même?... Et s'il en est ainsi, comment aurais-je le moindre grief contre M. de Puysieux?

Aucun reproche direct, aucune injure, si sanglante qu'elle fût, n'eût égalé la haine et la colère qui perçaient dans les paroles ironiques des deux rivaux. Emma effrayée ne put retenir ses larmes.

— Messieurs, dit-elle en sanglotant, votre conduite envers moi est bien cruelle. Mes prières mêmes semblent vous animer davantage l'un contre l'autre. J'espérais que mon intervention, si contraire aux usages reçus, aurait un résultat différent. Je croyais pouvoir compter sur votre modération, votre générosité... Monsieur Gérard, ajouta-t-elle d'un ton suppliant, vous, depuis si longtemps notre ami à tous, aurez-vous le courage de me refuser ce que je vous demande avec tant d'instances? Et vous, monsieur de Puysieux, est-ce ainsi que vous me prouverez les sentiments de... de dévouement, que vous m'avez exprimés maintes fois?

Soit calcul ou instinct féminin, soit qu'en effet Emma n'accordât aucune préférence à l'un des jeunes gens sur son rival, ni l'un ni l'autre n'aurait pu se prévaloir d'un regard plus tendre, d'un accent plus affectueux quand elle leur avait adressé successivement la parole. L'équilibre parfait qu'elle gardait entre eux les confirmait dans leur intimité mutuelle et ils se taisaient. Le baron, le premier, reprit la parole, avec une présence d'esprit qui lui donnait l'avantage dans cette discussion :

— Votre intervention, mademoiselle, est celle d'un ange de douceur et de paix; elle me pénètre, quant à moi, de gratitude et d'admiration; pour vous le prouver, je m'en remets entièrement à votre merci. Si vous m'imposez l'oubli de certaines offenses que je n'ai pas l'habitude de pardonner, je tâcherai de vous obéir. Seulement, de grâce, ne me demandez pas davantage; il ne dépend pas de moi d'accorder mon amitié au premier venu. Bien plus, comme en dépit de ma volonté je pourrais ressentir trop vivement une nouvelle injure, trouvez bon que l'un de nous, celui que vous désignerez, quitte la maison au plus tôt; ainsi toute occasion de conflit cessera et vous ne serez plus affligée du spectacle de nos divisions.

En parlant ainsi, le baron regardait Gérard comme pour le défier d'appuyer cette proposition. L'ingénieur comprit.

— Pour cette fois, mademoiselle, reprit-il avec assurance, je partage l'opinion de M. de Puysieux. Il est impossible en effet que, lui et moi, nous demeurions plus longtemps sous le même toit; et je joins mes instances aux siennes pour vous prier de désigner celui de nous qui devra se retirer devant l'autre.

Emma paraissait mortellement embarrassée.

— Messieurs, dit-elle avec angoisse, que me demandez-vous? Comment pourrais-je faire un choix entre les hôtes de mon père, interdire sa maison à l'un de ses amis? N'exigez pas, je vous en prie, que je prononce entre vous, car mon choix, quel qu'il fût, me laisserait de vifs regrets... Que le plus sage des deux consente à se retirer et je lui serai toujours reconnaissante de ce sacrifice.

Mais Puysieux et Gérard, par un accord tacite, semblaient déterminés à obtenir que mademoiselle de Vaublanc manifestât, d'une manière quelconque, sa préférence. L'ingénieur reprit avec émotion :

— Dieu m'en est témoin, mademoiselle Emma, je voudrais satisfaire le moindre de vos vœux, fût-ce au prix de mon sang; mais, dans la circonstance actuelle, l'honneur me défend de céder à l'intimidation que M. le baron voudrait exercer sur moi. Ainsi donc, à moins que vous ne m'invitiez d'une manière formelle à laisser le champ libre à certaines prétentions...

— Oh! monsieur, dit Emma, ne songez qu'au mortel embarras où je me trouve et à mon ardent désir de prévenir une querelle dont les conséquences seraient terribles peut-être... Allons! mon cher Gérard, poursuivit-elle d'un ton chaleureux, vous êtes le plus jeune, vous êtes aussi le plus calme et le plus raisonnable; d'ailleurs, nous nous connaissons depuis longtemps... Vous souvenez-vous, Gérard, de l'époque où vous veniez nous voir à la ville, vêtu de votre uniforme de l'École polytechnique. Avec quelle naïveté moi toute petite alors j'admirais votre tenue militaire! Aussi, je vous en conjure, Gérard, écoutez plutôt mes prières que les inspirations d'un vain amour-propre.

Cette requête, présentée d'un ton attendri et caressant, par une jeune et charmante créature qui invoquait des souvenirs d'enfance, était de nature à émouvoir Gérard; aussi se sentait-il bien près de céder. Par malheur, il aperçut un sourire méphistophélique sur les lèvres du baron; il crut comprendre que l'exclusion prononcée par Emma, bien qu'adoucie, n'était pas moins la preuve d'une préférence marquée pour son rival. Son cœur se serra; il dit d'une voix étouffée et les larmes aux yeux :

— Ainsi donc, mademoiselle, c'est moi qui, de votre propre aveu, dois me retirer devant les exigences de M. de Puysieux? Il avait donc raison tout à l'heure de se vanter qu'il occupait dans les affections de toute la famille une meilleure place que moi? A quoi bon rappeler ces anciens rapports d'intimité, de confiance réciproque, si je dois être sacrifié à un nouvel ami qui peut-être...

— N'interprétez pas ainsi la demande que je vous adresse! s'écria mademoiselle de Vaublanc; je n'ai pas de choix à exprimer entre vous et M. de Puysieux; mais n'avez-vous pas annoncé que vos devoirs vous obligeraient à quitter demain la Bastide? Et n'était-il pas tout naturel que, malgré mon regret de vous voir partir, je m'adressasse d'abord à vous ?...

— Il suffit, mademoiselle, répliqua l'ingénieur d'un ton abattu; votre pitié essayerait en vain de guérir la blessure que m'a faite votre franchise. Je partirai donc, je ne générai plus M. de Puysieux... quoique, lui et moi, nous devions encore nous revoir.

Le baron fit un signe de tête.

— Encore une fois, monsieur Gérard, reprit Emma chaleureusement, je repousse l'interprétation que vous donnez à mes actions et à mes paroles. Je ne vous sacrifie à personne, je ne vous préfère personne. Ma demande prouverait plutôt la confiance que j'ai dans votre ancien dévouement pour ma famille et pour moi... Dites, Marcelin, ajouta-t-elle en baissant la voix, cette explication ne serait-elle pas plus naturelle que la vôtre?

Gérard fut de nouveau tenté de céder à ces assurances amicales; mais l'air triomphant, le sourire moqueur du baron vinrent encore en détruire l'effet.

— Peut-être, mademoiselle, répliqua-t-il; et je serais heureux de croire que vous ne vous trompez pas vous-même sur les motifs de cette décision... Quoi qu'il en soit, je me rendrai à votre désir, vous pouvez y compter.

En ce moment, on entendit la voix de la comtesse, qui appelait Emma dans le jardin. Mademoiselle de Vaublanc essuya ses yeux :

— Messieurs, dit-elle, ma mère va sans doute venir me chercher ici. Je vous en conjure, qu'elle ne se doute pas...

Comme elle parlait encore, la porte s'ouvrit et la comtesse entra toute effarée.

— Quoi donc! mon enfant, es-tu là? demanda-t-elle; quelle inquiétude tu m'as causée quand je ne t'ai plus trouvée au salon! Comment es-tu venue ici? quelle est cette nouvelle folie?

— Chère maman, répondit Emma en rougissant, on m'avait laissée seule... J'ai voulu essayer mes forces, et sachant que ces messieurs étaient dans la salle de billard...

— C'est une imprudence, qui retardera sans doute ta guérison. Tu as dû bien souffrir... Mais, bon Dieu! on croirait que tu as pleuré!

— Ce n'est rien, chère maman; un mouvement trop brusque... vous savez combien de fois vous m'avez reproché ma vivacité et mon étourderie!

Cependant la comtesse soupçonna qu'on lui cachait quelque chose; elle regarda successivement sa fille et les deux jeunes gens dont la contenance trahissait un certain embarras. Puysieux fut encore le premier à recouvrer sa présence d'esprit.

— Quoi! madame, reprit-il en souriant, pourriez-vous reprocher à mademoiselle de Vaublanc son acte de courage, de stoïcisme? Une Romaine n'eût pas fait mieux!

— Oui, oui, raillez-la bien, monsieur le baron, dit la comtesse, cette cruelle enfant l'a mérité.

Puysieux voulut protester contre cette intention, madame de Vaublanc se tourna vers l'ingénieur :

— Monsieur Gérard, poursuivit-elle, n'avez-vous pas vu mon mari? Tout à l'heure il vous cherchait pour vous consulter sur quelqu'un de ses projets ordinaires.

— Je vais le rejoindre, madame, répliqua Gérard avec mélancolie; aussi bien, il est temps que je prenne congé de lui et de vous, car je compte quitter la Bastide aujourd'hui même.

— Quoi! vous partez?

— Ce soir; des affaires indispensables...

— Monsieur Gérard, dit Emma en lui jetant un regard de reproche, ces affaires ne pourraient-elles pas se remettre?

— Non, mademoiselle... D'ailleurs, la gaieté ne peut manquer de revenir ici après mon départ; on n'y parlera plus de tunnels, de roches et d'entreprises, motifs de conversation toujours si désagréables à des dames. M. le baron de Puysieux trouvera certainement des sujets d'entretien beaucoup moins ennuyeux...

— Soit donc, répliqua la jeune fille offensée.

— Je crains bien, madame, reprit la comtesse avec distraction, qu'au chagrin de vous perdre se joigne encore pour moi celui d'entendre toujours parler de semblables choses; le comte ne saurait ainsi lâcher prise... Mais allons! Emma, tu es fort mal ici; il faut regagner au plus vite ta chaise longue dans le salon. Tu as eu de la force et du courage pour venir; en auras-tu moins pour t'en retourner? Appuie-toi sur mon bras et marchons lentement.

Emma se leva et, soutenue par sa mère, elle se dirigea vers la porte. Cependant, comme elle chancelait encore et paraissait beaucoup souffrir, Puysieux s'élança et offrit de la soutenir de l'autre côté.

— Volontiers, monsieur le baron, répondit-elle gracieusement.

Et elle accepta son bras.

Gérard, fou de douleur, de honte et de colère, les regarda s'éloigner.

— Plus de doutes, murmura-t-il en se cachant le visage dans ses mains, *elle* l'aime... Mais je le tuerai, ou il me tuera!

Le même soir, à l'heure à peu près où la voiture de Planchet traversait le bourg de Saint-Martin, Valérie et madame Chervis étaient dans le bureau de poste, causant de leur séparation prochaine, quand Gérard parut en costume de voyage lui-même et la petite valise. Il était triste et salua les deux directrices d'un air contraint.

— Quoi donc! monsieur l'ingénieur, demanda madame Chervis avec sa familiarité habituelle, quittez-vous déjà la Bastide? On disait que vous y resteriez quelques jours encore.

— Je retourne à la ville, madame; pensez-vous que je trouve de la place dans la voiture du courrier?

— Il y en a toujours, monsieur Gérard; si ce pauvre Planchet n'avait pas le service des dépêches, il ne gagnerait pas le prix de l'avoine que mangent ses chevaux... Ah çà! pourquoi ne nous avez-vous pas parlé de votre départ aujourd'hui, quand nous sommes allées à la Bastide?

— J'ignorais encore moi-même que je dusse partir sitôt.

— Et sans doute, reprit Valérie, monsieur Gérard, en prenant une détermination aussi prompte, n'a pas oublié combien de raisons pressantes auraient dû le retenir auprès de la famille de Vaublanc?

— Je n'ai rien oublié, madame; mais il s'est passé des choses telles qu'il ne m'était pas possible de demeurer à la Bastide un instant de plus.

Valérie n'osait poser de questions directes; madame Chervis n'eut pas tant de réserve.

— Je gagerais, dit-elle, que ce grand fat de baron de

Puysieux est pour quelque chose dans tout ceci ! Nous avons vu ce matin comme vous saviez le remettre à sa place, mais il fait vraiment la pluie et le beau temps là-bas.

— Il y fera peut-être aussi le tonnerre et la tempête! dit l'ingénieur avec abattement.

— Et cependant, reprit Valérie d'un ton de reproche, monsieur Gérard a laissé libre carrière à cette influence ennemie.

— Mes torts ne sont peut-être pas aussi grands qu'ils le paraissent, répliqua l'ingénieur mystérieusement; je ne quitte pas ce pays pour longtemps, et, M. de Puysieux et moi, nous nous retrouverons sans aucun doute.

L'animation qu'il mettait dans sa réponse donna un soupçon de la vérité à Valérie. Mais avant que la jeune directrice eût pu adresser à l'ingénieur une nouvelle question, on entendit le bruit de la voiture sur la route caillouteuse, et Thérèse s'écria en entrant précipitamment :

— Les dépêches et les voyageurs... Voici Planchet !

Bientôt la salle fut pleine de monde et une extrême activité régna dans le bureau. Néanmoins, madame Arnaud dit à Gérard au moment où il allait monter en voiture :

— Quoi qu'il arrive, gardez-vous bien de provoquer en duel le baron de Puysieux... C'est un bretteur, il passait en Bretagne pour avoir tué ou blessé en duel tous ses adversaires. S'il vous provoque, n'acceptez pas la provocation. Les chances, dans tous les cas, ne seraient pas égales, car vous êtes un honnête homme et lui... Ayez plutôt quelque patience et je parviendrai peut-être à débarrasser la Bastide-Vialard de cet hôte dangereux. Me promettez-vous d'éviter un duel ?

— Madame, répliqua Gérard, il ne dépend plus de moi de faire une semblable promesse.

— Il le faut pourtant; si vous vous battez contre lui, vous ne serez pas longtemps un obstacle à ses funestes desseins.

— Messieurs les voyageurs, en voiture ! cria le conducteur en ouvrant la portière.

Gérard se pencha vers la directrice :

— Madame, murmura-t-il, il est trop tard... Arrive que pourra, je ne reculerai pas !

Il fit un signe d'adieu et se jeta dans la patache. Le bureau redevint solitaire, et Valérie, se trouvant seule avec madame Chervis, dit avec distraction :

— Que Dieu me pardonne ! j'ai bien peur d'avoir poussé ce malheureux jeune homme, M. Gérard, dans un mauvais pas. Ce matin je n'ai pas songé à le prévenir que le baron de Puysieux passait pour le duelliste de l'espèce la plus dangereuse ! N'importe ! je me dois pas souffrir... Pourvu que j'aie le temps de prendre des mesures pour empêcher ce malheur !

Valérie avait exprimé tout haut les réflexions dont son esprit était occupé, sans s'apercevoir qu'elle révélait des circonstances ignorées de madame Chervis. Celle-ci se redressa brusquement :

— Ah çà ! ma chère, demanda-t-elle, vous connaissiez donc ces messieurs ? Où les avez-vous vus ? où leur avez-vous parlé ?

— Mais ce matin... à la Bastide.

— N'étais-je pas là ? Vous n'avez pas échangé vingt paroles avec l'un ou avec l'autre. D'ailleurs, comment sauriez-vous certaines particularités qui les concernent, que le baron est un homme dangereux et que l'ingénieur... Allons ! c'est encore un secret, n'est-ce pas ? Ah ! ma chère camarade, vous êtes une charmante personne, active, et pas sotte du tout... mais vous pouvez vous vanter d'être joliment cachottière !

Valérie se mit à rire.

— Oui, oui, riez, reprit madame Chervis moitié plaisantant, moitié fâchée, mais si je ne devais pas partir demain pour ma nouvelle résidence, je tirerais cette affaire au clair, je vous le jure !

— Ainsi donc, reprit Valérie qu'amusait cette curiosité féroce, vous n'avez encore rien découvert dans ce dictionnaire d'adresses que vous lisez avec tant d'attention depuis trois jours ?

— J'ai découvert un fonctionnaire public du nom d'Arnaud.

— Ah !... et quelles fonctions exerçait-il ?

— Il était exécuteur des hautes œuvres à...

— Fi l'horreur !... Fi donc, madame ! répliqua Valérie.

— Ce n'est donc pas cela ?

— Quoi ! madame, avez-vous pu croire... Mais n'avez-vous rien trouvé non plus au sujet de mon proche parent, M. de Bernay ?

— Je n'ai trouvé qu'un comte de Bernay, pair de France, répliqua la directrice avec une sorte de colère ; tout cela ne va guère ensemble!... Mais je saurai la vérité, je la saurai, je le veux !

Cependant elle partit le lendemain, comme elle l'avait annoncé ; et bien que Valérie lui eût fait en la quittant mille protestations d'amitié, la bonne dame n'en savait pas davantage à l'égard de sa mystérieuse amie.

X

L'INVITATION

Quelques jours se passèrent. Madame Arnaud, demeurée seule au bureau de poste, paraissait uniquement occupée de remplir ses fonctions avec zèle et ponctualité. Elle sortait peu et se contentait de prendre l'air de temps en temps dans le petit jardin attenant à la maison. Elle avait fait pourtant des visites au maire, au curé, au médecin et à deux ou trois autres personnes notables du bourg ; mais tout en s'acquittant de ses devoirs de bon voisinage, elle avait insinué qu'elle désirait vivre dans la solitude, et qu'elle n'accepterait aucune invitation. Ses manières et son langage avaient peut-être un peu étonné les braves gens de Saint-Martin ; mais il y avait tant de bienveillance dans son accent, tant de douceur et de simplicité dans sa personne, qu'aucun n'eut la pensée d'attribuer ce goût pour la retraite à un sentiment de fierté ; tous devinèrent au contraire une âme bien blessée qui avait besoin de recueillement et de silence.

Les bruits qui avaient cours sur la nouvelle directrice confirmaient cette impression favorable. Jeanne Marsais et sa fille Suzette exaltaient partout sa bienfaisance ; M. le maire, qui avait transporté chez elle les registres de l'état civil et dont les actes étaient inscrits avec autant d'exactitude que d'élégance, vantait en toute occasion sa complaisance et son habileté. La factrice et les deux piétons prononçaient son nom avec une espèce de réserve respectueuse. C'était « la *nouvelle madame* qui avait fait, dit, ou ordonné, » et ils s'inclinaient les premiers devant ses décisions suprêmes. Pied-Bot du canton nord jurait, en dégustant son verre de vin dans les diverses stations de sa tournée, que « la madame Arnaud était une femme bigrement entendue ». Le beau Jacques du canton sud ne trouvait rien de mieux à dire aux filles du pays et à Thérèse elle-même, sinon, « qu'elles étaient, troun dé Diou ! presque aussi jolies que madame ». Quant à Thérèse de la poste, son estime pour sa maîtresse approchait de la vénération. Lorsqu'elle se relâchait un peu de sa taciturnité, elle contait à ses bonnes amies, d'un air à la fois mystérieux et pénétré, que la directrice était une dame *énormément* comme il faut, une dame *conséquente*, et qu'elle avait des jupons brodés aussi beaux que l'aube de cérémonie de M. le curé. Or, ces jupons de madame Arnaud inspiraient à la partie féminine de la population la même admiration que ses qualités personnelles pouvaient inspirer à la partie masculine.

Les choses allaient donc à merveille pour Valérie, et cependant elle paraissait toujours mélancolique. A la vérité cette tristesse ne lui faisait pas négliger sa charge ; elle accueillait avec affabilité tous ceux qui se présentaient, elle se montrait constamment bonne, serviable, souriante. Toutefois, Thérèse prétendait que sa maîtresse s'enfermait assez fréquemment dans sa chambre, et que lorsqu'elle en sortait, elle avait les yeux rouges comme si elle eût pleuré, ce qui intriguait fort l'honnête mais curieuse fille.

Valérie n'était pas retournée à la Bastide-Vialard ; cependant elle n'avait pas manqué de s'informer chaque jour de mademoiselle de Vaublanc et elle avait appris ainsi qu'Emma allait de mieux en mieux. En revanche elle ignorait ce qui avait pu se passer entre l'ingénieur et Puysieux, bien qu'elle eût questionné toutes les personnes capables de la renseigner, et elle éprouvait secrètement de vives inquiétudes à ce sujet. Enfin un soir, après le passage du courrier, elle trouva dans les dépêches deux lettres à l'adresse du baron. Ces lettres avaient également le timbre de la ville voisine, et une circonstance particulière frappa la directrice : quoique d'écritures différentes, elles étaient de même format, de même papier, et portaient l'empreinte du même cachet. Évidemment donc elles avaient été écrites en même temps, par deux personnes qui s'étaient concertées ensemble et avaient dû puiser à la même écritoire. Une sorte d'intuition avertissait Valérie que l'une de ces lettres venait de Gérard ; mais de qui venait l'autre ? D'un ami de Gérard, sans aucun doute, et, ceci posé, il était facile de deviner ce qu'elles contenaient. Il s'agissait sans aucun doute de ce duel où le jeune ingénieur, si franc et si brave, devait inévitablement succomber.

Valérie avait posé ces lettres devant elle et les examinait sans oser y toucher, comme si elles eussent contenu la peste. Néanmoins, son devoir l'obligeait de les envoyer à leur adresse, et elle les joignit au volumineux courrier du comte de Vaublanc, en attendant qu'un domestique de la Bastide vînt chercher le tout, comme à l'ordinaire. Mais, ce soir-là, le domestique ne vint pas, et à l'heure où il se présentait d'habitude, une belle calèche s'arrêta devant la poste aux lettres. Il en descendit le baron de Puysieux, la comtesse et enfin Emma, qui, bien qu'elle s'appuyât encore sur les bras de sa mère, paraissait entièrement remise de son entorse. Les habitants de Saint-Martin accouraient sur leurs portes pour admirer au passage ces opulents visiteurs.

Madame Arnaud, prévenue par Thérèse, vint au-devant des dames et les accueillit avec une exquise politesse. La comtesse semblait s'attendre qu'on les recevrait dans la chambre à coucher, comme faisait autrefois madame Chervis ; mais Valérie n'eut pas l'air d'y songer, et leur offrit dans le bureau de modestes chaises de paille. Madame de Vaublanc usa d'un ton protecteur, des manières de majestueuse condescendance ; Emma se montrait, comme toujours, affectueuse et caressante, seulement, elle paraissait un peu triste et contrainte. Quant à Puysieux, la directrice n'avait répondu que par une légère inclination de tête à son salut prétentieux, et le dandy, son lorgnon à l'œil, s'était remis à l'observer avec le même intérêt qu'à la première rencontre.

Emma reprochait doucement à Valérie de ne pas être venue à la Bastide les jours précédents, et Valérie s'excusait sur les fatigues nombreuses de son installation, quand la comtesse dit avec assurance :

— J'ose espérer pourtant que madame Arnaud pourra dérober demain quelques instants à ses affaires pour venir dîner avec nous à la Bastide. Nous n'avons pas l'habitude d'établir des relations trop étroites avec les personnes du pays ; mais il est facile de reconnaître que madame Arnaud, malgré le zèle qu'elle met à défendre son administration, est une femme distinguée et, d'ailleurs, Emma croit avoir contracté envers elle des obligations sérieuses..... Ainsi donc nous comptons, M. de Vaublanc et moi, ma chère dame, que vous voudrez bien vous rendre à notre invitation.

Emma s'agita sur son siège, comme si elle eût désapprouvé certaines expressions dont sa mère venait de se servir, cependant elle se tut, espérant peut-être que ces fugitives nuances passeraient inaperçues de la directrice. Celle-ci répondit sans hésiter :

— Je sens tout le prix de votre invitation, madame la comtesse, et je vous en remercie ; mais les exigences de mon emploi me défendent de m'absenter. Aussi bien je ne suis pas une femme du monde, comme votre bienveillance vous porte à le croire, mais une pauvre directrice des postes qui doit savoir se résigner à son obscurité.

— Quoi ! vous ne viendrez pas ? interrompit Emma avec un douloureux étonnement ; ah ! madame, c'est là de l'ingratitude ! J'espérais que vous consentiriez à être mon amie, et vous repoussez toutes nos avances... C'est mal, je vous assure !

— Tu le vois, ma fille, reprit la comtesse d'un air piqué, madame Arnaud est décidée à nous tenir rigueur ; il faut en prendre notre parti.

Puysieux crut devoir intervenir.

— Si madame Arnaud, dit-il, était en effet la dame pour laquelle je l'ai prise un moment, elle n'eût certainement pu résister à ces instances si vives et si obligeantes ! Cette dame était un modèle d'urbanité, d'exquise délicatesse...

— Encore une fois, je suis trop peu de chose, répliqua Valérie, pour aspirer à imiter cette dame... Mais vous me faites souvenir, monsieur le baron, que dans les dépêches arrivées récemment, se trouve quelque chose pour vous.

Elle prit les lettres sur la table et les remit à leur destinataire. Celui-ci, avant de les ouvrir, les retourna curieusement :

— Que diable est ceci ? dit-il avec dédain ; vous permettez, mesdames ? ajouta-t-il en se levant ; je ne suis pas fâché de savoir qui m'écrit d'une ville où je ne connais personne.

Et, se retirant dans un coin du bureau, il rompit les cachets.

Valérie ne le perdait pas de vue ; néanmoins, pour ne pas laisser tomber la conversation, elle reprit :

— Eh bien ! mesdames, M. de Vaublanc a-t-il commencé son enquête, afin de découvrir l'auteur de la soustraction opérée dans une lettre à son adresse ? Je suis fort impatiente de connaître le résultat de ses recherches.

Emma elle-même était trop occupée du baron et de ses lettres pour avoir entendu cette question ; la comtesse se chargea de répondre.

— Il a bien d'autres soucis, répliqua-t-elle d'un ton d'humeur. J'espérais qu'en l'absence de M. Gérard, les tunnels, les maçonneries et les railways nous laisseraient un peu de repos ; mais il n'en est rien, et le comte est plus entiché que jamais de toutes ces maudites choses... Aussi n'a-t-il plus songé à cette affaire.

— Je regrette qu'il n'ait pas cru devoir donner suite à son projet d'enquête ; il est toujours bon de connaître ceux qui vous trompent et vous trahissent.

En ce moment, le baron de Puysieux parut avoir achevé sa lecture. Il replia les lettres et les mit dans sa poche, après en avoir froissé négligemment les enveloppes qu'il jeta par terre ; puis il revint s'asseoir auprès des dames. Emma et Valérie ne purent remarquer sur son visage la moindre altération.

— Voilà un contre-temps fâcheux, dit-il froidement; une affaire imprévue m'obligera peut-être à quitter la Bastide demain ou après-demain.
— Quoi! vous allez nous quitter? dit Emma.
— Oh! je ne serai pas longtemps absent... Dans deux ou trois jours au plus je compte revenir.
— Vous êtes donc sûr de revenir? demanda la directrice en fixant sur lui un regard pénétrant.
— Je n'ai aucun doute à cet égard, répliqua Puysieux; un attrait trop vif m'attire à la Bastide pour que je tarde... Mais auriez-vous la bonté, madame la directrice, de me donner de quoi écrire? Je dois répondre sur-le-champ à une de ces lettres, et puisque me voici à la poste...

Madame Arnaud lui présenta ce qu'il demandait. Puysieux, sans même s'asseoir, traça rapidement quelques lignes, ferma la lettre, la scella d'un simple pain à cacheter, et, afin sans doute qu'on ne pût en voir l'adresse, alla lui-même la jeter dans la boîte suspendue extérieurement à la porte.

Pendant qu'il écrivait, la comtesse s'était mise à examiner une jolie pendule, style Louis XV, seul objet de luxe qui se trouvât dans le bureau. Emma profita de ce moment; elle se pencha vers la directrice et lui dit à voix basse :

— Madame, vous ne savez pas?... Ils vont se battre; la chose est sûre maintenant.
— Je le crains, chère demoiselle.
— Que faire donc? Je n'ose prévenir mon père et ma mère, et depuis plusieurs jours j'éprouve des angoisses mortelles.
— Rassurez-vous; j'essayerai de mon côté d'empêcher une catastrophe. Je veille, et peut-être...
— Vous, madame? serait-il possible?

Puysieux venait de rentrer et madame de Vaublanc se rapproche de sa fille dont elle remarqua l'air animé :
— Eh bien! Emma, demanda-t-elle, as-tu enfin réussi à vaincre les scrupules de madame Arnaud et la verrons-nous demain à la Bastide?

Comme Emma, surprise par cette question inattendue, ne répondait pas, Valérie elle-même répéta son refus en termes polis mais péremptoires.

— Il suffit, reprit madame de Vaublanc d'un ton piqué; allons, ma fille, il ne vous reste plus qu'à continuer notre promenade... Venez-vous, monsieur le baron, ajouta-t-elle avec impatience, si pourtant votre correspondance est finie?

— Mille pardons; véritablement il me survient des embarras que j'ai hâte de terminer... mais me voici à vos ordres; permettez-moi seulement de dire encore un mot à madame la directrice en particulier.

— Faites, monsieur, répliqua la comtesse avec humeur.

Elle salua Valérie, et, prenant le bras de sa fille, elle entraîna hors du bureau la pauvre Emma, qui put seulement échanger avec madame Arnaud un regard d'intelligence.

Quand le baron se trouva seul avec Valérie, il lui dit précipitamment :
— Ne sauriez-vous donner des ordres, madame, pour qu'une place me fût réservée dans le courrier de demain soir? Je dois me rendre à la ville, et comme je désire tenir mon départ secret...
— Je comprends, monsieur le baron; il est donc vrai que vous allez vous battre en duel avec M. Gérard?

Puysieux fit un geste d'étonnement.
— Quand cela serait, madame? demanda-t-il.
— Cela ne sera pas.
— Qui s'y opposerait, je vous prie?
— Moi, monsieur.

— Vous?... Ah çà! j'ai mal entendu, sans doute?
— Vous avez entendu fort bien et vous devez comprendre de même... Je ne souffrirai pas, monsieur, que vous vous battiez avec un honnête jeune homme, vous dont on ne connaît ici que trop la pernicieuse adresse et la détestable réputation... Ce duel de votre part serait un assassinat.

Puysieux l'examinait avec un mélange d'étonnement, de crainte et de colère. Il dit enfin :
— Ainsi donc, je ne m'étais pas trompé? vous êtes en effet...
— Qu'importe qui je suis? Sachez-le seulement : je ne négligerai rien pour empêcher le mal que vous voulez faire.
— Et quel moyen emploierez-vous, madame? demanda-t-il avec ironie.
— Vous l'apprendrez à vos dépens si vous persistez dans vos mauvais desseins.

Le valet de pied vint chercher M. de Puysieux de la part de la comtesse qui perdait patience. Le baron fit signe qu'il allait se rendre à cet appel :
— Vous me donnez, dit-il en s'inclinant devant Valérie, un extrême désir d'attendre le résultat d'une pareille menace... Il y aura plaisir à lutter contre un si charmant adversaire; nous lutterons !

Et il sortit.

Demeurée seule, la directrice des postes se mit à réfléchir :
— J'ai été trop loin peut-être, murmura-t-elle; s'il ne tient aucun compte de mes menaces, comment l'en punir? Je puis parler, mais me croira-t-on? Il faudrait des preuves, et, par malheur, mon oncle de Bernay semble avoir oublié mes recommandations au sujet de cet aventurier... N'importe! il faut que je le réduise à l'impuissance, il faut que je sauve Gérard et peut-être cette malheureuse famille qui est enlacée dans ses intrigues.

Elle ramassa les enveloppes rejetées par le baron; l'une avait certainement contenu une lettre de Gérard, l'autre sans doute une lettre de l'ami qui devait assister Gérard dans le duel projeté. Elle mit à part ces deux chiffons de papier, qui devaient lui permettre de reconnaître les écritures en temps et lieu; puis elle ouvrit la boîte pour chercher la lettre que le baron venait d'écrire. Cette lettre, qu'elle n'eut pas de peine à reconnaître, était adressée à M. Bruneau, capitaine du génie en retraite, à la ville voisine. Selon toute apparence, le capitaine Bruneau était le témoin de Gérard. Valérie copia l'adresse en examinant soigneusement l'écriture du baron, afin de la reconnaître de même au besoin. Néanmoins, tous ces renseignements ne lui donnaient pas le pouvoir d'empêcher la rencontre, maintenant à peu près inévitable; et en l'absence des documents qu'elle attendait, il lui semblait bien difficile d'intervenir d'une manière efficace, d'autant plus que les deux adversaires prendraient soin sans doute de lui dérober désormais leurs démarches.

La journée du lendemain s'écoula sans amener aucun fait nouveau. Sur le soir, la voiture de Planchet passa, et le baron ne parut pas.
— Aurait-il pris une autre voie? pensa la directrice avec inquiétude.

Bientôt elle n'eut plus de doutes à cet égard. Le domestique, en venant chercher les lettres pour la Bastide-Vialard, remit à Valérie un billet d'Emma. Ce billet, écrit à la hâte, était ainsi conçu :

« Il est parti aujourd'hui, à deux heures, dans une voiture de la maison, qui l'a conduit jusqu'à la Masure, un village à deux lieues d'ici, dans les montagnes. Où va-t-il? quels sont ses projets? Je l'ignore, mais je suis fort rassurée; il m'a donné solennellement sa parole d'éviter ce que je crains tant, et j'ai lieu d'espérer qu'il la tiendra. Cependant, chère dame, conseillez-moi et plaignez-moi... »

— La Masure, pensa Valérie, est en effet située à moitié chemin de la ville, et c'est là, probablement, que doit avoir lieu la rencontre... Pour moi, qui connais le baron de Puysieux, je n'ai pas autant de confiance dans sa parole que cette naïve et imprudente enfant ; et Dieu sait par quelles concessions elle a pu lui arracher une semblable promesse !... Que faire ? Le danger devient pressant.

Après quelques instants de réflexion, elle répondit à Emma :

« Je ne saurais partager votre sécurité ; il est temps, chère petite, d'avertir votre père ; dites-lui tout ce que vous savez ; lui seul a qualité pour agir avec la vigueur nécessaire, et s'il manquait de renseignements au sujet d'une personne qui lui inspire une confiance imméritée, je serais prête à lui en donner. »

Elle ajouta quelques mots affectueux pour Emma, puis elle confia le billet au domestique, qui dut le remettre le soir même à mademoiselle de Vaublanc.

Voici du reste ce qui s'était passé, pendant cette journée, entre Emma et le baron :

Plusieurs fois, depuis le matin, mademoiselle de Vaublanc avait cherché l'occasion de causer en particulier avec Puysieux : mais celui-ci, soit qu'il redoutât les interrogations, soit qu'il fût préoccupé de son départ prochain, était demeuré invisible. Enfin, pourtant, comme à l'issue du déjeuner il traversait le salon de marbre, pour aller fumer un cigare dans le parterre voisin, Emma, qui avait déjà pris sa place ordinaire sur la chaise longue, l'appela près d'elle par un geste suppliant. Le baron s'empressa de cacher le pur havane qu'il tortillait déjà entre ses doigts et vint s'asseoir à côté de la jeune fille.

— Vous allez partir, monsieur le baron, lui dit-elle avec émotion, et je sais quel est le but de votre voyage.

« N'essayez pas de nier.... Vous allez retrouver M. Gérard. Ainsi donc, mes remontrances et mes prières ont été vaines ? Rien n'a pu vous décider l'un et l'autre à sacrifier de frivoles susceptibilités d'amour-propre ? J'espérais que vous, du moins, monsieur le baron, vous seriez plus modéré ou plus désireux de me plaire.

— Mademoiselle, je ne peux m'expliquer sur les motifs de mon départ ; mais quand même vos suppositions seraient fondées, n'aviez-vous pas été témoin des provocations...

— Ah ! baron, les provocations ne venaient-elles pas aussi de vous ? Mais sans vouloir rechercher l'origine de torts, qui sont peut-être réciproques, je vous affirme que, si ce duel a lieu, en dépit de mes instances, je ne vous pardonnerai de ma vie.

— Qu'exigez-vous donc, Emma ? reprit le baron ; me rendriez-vous responsable des nécessités auxquelles je peux me trouver soumis ? Me menaceriez-vous de votre colère et de votre haine si j'étais obligé de défendre mon honneur ?

— Votre honneur n'est pas en jeu, monsieur de Puysieux, et personne ne vous blâmerait, vous qui, je le sais, avez eu déjà des duels nombreux, si vous refusiez de répondre à l'appel d'un jeune homme placide et inoffensif, tel que ce pauvre Gérard... Mais, je vous le répète, dans le cas où cette funeste rencontre aurait lieu, ce serait sur vous que la responsabilité devrait en retomber, sur vous, le plus âgé, le plus fort, le plus expérimenté. Oui, si vous aviez le malheur de répandre le sang de mon ami d'enfance, vous me deviendriez odieux, et le reste de ma vie serait employé à vous mépriser, à vous maudire !

En même temps elle laissa échapper quelques larmes ; le baron n'avait vu avec une ardente curiosité.

— Emma, dit-il, c'est lui que vous aimez ; je n'en saurais douter maintenant ; c'est pour lui seul que vous craignez les conséquences de ce duel... Ah ! il pourra expier durement cette préférence !

— Encore une fois, je ne l'aime pas, du moins dans le sens que vous donnez à ce mot. Il est doux, bon, généreux ; il est tout dévoué à ma famille, et quand je songe qu'il pourrait lui arriver malheur, j'éprouve une terreur si vive... Oh ! n'est-ce pas, baron, que vous ne voudrez pas me causer ce chagrin et ce remords ?

Ces dernières paroles étaient prononcées avec tant de confiance suppliante, que Puysieux crut y voir le sentiment qu'il désirait le plus inspirer à la naïve jeune fille.

— Eh bien ! Emma, reprit-il, si j'étais capable, pour l'amour de vous, d'imposer silence à ma fierté blessée, si je consentais à épargner cet imprudent que je hais et qui s'est placé insolemment sur mon chemin, dites, qu'elle serait ma récompense ?

— Votre récompense ? dit Emma en rougissant, vous la trouveriez d'abord dans la satisfaction de vous-même, et je vous serais éternellement reconnaissante pour un pareil sacrifice.

— Et cette reconnaissance, chère Emma, irait-elle jusqu'à me permettre d'espérer ?... Emma, vous savez bien que, moi aussi, je vous aime.

— Évitez ce duel, murmura-t-elle en détournant les yeux.

— Emma, je crois vous comprendre... vos vœux seront exaucés.

— Ainsi donc, vous ne partez pas ?

— Je ne peux manquer, au contraire, à ce rendez-vous ; il importe que je me trouve en présence de mon adversaire ; mais je vous promets de contenir la haine qu'il m'inspire et d'éviter à tout prix la lutte qu'autrefois j'appelais de tous mes vœux. Ce Gérard ne me paraît pas bien belliqueux, et je sais les moyens de refroidir encore son ardeur. Enfin, dussé-je m'exposer seul au danger, je prends l'engagement formel que l'ami de votre famille sortira intact de cette rencontre. Que ne ferais-je pas pour mériter votre approbation et... votre reconnaissance ?

— Merci, baron ; votre âme est noble et grande... Mais je n'entends pas que vous vous exposiez vous-même au danger pour épargner votre adversaire... Votre existence ne m'est pas moins chère que la sienne.

— Merci à votre tour, Emma ; s'il faut l'avouer, ma longanimité ne saurait avoir de grands inconvénients pour moi, et en eût-elle, je les braverais volontiers... Mais, de votre côté, n'oubliez pas vos promesses !

— Qu'ai-je promis ? demanda mademoiselle de Vaublanc avec embarras, de l'estime, de la gratitude...

— Mieux que cela, ma chère Emma ; vous m'avez promis de ne plus repousser mes hommages et ma tendresse.

Il lui prit les mains et les couvrit de baisers.

— Monsieur ! monsieur ! balbutia la jeune fille en essayant de se dégager, vous n'avez pas compris... je n'ai pas voulu dire...

— Oh ! laissez-moi cette douce espérance, qui pourra seule me faire supporter les insultes, m'empêcher de les punir.

Emma essayait encore de retirer ses mains, quand la porte s'ouvrit brusquement, la comtesse entra dans le salon.

Mademoiselle de Vaublanc, à la vue de sa mère, s'éloigna vivement de Puysieux. Celui-ci, au contraire, ne se troubla pas le moins du monde. Comme la comtesse les regardait l'un et l'autre en fronçant le sourcil, il lui dit avec son aisance ordinaire :

— Vous savez, madame, que je vais m'absenter pour quelques jours, et je prenais congé à l'anglaise de mademoiselle Emma... Ne m'accorderez-vous pas aussi la même faveur ?

Il saisit la main de la comtesse et la pressa doucement dans les siennes. Madame de Vaublanc était si émue, si tremblante, qu'elle put seulement bégayer des paroles inintelligibles. Puysieux, sans s'étonner, débita aux deux dames des banalités polies; puis, voyant qu'il n'obtenait aucune réponse, il prétexta les préparatifs de son départ et se retira.

Quand elle fut seule avec sa fille, la comtesse s'assit à côté d'Emma.

— Que vous disait donc M. de Puysieux? demanda-t-elle d'une voix altérée.

— Mon Dieu! maman, vous l'avez entendu... il part... et il me faisait ses adieux.

— Des adieux trop familiers, et qu'une demoiselle bien élevée ne devrait pas tolérer hors de la présence de sa mère... Enfin, que vous disait-il?

— Mais... je ne sais... M. de Puysieux est si galant!

— Avec une enfant de votre âge, cela serait sans importance ; cependant il n'aurait pu aller jusqu'à vous dire que... qu'il vous aime?

— Eh! l'eût-il dit, maman, je n'aurais pas osé lui répondre sans vous consulter.

— Il l'a donc dit... à vous, une petite fille, une pensionnaire? Il n'en pense pas un mot, il veut rire, et je vous défends...

La comtesse se renversa dans son fauteuil, en proie à une violente attaque de nerfs; Emma se leva épouvantée.

— Chère maman! calmez-vous, s'écria-t-elle; je ne croyais pas avoir fait si mal d'écouter les flatteries de M. de Puysieux... Je ne lui permettrai plus... Mon Dieu! je vais appeler votre femme de chambre!

Madame de Vaublanc se roidit contre les spasmes qui secouaient sa délicate organisation.

— Ne bougez pas, répliqua-t-elle avec effort; voulez-vous donc que l'on sache combien je suis confuse et irritée! Mais je me trouve mieux, je suis bien... Ce M. de Puysieux va quitter la Bastide et j'en suis ravie... Le présomptueux! le fat! se railler si impudemment de... d'une enfant sans expérience! Souvenez-vous, mademoiselle, que je vous défends de lui parler désormais quand je ne suis pas là. Surtout j'entends que vous ne le revoyiez pas jusqu'à son départ, et je prendrai des mesures pour qu'à l'avenir... Mais donnez-moi le bras et rentrons dans ma chambre; venez, je le veux.

Emma ne comprenait rien à cette colère; cependant, morne et silencieuse, elle suivit sa mère, et elle ne la quitta qu'après le départ du baron.

Sur le soir, elle écrivit à madame Arnaud le billet que nous connaissons. La réponse de la directrice des postes ébranla fort sa confiance dans les promesses de Puysieux, et Emma eût bien voulu tout conter à sa mère; mais, depuis la scène du salon, la comtesse était de la plus maussade humeur et ne lui adressait que des rebuffades. Repoussée de ce côté, elle résolut de se confier à son père, comme on l'y engageait.

Elle trouva M. de Vaublanc dans son cabinet de travail. Penché sur un bureau tout couvert de cartes et de plans, il reçut sa fille avec l'impatience de l'homme d'affaires que l'on dérange au milieu de ses calculs et de ses méditations. Mais Emma ne se laissa pas décourager par son air mécontent. Sans dire la part qu'elle croyait avoir dans la mésintelligence survenue entre les deux jeunes gens, elle raconta ce qu'elle savait du duel projeté, et finit par montrer le billet de madame Arnaud.

Le comte avait peu à peu accordé une grande attention à ce récit, et la conclusion parut l'affecter péniblement.

— Au diable les deux étourdis! dit-il avec colère ; ils avaient bien besoin de se prendre de querelle pour un enfantillage! C'est qu'ils me sont nécessaires l'un et l'autre, et s'il venait à leur arriver malheur, au baron surtout, qui a tant de crédit auprès des ministres... Mais que peut donc avoir à dire cette directrice des postes au sujet de Puysieux? Des commérages de femmes sans doute? Eh bien! je la verrai dès que j'en aurai le loisir. Le plus pressé est d'empêcher ce duel, dont les conséquences pourraient être désastreuses.

— Oui, oui, mon bon père; sans aucun doute votre intervention à vous, que ces messieurs aiment et respectent également, sera plus efficace que la mienne.

— Et pourtant, mademoiselle, répliqua le comte sévèrement, vous êtes déjà beaucoup trop intervenue dans des affaires qui ne sont pas de votre compétence. Pourquoi ne m'avez-vous pas averti plus tôt? J'aurais pu parler à ces messieurs, peut-être leur permettre de se réconcilier, au lieu que me voilà obligé de courir après eux maintenant!

Comme sa fille était tout en larmes de cette réprimande, il ajouta en l'embrassant :

— Enfin, nous arrangerons cela, si c'est possible. N'y songe plus, ma petite, et surtout ne parle de rien à ta mère. Nerveuse comme elle est, nous n'aurions plus un instant de repos si elle savait que deux fiers-à-bras veulent se couper la gorge, à la suite d'une querelle qui a pris naissance dans sa maison. Sois donc discrète et je te pardonnerai d'avoir été un peu imprudente... Eh bien! encore des larmes?... Allons, c'est fini... Retourne au salon et envoie-moi Pierre qui a conduit le baron dans le char-à-bancs jusqu'à la Masure.

Emma sentait que ces reproches n'étaient pas tout à fait immérités; elle n'osa répliquer et sortit pour aller exécuter l'ordre de son père.

XI

LA POLICE DE LA DIRECTRICE

Le lendemain, dès les premières heures du jour, Valérie était à l'ouvrage dans son bureau et procédait au triage des lettres qui devaient être distribuées un peu plus tard. Cependant son travail ne l'absorbait pas assez qu'elle ne donnât fréquemment des signes de distraction et d'inquiétude. Elle songeait en effet que, selon toute apparence, dans la journée qui commençait, aurait lieu le duel projeté entre l'ingénieur Gérard et le baron; or, elle n'avait pu se procurer aucun renseignement précis sur le lieu et l'heure de la rencontre, et d'ailleurs l'absence de certains documents, qu'elle attendait, la réduisait momentanément à l'impuissance.

Thérèse et les deux piétons arrivèrent à l'heure ordinaire pour prendre le service. La factrice et Jacques Dumoulin revenaient en ce moment du pèlerinage qu'ils accomplissaient chaque matin à une fontaine du voisinage, réputée sainte et miraculeuse; pèlerinage qui devait se répéter pendant neuf jours consécutifs. La chaussure de l'un et de l'autre était encore humide de rosée, et, soit effet de l'exercice, soit résultat d'une conscience satisfaite, ils avaient le teint animé, la bouche souriante. On eût pu même remarquer quelque chose de triomphant dans l'attitude du beau Jacques, tandis que Thérèse, la vestale de la poste aux lettres, toujours si froide et si réservée, affectait de petites mines agaçantes. Or, aucun de ces signes n'échappait au pauvre Pied-Bot, qui venait d'arriver d'un autre côté, et il attachait sur le couple de pèlerins des regards furieux, en se posant tantôt sur une jambe et tantôt sur l'autre, selon son habitude.

La directrice se préparait à distribuer la besogne à ses employés, quand Thérèse lui dit d'un ton insinuant :

— Madame ne devinerait jamais qui nous avons rencontré ce matin, M. Jacques et moi, en revenant de la fontaine de Saint-Martin?... Précisément une des personnes dont madame désirait tant des nouvelles hier au soir.

— Qui donc, Thérèse? demanda Valérie.

LA DIRECTRICE DES POSTES

Nous aurons beau faire, Régnier, dit le capitaine à voix basse. (Page 46.)

— Vous allez voir, dit la factrice qui, dans l'occasion, ne détestait pas de narrer un peu longuement. Nous avions donc terminé nos dévotions à la fontaine ; nous avions fait passer de l'eau dans nos manches et récité tous les *Pater* et les *Ave* d'usage ; nous revenions par la route de la Sapinière, quand nous avons eu l'idée, M. Jacques et moi, de nous reposer un moment, avant de gravir la roche Grise, et comme il y a là de hautes fougères, on ne pouvait nous apercevoir de la route...

— Eh ! eh ! hum ! mille tonnerres ! gronda Faucheux en frappant le plancher de son pied-bot, était-ce donc pour regarder voler les émouchets que vous étiez là ?

Thérèse baissa les yeux modestement ; mais Jacques se hâta d'intervenir.

— Je fumais ma pipe, et mam'zelle Thérèse récitait son chapelet, répliqua-t-il d'un ton goguenard et menaçant ; à preuve que voici ma pipe et que Thérèse a le chapelet dans sa poche... Mais, tron-de-l'air ! en quoi cela te regarde-t-il, toi ?

— C'est une idée qui m'est venue comme ça, répliqua Faucheux d'un ton bourru.

— M. le curé dit que l'on doit savoir braver les méchantes pensées quand on a le cœur pur, reprit Thérèse avec une candeur quasi virginale.

— Allons ! allons ! finissons-en, interrompit la directrice impatientée ; qui donc avez-vous rencontré, Thérèse ?

— Madame va le savoir... Comme de l'endroit où nous étions nous dominions la route, nous avons vu venir un cabriolet traîné par deux chevaux de poste. Une voiture de poste n'est pas chose commune par ici ; aussi, nous sommes-nous mis à regarder. Il y avait deux personnes dans le cabriolet : l'une était un vieux monsieur décoré, à moustache blanche, qui certainement n'habite pas le pays ; l'autre était l'ingénieur M. Gérard.

— Et de quel côté allaient-ils, Thérèse ? demanda Valérie avec intérêt.

— Au village de la Fontaine, madame ; nous les avons suivis des yeux jusqu'à l'auberge devant laquelle la voiture s'est arrêtée ; on a dételé les chevaux, et les voyageurs sont entrés dans la maison. Nous avons attendu assez longtemps, et ils ne sont pas ressortis. Sans doute ils ont déjeuné là : peut-être même s'y sont-ils établis pour la journée.

— Et ce village de la Fontaine, est-il éloigné de la Masure ?

Comme Thérèse hésitait à répondre, Faucheux s'empressa de prendre la parole :

— C'est mon canton, ça, dit-il ; et si Thérèse voulait s'y promener, pourquoi donc que je ne l'y aurais pas accompagnée tout comme un autre ?... C'est pas l'usage, à la poste, d'aller comme ça dans le canton d'un camarade, et s'il en résultait des coups de bâton pour quelqu'un, ça ne serait-il pas juste ?

— Des coups de bâton, toi ? dit Jacques avec impétuosité ; viens-y donc... Si ce n'était pour le respect que je dois à madame la directrice et à mademoiselle Thérèse...

— Eh bien ! eh bien ! messieurs, reprit Valérie avec fermeté, vous vous oubliez, je crois !... Si l'un de vous donnait suite à cette querelle, je saurais l'en faire repentir... Mais répondez-moi, Thérèse ; quelle est la distance de la Masure à la Fontaine ?

La factrice fut obligée de convenir qu'elle l'ignorait.

— Puisque je vous dis, madame, que c'est mon canton ! reprit Pied-Bot avec une sorte de colère ; c'est donc à moi de répondre... Ma foi ! il y a bien une bonne demi-lieue d'un village à l'autre par la traverse, et le chemin n'est pas des meilleurs.

Madame Arnaud se couvrit les yeux avec ses mains afin de faciliter le travail de sa pensée.

— J'y suis, murmura-t-elle enfin ; pour ménager l'amour-propre des deux adversaires, il a été convenu que chacun d'eux ferait la moitié du chemin de la ville à la Bastide-Vialard ; ainsi, l'un se trouve depuis hier à la Masure, tandis que l'autre arrive ce matin à la Fontaine ; mais où doivent-ils se rencontrer ?

Elle n'avait pas prononcé ces paroles assez haut et assez distinctement, pour qu'elles fussent comprises de ses auditeurs. Cependant, Faucheux, ayant remarqué le vif intérêt que prenait Valérie à la circonstance rapportée par Thérèse, voulut aussi donner sa nouvelle.

— Eh ! madame la maîtresse, dit-il avec ce mélange de stupidité et de malice sournoise qui faisait le fond de son caractère, peut-être bien que, moi aussi, j'ai rencontré quelqu'un à ce matin !

— Vous, Faucheux ; et qui donc ?

— C'était comme je sortais du cabaret de la mère Bruchette. J'avais pris un seul petit verre pour chasser le brouillard, et aussi à cause de mon estomac, sans compter que j'ai des peines de cœur... Et voilà que deux *monsieurs* passent à cheval à côté de moi, allant vers les montagnes... C'était M. Charles, le domestique de la Bastide-Vialard, et son maître était avec lui.

— Se dirigeaient-ils du côté de la Masure ? demanda la directrice.

Faucheux répondit affirmativement.

— Emma aura prévenu le comte, pensa Valérie ; mais il ne sait pas ce que je sais et sans doute il échouera dans ses tentatives de réconciliation... Ce malheureux jeune homme, l'ami, le protégé de mon mari, est-il donc condamné à périr ? la fatalité s'en mêle.

Après un moment de réflexion, elle reprit tout haut :

— C'est bien ; je vous remercie pour tous les renseignements que vous venez de me donner, et qui concernent des personnes dignes de respect... Seulement, Thérèse, je vous défends désormais d'aller en pèlerinage, soit seule, soit en compagnie, à la fontaine de Saint-Martin ; ces promenades me déplaisent, et je ne souffrirai plus... Vous m'avez entendue ?

— Mais, madame, répliqua la factrice avec un profond soupir, le bon saint sera fâché contre moi ; je n'ai pas fini ma neuvaine !

— Ah çà ! on ne peut donc plus prier, à présent ? ajouta Jacques avec une velléité de révolte.

— Vous irez prier à l'église, avant ou après votre service, tant que vous voudrez, répliqua la directrice ; mais laissons cela... et que chacun songe à son devoir.

Thérèse et Jacques Dumoulin étaient consternés ; Faucheux souriait en faisant tourner entre ses mains calleuses son bâton de cormier ; mais le courrier arrivait en ce moment, et le surcroît d'occupations que causait sa présence vint faire diversion aux idées tristes ou gaies des employés de la poste aux lettres.

Après le départ de Planchet, la directrice était en train d'examiner les nouvelles dépêches et de les répartir entre les distributeurs, quand son regard s'arrêta sur un paquet assez volumineux qui lui était adressé de Paris. Elle eut peine à retenir un cri de joie, et déchira l'enveloppe d'une main tremblante. Plusieurs papiers s'en échappèrent. L'un d'eux était une lettre assez courte, dont la lecture appela cependant quelques larmes dans les yeux de la directrice. Puis elle feuilleta rapidement les autres, qui devaient être des pièces importantes, à en juger par les timbres et les signatures dont elles étaient surchargées.

— Oui, oui, c'est bien cela ! murmura-t-elle, merci, mon bon oncle de Bernay !... Pourvu qu'il ne soit pas trop tard !

Cependant, il lui fallait avant tout terminer sa tâche quotidienne et elle se remit à l'ouvrage. Sa distraction lui faisait commettre des erreurs que les employés inférieurs se hâtaient de rectifier. Comme Valérie était en proie à cette agitation fiévreuse, quelqu'un entra précipitamment dans le bureau : c'était la petite Suzette Marsais.

La jeune fille avait déjà bien changée à son avantage. Les maux du pauvre proviennent presque toujours des privations et de la misère ; un peu de bien-être, une nourriture suffisante, sont pour lui le meilleur médecin. Aussi, l'abondance relative où vivait Suzette depuis quelques jours avait-elle produit déjà un effet sensible. La pâleur maladive que ne pouvait cacher son hâle était de beaucoup diminuée ; ses joues semblaient moins creuses, ses yeux moins éteints. Son costume lui-même avait subi une transformation notable : elle portait des bas et des souliers ; un petit châle et un chapeau neuf de grosse paille lui complétaient une mise décente, sous laquelle commençait à se montrer une sorte de beauté.

Valérie, malgré sa préoccupation, accueillit la pauvre enfant avec bienveillance.

— Eh bien ! qu'y a-t-il, Suzette ? demanda-t-elle ; auriez-vous encore un mandat à toucher ? Je vais vous expédier sans retard, car je suis fort pressée.

— Non, non, madame, il n'y a pas de nouvelle lettre. Grâce à vous, nous n'avons plus besoin de pressurer mon pauvre frère qui a tant de peine à gagner sa vie là-bas à Paris. Vous nous avez mises dans l'abondance, vous et les vôtres ; et, depuis ma naissance, je ne me souviens pas d'avoir été si heureuse... Et puis, vous ne savez pas ? ma mère et moi nous espérons que bientôt nous ne serons plus à la charge de personne. M. Régnier, le médecin du pays, sur votre recommandation sans doute, nous a trouvé un travail qui nous assure du pain pour une partie de l'année. Il nous a montré sur les montagnes les herbes qui servent à composer le vulnéraire et le thé suisse; ma mère et moi, nous allons les ramasser, nous les faisons sécher, puis M. Régnier les expédie à un herboriste de la ville qui s'engage à prendre, pour un prix raisonnable, toutes celles que nous recueillerons. Ainsi maintenant nous avons un état et...

— C'est fort bien, mon enfant, interrompit la directrice; j'ai causé en effet de tout ceci avec M. Régnier quand je lui ai fait ma visite d'arrivée... Mais, voyons, n'avez-vous pas autre chose à me dire?

— Pardon, madame; bon Dieu! que je suis sotte! J'ai, il est vrai, une commission pour vous de la part de M. le docteur. Je me trouvais chez lui tout à l'heure quand un exprès est venu le prier de se rendre à la Masure et d'emporter ses instruments de chirurgie, car M. Régnier, comme vous savez sans doute, a été chirurgien dans l'armée...

— A la Masure? répéta Valérie en pâlissant; est-ce qu'il y aurait un blessé à la Masure?

— Je ne sais pas, madame, mais l'affaire ne doit pas être bien pressée, car on a fait dire au docteur qu'il lui suffirait de se trouver à onze heures dans la lande appelée le Camp-de-César, tout près de la Masure, et que l'un de ses amis, le capitaine Bruneau, aurait peut-être besoin de ses services... Le messager racontait tout cela devant moi, pendant que j'attendais une ordonnance du docteur.

— Le Camp-de-César... à onze heures! dit la directrice des postes avec agitation; merci, ma fille... Allons, adieu; vous ne vous doutez guère de quel mortel embarras vous venez de me tirer!

En même temps elle congédia du geste Suzette Marsais, et, se mettant à son bureau, elle écrivit rapidement quelques lignes.

— Mais je n'ai pas dit encore de quelle commission j'étais chargée par M. Régnier! reprit la petite avec étonnement.

— De quoi s'agit-il donc? demanda Valérie sans cesser d'écrire.

— Voici: avant de monter à cheval pour se rendre à la Masure, le docteur m'a dit de venir vous demander s'il n'y avait pas de lettres pour lui, car les malades du voisinage auraient pu lui écrire par la poste, et...

Suzette Marsais n'avait pas achevé d'expliquer sa mission, que Thérèse avait parcouru d'un coup d'œil le paquet de lettres à distribuer:

— Rien pour le docteur Régnier, dit-elle du ton monotone qu'elle prenait avec le public.

Et elle ajouta presque aussitôt d'un ton différent:

— Allons! la Suzette, puisque le docteur attend ta réponse pour partir, ne te laisse pas s'impatienter.

La petite, intimidée, fit une révérence et s'esquiva sans bruit.

Cependant Valérie avait achevé d'écrire; elle plia le papier, le plaça sous une forte enveloppe, avec les pièces qu'elle venait de recevoir, et après avoir scellé le paquet, elle dit à voix haute:

— Qui me veut porter cela, sur-le-champ, au Camp-de-César, près la Masure?

— Moi! moi! s'écrièrent à la fois Faucheux et Dumoulin.

La directrice eût fort souhaité charger de cette mission Dumoulin, beaucoup plus leste et plus intelligent que son compagnon, mais, en y réfléchissant, elle se ravisa.

— J'ai eu tort, dit-elle, Faucheux seul peut être chargé de cette dépêche.

— C'est vrai, ça! dit Pied-Bot triomphant; la Masure, c'est le canton nord, et je suis canton nord, moi! Qui osera dire le contraire?

Et il regardait le beau Jacques d'un air de défi.

— Eh bien! donc, Faucheux, reprit Valérie sans s'inquiéter de la rivalité des deux piétons, vous allez porter ce paquet au Camp-de-César avant les autres dépêches... Il est adressé à M. le comte de Vaublanc et si M. de Vaublanc ne se trouvait pas à cette place ou dans le voisinage, vous le remettriez à M. Gérard, qui s'y trouvera certainement. Surtout ayez soin que cette lettre soit remise avant onze heures à l'un ou à l'autre de ces messieurs, car si vous étiez en retard, il pourrait arriver de grands malheurs.

— Suffit, madame; on connaît son service, ça sera fait, foi de chrétien!

— Un moment encore, reprit la directrice; il faut nous mettre en règle avec l'administration.

Elle reprit le paquet, le pesa, le taxa, apposa les timbres d'usage, puis, le rendant à Pied-Bot, elle dit avec agitation:

— Partez maintenant, et songez qu'il y va de vie et de mort.

Faucheux jeta encore un regard de triomphe sur Jacques et Thérèse désappointés et s'éloigna en béquillant.

— Il va boire à tous les cabarets de la route! gronda Dumoulin.

— Il perdra la lettre ou il la fera toucher à tous les passants pour qu'on lui lise l'adresse, murmura Thérèse, et finalement il arrivera trop tard.

Mais la directrice n'entendit pas ces suppositions charitables.

— Mon Dieu! pensait-elle avec inquiétude, si tout cela était impuissant pour empêcher ce duel!

Voyons maintenant ce qui se passait à la Masure.

Ce village, situé au milieu des montagnes, devait son nom à un vieux château en ruines qui, perché sur un rocher abrupt, dominait les alentours. Au pied du rocher, du côté opposé au village, s'étendait un vaste plateau couvert de gazon dont quelques rares bouquets d'arbres égayaient seuls la monotonie. Ce plateau, qui paraissait formé par l'écrasement d'une montagne, était entouré d'un léger fossé et d'un escarpement à peine visible, ayant l'apparence d'anciennes fortifications; aussi l'appelait-on le *Camp-de-César* et la tradition voulait que César, ou tout autre général romain, eût campé à cette place, quinze ou dix-huit siècles auparavant. Il n'y avait rien d'impossible, en effet, à ce qu'une légion romaine eût établi là des *æstiva castra*, au temps de Fabius le Grand ou du roi Cottius. On y avait découvert des médailles consulaires en pratiquant des fouilles; on retrouvait çà et là, dans les environs, des traces de voies romaines. Enfin, un antiquaire du pays, après avoir minutieusement étudié le Camp-de-César, avait déclaré dans un journal du département que pour cette fois la tradition vulgaire pouvait très-bien s'accorder avec la réalité.

Quoi qu'il en fût, cet endroit solitaire offrait un champ de bataille suffisant, non-seulement pour deux hommes, mais pour deux armées. Sa nappe de verdure, tout émaillée de fleurs, était entourée de montagnes, dont plusieurs s'élevaient jusqu'à la région des neiges et se perdaient dans un vaporeux éloignement. Plus près du spectateur, les tours délabrées et croulantes de la Masure donnaient au paysage un caractère de tristesse. Dans cet immense cirque se trouvait un de ces troupeaux, composés de plusieurs milliers de moutons, qu'on appelle *troupeaux transhumants*, et on eût pu apercevoir çà et là, au milieu de ces paisibles bêtes, enfoncées jusqu'au ventre dans les hautes herbes, les bergers qui les gardaient. Mais l'étendue du Camp-de-César était telle, que bergers et troupeaux formaient seulement une légère tache blanchâtre sur cette vaste surface. Le soleil, brillant dans un ciel pur, inondait de lumière les montagnes, les ruines et les pâturages.

Ce fut vers ce lieu pittoresque que le baron de Puysieux, après avoir passé la nuit dans une mauvaise auberge de la Masure, se dirigea, le matin dont nous parlons, à peu près à l'heure où Faucheux quittait le bourg de Saint-Martin. Le baron marchait d'un pas tranquille, et rien dans ses allures, dans son équipement, n'annonçait qu'il allât à un rendez-vous d'honneur. Il portait cet élégant costume de coutil que nous connaissons, et il avait pour toute arme une légère badine avec laquelle il abattait, en se jouant, les fleurettes du chemin. Enfin, il était seul, et l'absence des témoins indispensables dans un duel attestait de sa part les intentions les plus pacifiques.

Parvenu au pied du mamelon que couronnaient les ruines, il quitta le grand chemin et s'engagea sur le plateau herbeux qui avait autrefois servi de station aux légions romaines. Son regard se porta vers une voiture qui venait d'apparaître au loin sur la route, mais comme une demi-heure au moins devait s'écouler avant qu'elle atteignît la Masure, il s'assit à l'ombre d'un vieux châtaignier, le géant végétal de tout le plateau, et allumant un cigare, il se mit à lancer philosophiquement les bouffées de tabac au vent de la montagne.

Toutefois, il ne cessait d'observer la voiture qui grossissait à vue d'œil, et son attention étant fixée sur ce point, il ne remarqua pas l'approche de deux hommes à cheval, qui semblaient venir comme lui du village de la Masure. Sans doute ces deux cavaliers l'avaient aperçu, car, en arrivant à l'endroit où il avait quitté le chemin, ils s'arrêtèrent un moment; l'un d'eux mit pied à terre, jeta la bride de sa monture à l'autre qui resta sous un arbre avec les chevaux, et il marcha rapidement vers le baron.

Celui-ci continuait de fumer paisiblement son cigare, ne soupçonnant pas que, dans cette solitude, il pût rencontrer une personne de connaissance avant l'arrivée de la voiture qui était en vue. Un bruit de bottes éperonnées lui fit retourner la tête, et il fut rejoint aussitôt par M. de Vaublanc.

Puysieux ne put retenir un mouvement de surprise et d'inquiétude; néanmoins il se leva et tendit la main au comte avec empressement :

— Sur ma foi! mon cher de Vaublanc, lui dit-il avec son aisance ordinaire, ce n'est pas vous que je m'attendais à trouver ici. Ah çà! j'espère que ces dames sont en bonne santé?

— Laissons ces dames, Puysieux ; il ne s'agit pas d'elles. Je connais maintenant la grande affaire qui vous a décidé à nous quitter hier si précipitamment.

— De grâce, qui a pu vous le dire?

— Nierez-vous que vous ne soyez venu ici dans l'intention de vous y rencontrer avec Gérard?

— Il me serait difficile de le nier, répliqua Puysieux en désignant la voiture que l'on pouvait maintenant reconnaître pour un cabriolet et dans laquelle on distinguait deux voyageurs; mais vous n'ignorez pas qu'il est certaines invitations auxquelles un galant homme ne peut manquer de se rendre?

— Je sais que Gérard est une mauvaise tête et que, par respect pour ma maison et pour moi, vous, Puysieux, vous eussiez dû vous montrer plus sage... La modération et l'indulgence vous seraient d'autant plus faciles, que personne ne peut vous suspecter de poltronnerie.

— Et qui vous dit, mon cher comte, que ce ne soient pas là précisément les sentiments que j'éprouve? répliqua Puysieux avec bonhomie; voyez, ai-je l'air d'un matamore allant en guerre? Mon arme à feu est un cigare et mon épée une badine... Vaublanc, ajouta-t-il d'un ton plus sérieux, il ne m'appartenait pas de vous apprendre moi-même le motif de ma présence ici; mais puisque vous l'avez appris d'autre part, je suis ravi que vous puissiez voir et entendre ce qui va se passer entre M. Gérard et moi.

— Si vous n'avez vraiment pas d'intentions hostiles, Puysieux, nous parviendrons sans doute à terminer cette affaire de la manière la plus honorable pour tous... Mais voici Gérard, et je ne pense pas que nous ayons non plus à craindre des difficultés insurmontables de son côté.

Le cabriolet venait en effet de s'arrêter à l'endroit même où stationnait déjà le domestique du comte avec les deux chevaux. Aussitôt, Gérard mit pied à terre et il fut suivi d'un vieux monsieur décoré, revêtu d'une grande redingote bleue et portant une boîte à pistolets; ce personnage était M. Bruneau, ancien capitaine du génie. Tous les deux, après avoir dit quelques mots à leur postillon, se dirigèrent d'un pas rapide vers Puysieux et M. de Vaublanc.

Le capitaine Bruneau, malgré sa grosse moustache et malgré la mission qu'il remplissait en ce moment, n'avait nullement les allures d'un amateur de duels. Chez lui, le militaire était doublé d'un pacifique savant, et l'âge, les habitudes de la vie civile avaient contribué encore à rendre son humeur peu belliqueuse. Aussi, bien qu'il n'eût pu refuser d'assister son ami Gérard dans la circonstance actuelle, était-il loin de désirer que les choses en vinssent aux dernières extrémités.

L'ingénieur, au contraire, ne paraissait pas animé, nous l'avouons à regret, de la même modération. A la vue de Puysieux, il avait froncé le sourcil, serré les poings, et en reconnaissant M. de Vaublanc, son agitation devint plus visible encore.

Les deux groupes se saluèrent; mais lorsque le comte tendit la main à Gérard, celui-ci ne put s'empêcher de dire d'un ton de reproche en la lui serrant :

— Ah! monsieur de Vaublanc, mon adversaire ne pouvait-il donc trouver d'autre témoin que...

Il s'arrêta tout à coup.

— Que moi, n'est-ce pas? reprit le comte avec fermeté : et d'où savez-vous que je suis le témoin de M. de Puysieux ou de personne? Me supposez-vous ignorant à ce point de mes devoirs d'hôte et d'ami? Je suis venu ici dans tout autre but que d'assister à une lutte entre deux braves jeunes gens pour lesquels j'ai une estime et une affection égales.

Les traits de Gérard s'étaient éclaircis.

— Que Dieu soit loué! s'écria-t-il en serrant de nouveau la main du comte, et cette fois avec cordialité; il m'eût été trop douloureux de vous savoir contre moi.

— Ah çà! demanda le capitaine Bruneau, si monsieur (et il désignait le comte) n'est pas le témoin de M. le baron de Puysieux, avec qui donc devrai-je m'entendre sur les conditions à régler? Il avait été pourtant convenu que M. de Puysieux amènerait son témoin comme Gérard amènerait le sien.

— Un moment, capitaine! pas si vite, je vous prie, dit le comte de Vaublanc avec vivacité : il me sera bien permis de demander à ces messieurs la cause de leur querelle; et si cette cause était insuffisante pour justifier une rencontre, j'espère que le brave capitaine Bruneau voudra bien se joindre à moi pour s'opposer à l'effusion du sang?

— Très-volontiers, monsieur, répliqua le capitaine en touchant son chapeau; moi-même je n'ai pas compris grand'chose au motif de cette mésintelligence; je sais seulement que M. Gérard se considère comme gravement offensé... Mais attendez, poursuivit-il en désignant un cavalier qui venait de tourner le rocher de la Masure et s'approchait d'eux au grand trot ; voici mon ancien camarade, le major Régnier, que j'ai prié de se trouver ici à tout événement. Il est aussi capable de donner un bon conseil que d'extraire une balle ou de raccommoder des os cassés.

En effet, quelques minutes plus tard, M. Régnier mettait pied à terre à deux pas du grand châtaignier, et après avoir attaché son cheval à un arbuste, il s'avança vers le groupe en dissimulant sous ses vêtements une volumineuse trousse de chirurgien. Le docteur Régnier, quoiqu'il eût fait les guerres de l'Empire et qu'il fût allé plus d'une fois chercher les blessés au milieu du feu et de la mitraille, avait l'aspect plus pacifique encore que son ancien frère d'armes, le capitaine Bruneau. Soixante hivers pesaient sur son front, et l'embonpoint le gagnait en dépit de sa vie active. Enfin, son extérieur n'avait plus rien de militaire, et rien ne l'eût distingué des paisibles médecins de campagne, dont il portait le chapeau à larges bords, les longues bottes et l'ample redingote de gros drap.

Le capitaine Bruneau, après lui avoir adressé quelques mots affectueux, lui expliqua laconiquement ce qu'on attendait de lui.

— Comme tu voudras, Bruneau, répliqua le médecin en saluant les assistants et en allant serrer la main au comte, dont il était le médecin; j'assisterai plutôt ces messieurs de ma langue et de mes bons avis que de ma science chirurgicale... Ah! Bruneau, si ces jeunes gens commençaient à sentir, comme nous, les atteintes de la pléthore et des rhumatismes, ils ne songeraient pas à endommager pour des bagatelles les corps sains et vigoureux que le bon Dieu leur a donnés!

— Bah! bah! Régnier, à leur âge, nous ne songions pas plus qu'eux à la pléthore et aux rhumatismes. Quoi que nous fassions, l'expérience des vieux ne servira jamais aux jeunes; tiens-t'en pour averti, mon pauvre Régnier.

Pendant cette conversation, Gérard et le baron étaient restés un peu à l'écart; Puysieux continuait de fumer avec tranquillité, tandis que l'ingénieur examinait machinalement un échantillon de roche qu'il venait de trouver sous ses pas. Mais quand M. de Vaublanc les appela, ils s'empressèrent de jeter l'un son cigare, l'autre sa pierre, et vinrent en silence prendre place dans le cercle qui s'était formé au pied du châtaignier.

— Messieurs, dit le comte avec un mélange de dignité et de douceur, vous êtes ici devant des amis et des hommes d'expérience qui ne voudraient pas que l'honneur de l'un de vous fût entaché, mais qui refuseraient aussi d'autoriser par leur présence un duel dont l'objet serait frivole. Il vous faut donc nous exposer avec sincérité l'origine de vos dissentiments, et nous les apprécierons selon notre conscience.

Les deux jeunes gens gardaient un silence embarrassé; enfin, Puysieux répondit avec son aisance ordinaire :

— Ma foi! mon cher de Vaublanc, cette querelle n'a pas d'autre origine qu'une sorte d'incompatibilité d'humeur entre M. Gérard et moi. La différence de nos goûts, de nos habitudes, de notre éducation, a causé entre nous des divergences d'opinion qui se sont manifestées avec une vivacité égale dans votre maison hospitalière. Voilà tout, et M. Gérard lui-même n'hésitera pas à reconnaître l'exactitude de mes assertions.

L'ingénieur s'inclina froidement.

— Il est vrai, reprit-il; mais ces divergences se sont manifestées de votre côté par des procédés tellement hostiles, des paroles tellement outrageantes, que j'ai dû en exiger la réparation.

— Vous seriez allé, par exemple, ajouta le capitaine Bruneau, jusqu'à traiter de lâche mon ami Gérard, et une pareille offense n'admettrait pas d'excuses.

— Quoi! Puysieux, demanda M. de Vaublanc, vous seriez-vous oublié à ce point?

Le docteur Régnier ne disait rien, mais sa contenance annonçait que, si un semblable fait était prouvé, tout essai de pacification lui semblerait inutile.

Le baron ne s'émut nullement de la gravité de l'accusation :

— Je n'ai aucun souvenir d'avoir employé cette malencontreuse épithète, reprit-il; et si je l'ai employée, mon oubli prouve que je n'y attachais aucune importance, qu'elle est tombée de ma bouche comme à mon insu... Mais vous allez juger, messieurs, continua-t-il en s'adressant aux assistants, combien je suis disposé à la modération et combien je désire tenir compte des observations de mon excellent ami M. de Vaublanc... J'ai eu déjà un grand nombre de duels et je peux fournir la preuve que tous ont été malheureux pour mes adversaires. A l'épée et au pistolet, j'ai acquis une adresse fatale qui m'a causé bien des regrets... Je me trouve donc dans d'excellentes conditions pour écouter des inspirations généreuses, sans encourir moi-même le reproche de lâcheté. Aussi, monsieur Gérard, je n'hésite pas à le déclarer devant vous et devant les hommes honorables qui nous écoutent : je retire avec empressement le mot outrageant que l'on m'accuse d'avoir prononcé, ce mot ne saurait s'adresser à vous, et je n'ai jamais eu l'intention de vous offenser... Êtes-vous satisfait, maintenant? Il me semble qu'un galant homme ne peut exiger et ne peut faire des excuses plus explicites.

Soit que le baron eût réfléchi aux conséquences probables de ce duel, soit qu'il désirât tenir compte des recommandations d'Emma et de M. de Vaublanc lui-même, soit qu'enfin il redoutât les révélations et la colère de madame Arnaud qui exerçait sur lui une mystérieuse influence, il semblait sincère dans ses idées de conciliation. Son attitude et son langage n'avaient plus aucune nuance de provocation et d'ironie. Cette attitude fut même jugée assez sévèrement par le capitaine Bruneau qui, se penchant vers le médecin, lui dit à l'oreille :

— Hum! Régnier, est-ce que notre fier-à-bras saignerait du nez par hasard?

Peut-être Puysieux devina-t-il ce sentiment; mais il n'en tint compte et attendit la réponse de son adversaire. Celui-ci ne paraissait nullement touché de la mansuétude apparente du baron; au contraire, soupçonnant qu'elle avait pour cause une arrière-pensée, un fait inconnu de lui, mais qui ne procédait pas d'une générosité réelle, il répondit en attachant sur Puysieux un regard significatif :

— Vous savez bien, monsieur, qu'il ne peut être question entre nous de rétractations et de ménagements. Vous l'avez dit vous-même, un de nous est de trop quelque part, et je pense...

— Avec votre permission, mon garçon, interrompit le capitaine Bruneau, ce n'est pas à vous, mais à moi de discuter ce point-là. Ayez la complaisance de me laisser parler pour vous...

« Ainsi donc, monsieur, poursuivit-il en s'adressant au baron, vous reconnaissez que vous pouvez bien avoir traité mon ami de lâche, mais que c'était sans y songer, et que, du reste, vous retirez cette parole outrageante?

— Oui, monsieur, répliqua Puysieux d'une voix ferme.

— Très-bien. Maintenant, messieurs, poursuivit Bruneau en s'adressant au comte et au médecin, examinons ensemble, je vous prie, si l'insulte et la réparation peuvent se balancer... Monsieur de Puysieux, monsieur Gérard, veuillez vous éloigner un instant.

Les deux adversaires obéirent; se retirant de nouveau à l'écart, l'un à droite, l'autre à gauche, ils se promenèrent en silence. Alors le comte, Bruneau et Régnier se mirent à discuter à voix basse, avec une extrême chaleur. Certains dissentiments semblaient exister entre eux, et le capitaine Bruneau, particulièrement, avait l'air de ne pas vouloir céder aux arguments de ses interlocuteurs. Cependant, le débat prit peu à peu un caractère plus calme, et enfin, un signe poli rappela les jeunes gens.

— Messieurs, leur dit le capitaine avec la gravité qu'exigeaient les circonstances, je ne vous dissimulerai pas que l'insulte adressée à M. Gérard nous a paru de la nature la plus sérieuse. Cependant, en présence des déclarations de M. de Puysieux, nous avons jugé qu'il n'était pas absolument nécessaire de donner suite à cette affaire. Si donc M. de Puysieux consentait à signer un procès-verbal où les faits seraient rapportés avec exactitude...

— Je ne signerai rien, messieurs, interrompit le baron; ma parole doit vous suffire. Je suis allé tout d'abord et spontanément jusqu'aux dernières limites des concessions. N'exigez rien de plus, car jamais je n'avais accordé autant.

— Et moi, s'écria Gérard avec vivacité, je ne crois pas qu'aucune rétractation puisse effacer l'injure sanglante que j'ai reçue de M. de Puysieux... D'ailleurs, messieurs, ajouta-t-il d'un air sombre, il existe, s'il faut l'avouer, entre M. de Puysieux et moi, une haine telle que tout arrangement entre nous et toute réconciliation sont impossibles.

Les témoins se regardèrent avec consternation.

— L'entendez-vous? dit Régnier bas à Bruneau; un jeune homme habituellement si doux et si aimable!

— Quand je vous disais! répliqua Bruneau de même; c'est un mouton devenu enragé, et il n'est rien de plus ingouvernable... Maintenant, j'en ai peur, l'autre va lui riposter sur le même ton.

En effet, Puysieux répondit avec un sourire amer:

— Monsieur Gérard peut me haïr; mais il se trompe en ce qui me concerne : ce n'est pas de la haine qu'il m'inspire.

— Qu'est-ce donc, monsieur?

— C'est de la pitié, acheva le baron en haussant les épaules.

L'ingénieur se tourna vers les témoins :

— Messieurs, reprit-il, vous le voyez, il ne reste plus qu'à régler les conditions du combat.

Il n'y avait malheureusement pas autre chose à faire, les deux parties ayant repoussé tout arrangement. Néanmoins, le comte crut devoir tenter un effort désespéré :

— Gérard... Puysieux! s'écria-t-il, cela ne peut se passer ainsi : ce duel serait une insulte pour ma maison, pour moi... Si vous persistez, je me retire à l'instant, et de ma vie je ne vous reverrai l'un et l'autre, quel que soit le vainqueur!

Les deux jeunes gens ne bougèrent pas.

— Cher de Vaublanc, reprit enfin Puysieux, je vous prends pour juge; n'ai-je pas employé tous les moyens imaginables afin d'échapper à une nécessité qui me répugne?

— Il est vrai, répliqua le comte; c'est vous, Gérard, qui montrez le plus d'acharnement.

Il usa de tous les arguments qui se présentèrent à son esprit pour décider l'ingénieur à se reconnaître satisfait des explications données par Puysieux; mais, plus il mettait de vivacité dans ses instances, plus Gérard, croyant y voir une préférence marquée pour son adversaire, se roidissait contre ses supplications.

— Allons! dit le comte, fatigué autant qu'irrité de l'inutilité de ses efforts, on ne peut empêcher les fous d'agir à leur guise.

Et il tourna le dos aux deux adversaires; cependant il ne partit pas, ainsi qu'il l'avait annoncé, et se tint prêt à profiter de la première occasion pour intervenir de nouveau.

L'ingénieur parla bas au capitaine Bruneau, et se retira d'un air résolu à quelques pas.

— Oui, c'est véritablement un mouton enragé, dit Bruneau, d'un ton moitié rieur moitié fâché, au médecin. Eh bien! Régnier, puisque M. de Vaublanc tire ainsi son épingle du jeu, tu auras bien l'obligeance de servir de témoin à M. de Puysieux?

— De pareilles affaires ne sont guère de mon goût, répliqua le docteur; cependant, si M. de Puysieux m'agrée...

— C'est un grand honneur pour moi, docteur, répliqua le baron en s'inclinant, et je vous remercie.

XII

LE DUEL.

Alors les témoins procédèrent aux préparatifs ordinaires du duel. Il avait été arrêté d'avance que l'on se battrait au pistolet. Bruneau s'empressa de sortir les siens de leur boîte, et ils furent chargés avec les précautions d'usage. Puis, afin d'égaliser les chances autant que possible, on convint que les deux adversaires seraient placés à trente pas l'un de l'autre, et qu'ils tireraient en même temps, aussitôt que le signal aurait été donné.

— Nous aurons beau faire, Régnier, dit le capitaine à voix basse; de Puysieux, qui est de première force au pistolet, va me tuer mon pauvre mouton.

— Ma foi! j'en ai peur, répliqua le médecin de même; cependant, qui sait? à ce jeu-là j'ai vu de singuliers hasards!

On fixa la limite que les deux jeunes gens ne pourraient dépasser; on s'assura que ni l'un ni l'autre n'aurait le soleil en face. Ces dispositions prises, chaque témoin vint présenter un pistolet à son champion, en lui donnant connaissance des règles auxquelles il devait rigoureusement se conformer.

Ces apprêts avaient quelque chose de lugubre qui contrastait avec les harmonies et les splendeurs de la nature environnante. Les personnages de cette scène se mouvaient avec une lenteur calculée; ils agissaient en silence ou ne se parlaient qu'à voix basse. Au contraire, autour d'eux, les grillons et les cigales chantaient joyeusement dans l'herbe; les papillons voltigeaient autour des fleurs alpestres; les oiseaux se poursuivaient dans l'épais feuillage des châtaigniers, les moutons de la prairie faisaient entendre leurs bêlements joyeux, et le soleil continuait de briller dans un ciel tout d'azur; qu'importait à la création ces deux êtres humains qui allaient s'entr'égorger dans un coin imperceptible de cet immense et majestueux tableau?

Déjà, le capitaine Bruneau se disposait à donner le signal du feu, quand un nouveau personnage apparut en clopinant sur le plateau du Camp-de-César. C'était Pierre Faucheux, le facteur de la poste aux lettres. Il n'avait pas perdu de temps et avait parcouru plus de huit kilomètres en trois quarts d'heure; aussi la sueur, ruisselant de son visage, tombait-elle en larges gouttes sur sa blouse bleue à collet rouge. Selon toute apparence, ce long et rapide trajet ne s'était pas accompli sans que le piéton eût pris quelques rafraîchissements en chemin; mais Pied-Bot, esclave de son devoir, ne franchissait jamais le seuil d'un cabaret lorsqu'il était dans l'exercice de ses fonctions. Seulement un coup de sifflet particulier qu'il faisait entendre en passant devant certaines maisons connues de lui, appelait inévitablement sur le pas de la porte une femme ou un enfant qui lui présentait un petit verre d'eau-de-vie ou un grand verre de vin préparé d'avance. Pierre avalait l'un ou l'autre d'un seul coup, disait merci, et poursuivait sa route; sa conscience et l'administration des postes n'avaient rien à lui reprocher.

Sans doute, pour faire si grande diligence, le pauvre messager boiteux avait dû recourir plus d'une fois à ses réconforts ordinaires, car il avait le visage un peu enluminé. Néanmoins, il ne songeait qu'à l'objet de sa mission. Apercevant au pied du vieux châtaignier les personnes qu'il cherchait, il tira de son sac de cuir le paquet dont l'avait chargé la directrice, et, sans s'inquiéter du reste, il se mit en devoir de le remettre à son adresse.

Le domestique et le postillon qui gardaient les chevaux au bord de la route le rappelèrent précipitamment :

— Ohé! Pied-Bot, où diable vas-tu donc? Attends un moment... ne vois-tu pas qu'on va tirer?

Mais le facteur ne se retourna même pas :

— Je fais mon service, répliqua-t-il en agitant fièrement la lettre qu'il tenait à la main; la poste ne s'arrête pour personne.

Et il continua d'avancer.

A un signal donné, deux coups de feu retentirent presque en même temps. Faucheux s'arrêta enfin en fléchissant les épaules, et essaya de voir le résultat de cette double explosion; mais la fumée de la poudre et quelques broussailles qui se trouvaient entre lui et les combattants l'empêchèrent de contenter sa curiosité.

— Diable! murmura-t-il, je serais bien attrapé, si celui à qui je dois donner la lettre avait reçu un atout... Heureusement, madame la directrice est une finaude, elle a écrit deux adresses... Tiens, tiens, ajouta-t-il aussitôt en se mettant en marche, il paraît que personne n'est tombé! Comme ça, je pourrai choisir.

En effet, Gérard et le baron étaient encore debout, quoique l'un d'eux fût blessé; mais presque aussitôt de vives réclamations s'élevèrent et les témoins accoururent. Voici ce qui s'était passé :

Les deux pistolets, comme nous l'avons dit, étaient partis simultanément; mais Puysieux, pour un motif ou pour un autre, n'avait pas visé l'ingénieur. Au-dessus de Gérard, dans le feuillage du châtaignier, un petit oiseau de la famille des mésanges sautillait en chantant avec gaieté; ce fut cet innocent oiseau que Puysieux ajusta. Au moment de l'explosion, le chant cessa tout à coup; quelques plumes, quelques débris sanglants voltigèrent dans la verdure et attestèrent la fatale adresse du baron.

Mais cette générosité, si réellement l'acte de Puysieux avait la générosité pour mobile, ne reçut pas sa récompense. Gérard, connaissant le danger de la situation, avait froidement visé son adversaire. Quoiqu'il eût à peine touché des armes à feu deux fois en sa vie, la Providence avait dirigé sa main; la balle avait traversé le bras gauche du baron. Cette blessure n'était nullement grave, car l'os ne paraissait pas offensé; mais elle était fort douloureuse et le sang inonda rapidement les vêtements en toile blanche du blessé.

Or, Puysieux, quoique brave, était du nombre de ceux que la vue de leur sang impressionne d'une façon extraordinaire. Ce résultat inattendu l'exaspéra.

— Morbleu! dit-il, voilà qui m'apprendra désormais à faire de la magnanimité! Je vous ai épargné, mais vous ne m'épargnez pas, vous!

Gérard ne soupçonnait pas le moins du monde la mort du pauvre oisillon choisi en holocauste, à sa place, par l'habile tireur; aussi répliqua-t-il avec indignation :

— De quoi vous plaignez-vous? Si le sort m'a favorisé, malgré cette supériorité dont vous vous vantiez, à qui faut-il s'en prendre? Mais nous pouvons recommencer.

— De tout mon cœur; et, cette fois, je ne tirerai pas ma poudre aux moineaux, je vous le jure.

Mais Régnier, Bruneau, le comte lui-même, s'empressèrent d'intervenir; et, pendant que le médecin bandait provisoirement avec un mouchoir le bras du blessé, pour arrêter le sang, Bruneau, qui avait observé toutes les circonstances de l'événement, en donna l'explication.

— Du reste, c'est tant pis pour M. de Puysieux, ajouta-t-il d'un ton péremptoire; il était libre de viser un petit oiseau à la place d'un brave garçon qui lui présentait sa poitrine, et il a donné une preuve certaine de son adresse... Oui, c'est un beau coup; mais Gérard ne pouvait prévoir cela, et il a agi selon son droit. Quant à recommencer, c'est une autre affaire et nous ne le permettrons pas.

— Cependant, messieurs, dit Gérard avec fierté, je ne veux rien devoir à M. le baron de Puysieux. Il prétend m'avoir épargné; je désire ne contracter envers lui aucune obligation... Rechargez votre pistolet, monsieur, et tirez de nouveau.

— Ce n'est pas ainsi que je l'entends, reprit le baron; ma blessure est légère, nous ne saurions nous arrêter pour si peu. Si donc, monsieur, votre proposition est sérieuse, joignez-vous à moi pour demander à ces messieurs la revanche.

— Soit; vous l'entendez, capitaine? Je vous supplie de vouloir bien préparer les armes.

Mais les témoins résistèrent énergiquement à cette prétention des deux adversaires; tous déclarèrent que l'affaire devait finir, qu'ils ne prêteraient pas leur concours pour une nouvelle épreuve. De leur côté, Puysieux et Gérard s'obstinaient dans leur détermination, et ils allèrent jusqu'à signifier qu'ils se battraient sans témoins si l'on refusait de les assister. Force fut donc à Bruneau et à Régnier de céder à leur vœu, de peur que ces jeunes gens ne prissent conseil que de leur colère aveugle et de leur amour-propre offensé.

Ils se mirent en devoir de recharger lentement les pistolets; mais quelle que fût leur répugnance à s'acquitter de leur besogne, on eût trouvé chez le comte de Vaublanc une opposition plus vive encore, s'il n'eût été occupé en ce moment d'un autre côté. Pierre Faucheux, en effet, venait de se glisser en tapinois derrière lui, et, après l'avoir tiré par le pan de son habit, lui avait remis le paquet dont il était porteur. Le comte voulait refuser; mais, frappé de l'étrangeté de la suscription, poussé par la curiosité, il rompit l'enveloppe et parcourut les papiers qu'elle contenait. Bientôt il donna une telle attention à sa lecture qu'il oublia complètement tout le reste.

Les deux adversaires s'étaient éloignés de nouveau, tandis que les témoins remplissaient à regret leur office. Le capitaine Bruneau dit à son compagnon :

— Eh bien! Régnier, comment trouves-tu mon « mouton enragé »? Mais j'ai bien peur que, cette fois, la chance ne tourne contre lui!

— Oui, et c'est dommage, car il ne manque pas de nerf, ce petit ingénieur! Enfin, nous avons fait ce que nous avons pu.

— Eh bien! messieurs, êtes-vous prêts? s'écria Puysieux; je perds beaucoup de sang et je m'affaiblis... Ma main tremblera si vous tardez davantage.

— Dépêchez-vous, de grâce, messieurs! dit Gérard à son tour; je suis aussi pressé que M. le baron.

— Eh! morbleu! vous êtes trop pressés l'un et l'autre! répliqua le capitaine Bruneau avec colère. Mais, allons, voilà qui est fini... et au diable la besogne!

Il remit un pistolet chargé à Gérard, tandis que Régnier présentait l'autre à Puysieux. Gérard et le baron allaient prendre leur poste afin de recommencer l'épreuve, quand M. de Vaublanc se jeta brusquement entre eux.

— Un moment! dit-il avec autorité.

Il s'empara des pistolets, les déchargea en l'air, puis, les remettant au capitaine Bruneau, il reprit d'un ton ferme :

— Cette lutte ne saurait continuer... Elle n'a déjà que trop duré.

Une stupéfaction profonde accueillit d'abord ces paroles. Puysieux était devenu fort pâle; cependant, il demanda, en s'efforçant de cacher son émotion.

— Puis-je savoir, monsieur le comte, le motif de cette conduite inexplicable?

— Ne le devinez-vous pas? Tenez, par respect pour nos anciennes relations, je veux encore vous ménager... venez par ici... Messieurs, ajouta Vaublanc en se tournant vers les témoins, excusez-nous un peu.

Et il entraîna le baron derrière un buisson épais, où ils ne pouvaient ni être vus ni être entendus. Alors il lui montra les papiers qu'il venait de recevoir, en prenant soin toutefois de ne pas les laisser à la disposition de Puysieux.

— Connaissez-vous ceci? lui demanda-t-il.

Ces papiers, en effet, devaient être bien connus du baron, car, à peine les eut-il regardés, qu'il fut saisi d'une espèce de tremblement nerveux.

— Vaublanc, balbutia-t-il, je suis victime d'une odieuse intrigue... Je vous expliquerai... C'est cette odieuse directrice des postes qui veut me perdre.

— La directrice n'a rien à voir là-dedans... Niez-vous d'avoir écrit et signé de votre main la pièce que voici?

En même temps, il se mit à lire à haute voix la pièce en question, qui était ainsi conçue :

« Je soussigné, Antoine-Robert Puysieux, *dit* baron de Puysieux, ayant occupé, dans le département de ***, les fonctions de ***, reconnais, en présence de M. le marquis de la Villeévêque préfet de ce département, que j'ai détourné à mon profit la somme de vingt mille sept cent cinquante-deux francs, que l'administration m'avait confiée, et que, pour y réussir, j'ai opéré des falsifications et des surcharges sur les registres... »

— Dites, monsieur, interrompit le comte avec véhémence, est-ce bien là votre écriture, votre nom? Et comment essayeriez-vous de le nier, quand je vois plus bas la signature du préfet, celle du secrétaire général, avec le cachet de la préfecture?

Puysieux était comme anéanti; cependant il essaya de se justifier :

— Cher comte, reprit-il avec agitation, ne me condamnez pas sans m'entendre. Il s'agit d'une étourderie de jeunesse, démesurément grossie par des ennemis puissants... Écoutez; quand j'étais fonctionnaire public, en Bretagne, j'eus le malheur d'exciter la jalousie du préfet, dont la femme passait pour être fort coquette. Afin de se venger, il voulut me perdre; il m'obligea de donner ma démission et de signer cet acte, comptant ainsi me décider à quitter le pays...

— Qu'importe tout cela? Si, comme vous le dites, il s'agissait seulement d'étourderies de jeunesse, ne vous fussiez-vous pas laissé déchirer en morceaux, avant de mettre votre nom au bas de ce papier qui vous déshonore et qui pourrait vous jeter sur les bancs d'une cour d'assises?... Mais poursuivons... Cette autre pièce, bien qu'elle ne soit pas de votre écriture, la connaissez-vous aussi?

Et il lui rapidement :

« Les soussignés, réunis en jury d'honneur pour juger la contestation survenue entre M. de Vaudreuil, capitaine de hussards, et le nommé Antoine-Robert Puysieux, déclarent, toutes informations prises, que ledit Puysieux est indigne de jouer sa vie contre celle d'un honnête homme, etc., etc., etc. »

— Et ces déclarations, accablantes pour vous, continua M. de Vaublanc, sont signées : Lambert, colonel; Faugens, avocat; Guillemin, ingénieur des mines... Dites, monsieur, qu'avez-vous à répondre à des témoignages si respectables?

— Vous voyez encore le résultat de ces intrigues, de ces calomnies dont je vous parlais tout à l'heure. Mes ennemis ne me laissaient pas de repos, si bien que je dus céder la place et retourner à Paris...

— Où l'on ne vous connaissait pas, et où sans doute vous espériez trouver de nouvelles dupes!... Et voilà, poursuivit le comte avec une sorte de colère contre lui-même, l'homme à qui j'avais donné toute ma confiance, que j'avais accueilli dans ma famille, et sur qui je comptais pour me faire réussir dans mes entreprises! Voilà cet ami intime des ministres, ce dispensateur des faveurs administratives, ce protecteur en crédit, dont j'avais la sottise d'écouter les promesses insensées!... Ah! monsieur Antoine-Robert Puysieux, si je ne savais par ce procès-verbal qu'un honnête homme ne peut se battre avec vous, ce serait moi qui jouerais ma vie contre la vôtre!

M. de Vaublanc s'exprimait avec une extrême véhémence; Puysieux lui dit humblement :

— De grâce, monsieur, ne parlez pas si haut... Si j'avais le temps de vous apprendre par quel concours de circonstances fâcheuses de pareilles accusations ont pu être portées contre moi, vous me plaindriez sans doute. En attendant, par respect pour nos anciennes relations, vous ne voudriez pas me perdre aux yeux des personnes qui sont ici... Je subirai toutes vos conditions; mais je vous en conjure, déchirez ces misérables paperasses et gardez-moi le secret.

M. de Vaublanc réfléchit un peu; enfin, il parvint à surmonter son indignation :

— Il serait fâcheux, en effet, pour ma propre considération, répliqua-t-il, qu'après vous avoir admis publiquement dans mon intimité, je vous arrachasse votre masque de galant homme. Eh bien! nul ne verra ces papiers, je vous le promets, pourvu que vous fassiez exactement ce que je vais vous dire.

— Parlez, monsieur le comte.

— Aussitôt que vous serez guéri de votre blessure, vous quitterez le pays, sans vous permettre un acte agressif ou offensant contre moi que ce soit. Tâchez que je n'entende plus parler de vous, ce sera le mieux... Quant à votre affaire avec Gérard, elle est facile à arranger maintenant : suivez-moi, et surtout gardez-vous bien de me contredire.

Il remit les papiers dans sa poche, et s'avança, suivi de Puysieux, vers Gérard et les autres, qui ne comprenaient rien à cette scène singulière.

— Messieurs, dit-il d'une voix ferme, M. le baron de Puysieux est décidément d'une habileté trop grande au maniement des armes, pour qu'il lui soit permis de se battre en duel; aussi, toute réflexion faite, désire-t-il que le combat n'aille pas plus loin, et il prie M. Gérard de recevoir ses *très-humbles excuses*.

Puysieux eut un mouvement de révolte.

— N'est-ce pas là, dit M. de Vaublanc en clignant des yeux, ce que vous m'avez chargé de déclarer à ces messieurs?

Puysieux baissa la tête.

— S'il en est ainsi, reprit le capitaine Bruneau, qui parut délivré d'un grand poids, nous n'avons qu'à nous trouver satisfait... L'expression *très-humbles excuses* efface tout... Voilà donc une affaire terminée, et j'espère que la blessure de M. de Puysieux n'aura pas de suites fâcheuses...

— Ceci me regarde, reprit le docteur Régnier; si le blessé est bien sage, je m'engage à lui rendre complètement l'usage de son bras en quinze jours... Mais sans doute, monsieur le baron, vous souhaitez d'être reconduit à la Masure où vous demeurez? Comme vous avez déjà perdu beaucoup de sang, et comme le trajet pourrait vous fatiguer, je demanderai à ces messieurs leur cabriolet pour vous ramener jusqu'à l'auberge.

Gérard et Bruneau s'empressèrent d'accéder au vœu du médecin, et l'on fit avancer la voiture. Puysieux paraissait abattu et souffrant; sa contenance était si piteuse que l'ingénieur lui-même en fut touché.

— Monsieur le baron, lui dit-il avec douceur, nous avons eu, je crois, des torts réciproques; mais ce qui vient de se passer les a effacés. Rien ne s'oppose donc maintenant à une réconciliation qui, de ma part du moins, sera franche et sincère.

En même temps, il tendit la main à Puysieux, qui, avant

LA DIRECTRICE DES POSTES

C'est donc vous qui soutenez que madame Arnaud a épousé un évêque? (Page 56).

de la prendre, regarda le comte de Vaublanc; mais celui-ci se jeta brusquement entre eux :
— C'est inutile, dit-il.
Puysieux se contenta donc de saluer en silence, monta dans la voiture avec le docteur, et l'on partit, après que le comte eut échangé un signe mystérieux avec le blessé.
— Hum! il y a quelque chose, dit le capitaine Bruneau bas à Gérard; mais n'importe! Vous devez vous trouver fort heureux de vous être tiré sain et sauf des griffes de ce gaillard-là!
Régnier fut absent plus d'une demi-heure; pendant ce temps, le comte dit à Gérard, dont l'attitude était un peu embarrassée, en sa présence :
— J'aurais peut-être aussi de graves reproches à vous adresser; vous n'avez pas suffisamment respecté mon hospitalité; vous avez trop écouté les mauvaises inspirations de votre amour-propre, vous avez risqué de compromettre par un éclat fâcheux nos relations amicales...
— Pardonnez-moi, cher comte, répliqua l'ingénieur avec confusion; s'il faut l'avouer, mon principal motif de colère contre M. de Puysieux était la confiance aveugle que je vous voyais lui témoigner, et qu'il ne méritait pas sans doute.
— Vous n'aurez plus rien de pareil à me reprocher, répliqua M. de Vaublanc; je n'accorderai désormais ma confiance qu'à ceux que je connaîtrai bien. Quant à ce M. de Puysieux, tout est fini entre lui et moi... Je n'ose vous engager, Gérard, continua-t-il d'un ton différent, à venir aujourd'hui même à la Bastide; cette affaire va sans doute s'ébruiter dans le pays, et il faut lui

donner le temps de s'assoupir. Mais j'espère que vous nous reviendrez bientôt; je vais avoir besoin plus que jamais de vos conseils et de votre amitié !

— Ce sera une grande joie pour moi, mon cher de Vaublanc, d'aller un peu plus tard vous faire visite; mais ne craignez-vous pas que ces dames, qui avaient une préférence marquée pour mon adversaire...

M. de Vaublanc le regarda d'un air surpris; il ignorait la préférence à laquelle on faisait allusion; il se contenta donc de répondre que ses amis seraient toujours bien accueillis à la Bastide-Vialard, et l'on changea d'entretien.

Gérard eût bien voulu connaître la cause du subit revirement qui s'était opéré dans l'esprit du comte au sujet de Puysieux, et surtout l'origine de la lettre arrivée ainsi à l'improviste. Il allait peut-être risquer une question sur ce point, quand Pied-Bot s'approcha des interlocuteurs et, portant la main à sa casquette ornée d'une petite cocarde, dit d'un air gauchement respectueux :

— Pardon, excuse, messieurs... J'ai remis la lettre à M. de Vaublanc, quoiqu'elle fût adressée à l'un et à l'autre, mais ça n'aurait pas été prudent de la porter à M. l'ingénieur quand on allait tirer sur lui... vous comprenez?... Ah çà ! vous vous êtes sans doute arrangés ensemble pour vous communiquer la chose, et je ne recevrai aucun reproche de ma directrice? On fait son service du mieux qu'on peut, vous entendez bien.

— Que dit-il ? demanda Gérard avec étonnement; la lettre que vous venez de recevoir m'était-elle adressée comme à vous?

— En effet, répliqua le comte, et en mon absence elle aurait dû vous être remise.. Mais je vous expliquerai cela plus tard; ce détail n'a plus d'importance maintenant... Quant à vous, facteur, poursuivit-il en se tournant vers Faucheux, vous direz à madame Arnaud que je la remercie, que j'irai la voir prochainement, et que sa lettre a produit le bon résultat qu'elle pouvait en attendre.

Il accompagna cette commission d'une gratification libérale, et le piéton partit joyeusement pour continuer sa tournée.

— Plus de doutes ! murmurait Gérard, c'est la marquise qui a tout conduit.

Il se promit aussi de revoir madame Arnaud, autant pour la remercier que pour lui demander le mot de cette énigme.

En ce moment, le docteur Régnier revenait avec la voiture. Après avoir quitté le baron, il l'avait laissé établi dans une chambre d'auberge, aussi confortablement qu'on pouvait le désirer.

— Je dois avoir avec lui une dernière entrevue, dit M. de Vaublanc, et je vais lui faire mes adieux en retournant à la Bastide... A présent, messieurs, je vous prie de ne pas donner aucune publicité à certaines circonstances de cette affaire, afin de ne pas éveiller la malignité publique; moins on en parlera, mieux cela vaudra.

Les assistants promirent le secret; on échangea des poignées de main et l'on se sépara. Gérard et Bruneau remontèrent dans leur cabriolet, pendant que le docteur les suivait à cheval. M. de Vaublanc, escorté de son domestique, se rendit au village de la Masure, où il eut une nouvelle entrevue avec Puysieux.

Cette entrevue fut courte, et quand le comte sortit, on eût pu remarquer qu'il avait l'œil brillant de colère, le teint rouge et animé. Puysieux, de son côté, demeuré seul sur son lit grossier, dans ce village solitaire et dénué de ressources, disait avec rage :

— Blessé... battu... humilié ! Mais patience ! je prendrai peut-être ma revanche.

XIII

LA TRAMONTANE DU VAL

Quinze jours s'étaient écoulés, et le baron de Puysieux se trouvait encore au village de la Masure. Le docteur Régnier allait le voir chaque matin; on savait de lui que le blessé était dans un état satisfaisant, et pouvait sortir le bras en écharpe. Du reste, aucune marque d'intérêt, à la surprise générale, ne lui avait été donnée par la famille de Vaublanc pendant sa maladie. Le lendemain du duel, on lui envoya les effets qu'il avait laissés à la Bastide dans l'espoir d'un prompt retour, mais aucun compliment, aucun message amical, n'avait accompagné cet envoi. En revanche, Gérard avait écrit de la ville au docteur Régnier, pour demander des nouvelles de Puysieux, démarche de pure forme et suggérée uniquement par le désir de se conformer à l'usage en pareil cas.

Les relations entre la directrice des postes et la Bastide-Vialard ne paraissaient pas non plus beaucoup plus actives que par le passé. Le comte s'était rendu chez madame Arnaud le soir même du jour de l'événement, et ils avaient causé longtemps ensemble; mais M. de Vaublanc n'était pas revenu à Saint-Martin, et Valérie, de son côté, n'était pas retournée à la Bastide, bien qu'elle eût reçu deux ou trois visites de la comtesse et d'Emma.

Du reste, on prétendait que M. de Vaublanc et sa famille n'avaient pas sujet de songer beaucoup aux visites et aux joyeuses réunions. De sinistres rumeurs commençaient à se répandre dans le voisinage : on croyait le comte sinon ruiné, du moins menacé de poursuites sérieuses.

Le nombre des lettres adressées au spéculateur s'augmentait de jour en jour; mais la plupart étaient de ce gros papier administratif, timbré ou non timbré, qui habituellement n'annonce rien de bon. On voyait encore passer quelques voyageurs pour la Bastide-Vialard, mais ils n'avaient plus la mine d'actionnaires de la compagnie future; on devinait plutôt des gens de loi dans l'exercice de leurs fonctions, et l'on était allé jusqu'à soupçonner fortement l'un d'eux d'être un huissier, porteur de quelque vilain grimoire.

Cependant l'opinion publique se trompait sans doute, ou bien M. de Vaublanc n'avait pas jugé à propos de confier à sa fille l'état de ses affaires, car tout conservait à la Bastide son train accoutumé. Les dames, notamment, n'avaient pas cessé de faire chaque jour une promenade en voiture dans les environs pittoresques de l'habitation.

Un matin donc, à l'issue du déjeuner, la calèche tout attelée attendait devant la porte de l'habitation. Bientôt Emma et la comtesse arrivèrent, parées des plus fraîches toilettes, et quand elles eurent pris place dans la voiture, Charles demanda, chapeau bas, à madame de Vaublanc, quel devait être le but de la promenade.

— Le val de la Fontaine, répondit-elle; on assure qu'il y a là une belle *compagne* de moutons transhumants, et cette vue nous divertira.

— Le val de la Fontaine ne se trouve-t-il pas tout près de la Masure? demanda le domestique.

— Eh ! qu'importe cela ?

— C'est que madame peut voir, sur la montagne qui domine tout le haut pays, des nuées qui s'assemblent là depuis ce matin; elles annoncent du mauvais temps pour la journée. On dit que le vent se fait rudement sentir dans le val quand il y a de l'orage, et la calèche est découverte.

— Bah ! bah ! on relèvera la capote au besoin; d'ailleurs, nous serons rentrées bien avant la pluie.

Charles transmit l'ordre au cocher et grimpa derrière la voiture, qui partit aussitôt.

Il y avait environ une lieue et demie de la Bastide au val, et en pays de plaine, ce trajet se fût accompli très-promptement; mais il fallait toujours monter, et par des chemins qui n'étaient pas des meilleurs : aussi mit-on près de deux heures pour atteindre l'endroit désigné. En y arrivant on eût pu voir les nuages, d'abord immobiles autour d'un pic éloigné, s'en détacher avec rapidité et envahir le ciel; mais un orage dans cette saison ne pouvait avoir d'inconvénients bien graves. Les dames ne s'inquiétèrent donc pas du temps et donnèrent toute leur attention au beau paysage qui les environnait.

Le val de la Fontaine, voisin du Camp-de-César, et qui en était séparé seulement par une chaîne de rochers inaccessibles, ne ressemblait pas au plateau herbeux où avait eu lieu le combat de Gérard et du baron. C'était une vallée creuse, longue et étroite, bordée d'un côté par les rochers dont nous avons parlé, de l'autre par une de ces belles montagnes couvertes de pâturages, qu'on appelle « montagnes pastorales ». La vallée descendait en pente assez roide des cimes centrales dont on pouvait apercevoir habituellement les pics bleuâtres; mais, en ce moment, des vapeurs basses et menaçantes fermaient l'horizon et empêchaient de voir au delà de l'enceinte. Le sol était rocailleux, encombré de blocs erratiques; cependant une source abondante jaillissait du pied d'une roche couverte de buissons, et formait un joli ruisseau qui serpentait au milieu d'arbustes et de plantes fleuries. C'était à cette source que le val devait son nom; elle s'épanchait d'une petite construction à demi ruinée, qui avait été consacrée autrefois à saint Martin, et que surmontait encore une croix de pierre moussue. On y venait en pèlerinage de tous les environs, et c'était là que Thérèse de la poste et le beau Dumoulin s'étaient rendus pour accomplir leurs dévotions quelques jours auparavant.

Du côté de la plaine, se trouvait le village de la Fontaine, composé d'une douzaine de maisons d'assez pauvre apparence. Les dames ne voulurent pas y laisser leur voiture et continuer la route à pied, comme le proposait le domestique. La calèche continua donc d'avancer, malgré les difficultés croissantes du chemin, et, après avoir franchi une espèce de portique formé de deux immenses blocs de granit, elle se dirigea vers la source, principal ornement de cette solitude.

L'absence de grands arbres donnait au val un aspect âpre et nu; de plus, dans toute son étendue on n'apercevait qu'une habitation, bergerie à toiture basse et plate, qui était adossée à un roc isolé. Néanmoins, le mouvement et le bruit ne manquaient pas dans cette vaste enceinte; on entendait de toutes parts des cris de bergers, des aboiements de chiens, des sonnailles de moutons. C'était là, en effet, qu'était cantonné, comme nous l'avons dit, un de ces troupeaux nomades appelés *compagnes*, qui viennent du pays bas dans la belle saison, pour profiter des herbages parfumés des montagnes, et s'en retournent en automne. Celui-ci, composé de douze à quinze mille têtes de moutons, était partagé en divisions ou *scabois* de quinze cents à deux mille animaux qui occupaient les vallées voisines, et dont une, on s'en souvient, était établie sur le plateau du Camp-de-César. Mais le scaboi du val de la Fontaine était le plus considérable; là se trouvait la *robbe*, ou quartier général de toute la compagne, c'est-à-dire le *baille* ou chef général, les familles des chefs de scabois, les équipages et les bêtes de somme, enfin la *smala*, comme on dirait aujourd'hui, de ces grandes migrations alpestres. Le baille et les femmes chargées de préparer la nourriture des bergers habitaient la bergerie dont nous avons parlé. Les hommes de la caravane dormaient la nuit dans de petites huttes de joncs, que l'on apercevait au milieu des parcs destinés aux troupeaux. Les moutons, en ce moment, paissaient sur la pente verte qui s'élevait à gauche du vallon. Cependant on voyait rôder, sur les rocs décharnés qui formaient la droite, quelques-unes de ces chèvres appelées *menons*, qui servent de tête de troupeaux, ces capricieux animaux préféraient la touffe d'herbes inaccessible au gazon abondant de la plaine.

Les dames observaient tous ces détails et se faisaient donner des explications par Charles, qui, étant du pays, connaissait parfaitement les usages des pasteurs nomades. Comme on approchait de la source, un homme s'arrêta au bord du chemin et se mit à examiner les promeneuses. Il n'était pas vêtu comme les gens du pays; son costume élégant, son large chapeau de paille fine trahissaient un citadin. Quand la voiture passa, il salua poliment, et alors on put remarquer qu'il avait un bras en écharpe : c'était le baron de Puysieux.

Les deux dames le reconnurent en même temps; mais tandis que mademoiselle Emma s'inclinait en rougissant, la comtesse détourna la tête avec affectation.

— Maman, dit la jeune fille à demi-voix, vous ne voyez donc pas?... c'est... c'est...

— Il suffit, mademoiselle; si je ne vois pas, c'est que sans doute je ne veux pas voir... Ne vous retournez pas... je vous le défends!

Emma obéit; toutefois, la comtesse elle-même trouva le moyen de jeter sournoisement un regard en arrière et de s'assurer que Puysieux était resté à la même place.

Bientôt la voiture atteignit la source qui était le but de cette excursion, et les dames mirent pied à terre; mais le baron avait disparu derrière un pli du terrain.

L'eau sortait sans bruit et sans agitation sensible de la petite construction en ruines. Elle était si limpide que l'on voyait distinctement les cailloux au fond de son bassin; le ruisseau qu'elle formait se cachait, au bout de quelques pas, sous une couche de menthes, de renoncules et de beccabungas. Quand les dames de Vaublanc s'approchèrent de la fontaine, ces fleurs sauvages étaient l'objet d'une abondante moisson de la part de deux femmes du pays qui se trouvaient là. Ces deux femmes étaient Jeanne Marsnis et sa fille, venues au val recueillir les plantes médicinales dont la récolte leur constituait maintenant une modeste industrie.

Suzette Marsnis paraissait de mieux en mieux portante. Les signes alarmants de la pulmonie continuaient de s'effacer sur son visage amaigri, et, en ce moment que la jeune fille était animée par l'exercice, une rougeur bien différente de ce coloris maladif qui apparaissait autrefois aux pommettes de ses joues, donnait une sorte d'éclat à ses traits. Sa mère et elle, après avoir entassé les herbes odorantes dans leurs tabliers, se disposaient à se retirer, quand elles aperçurent les dames qu'elles saluèrent humblement. La comtesse ne dédaignait pas, dans l'occasion, de rechercher la popularité; d'ailleurs, peut-être avait-elle ses raisons pour s'arrêter. S'approchant donc familièrement de la mère et de la fille, elle leur demanda ce qu'elles faisaient en cet endroit. Jeanne lui expliqua comment elles recueillaient des plantes médicinales pour un herboriste de la ville.

— Quoi! ma bonne femme, s'écria mademoiselle de Vaublanc avec empressement, savez-vous les noms de toutes ces jolies plantes? Je serais bien heureuse de les connaître.

— La Suzette pourrait vous les répéter, mademoiselle, car le docteur Régnier nous les a dits; mais moi j'ai si mauvaise mémoire...

— Eh bien! Suzette, reprit Emma naïvement, comment

appelez-vous d'abord cette fleur bleue qui répand un si doux parfum ?

— C'est une gentiane, mademoiselle; puis, voici de la centaurée, puis de l'ulmaire, puis... Mais, pardon! interrompit la petite en jetant autour d'elle un regard d'inquiétude; il va pleuvoir, et le docteur nous a bien recommandé, de ne pas laisser mouiller nos herbes qui, dans ce cas, contracteraient un goût de moisi et perdraient leur vertu.

— C'est bien vrai, reprit la mère; si cet accident arrivait, tout notre travail de la matinée serait inutile; et toi-même, pauvre enfant, si tu venais à être mouillée, tu serais capable de retomber malade... Aussi, avec la permission de ces dames, il faut que nous partions bien vite, car le ciel est très-noir là-bas dans la montagne ! Nous ne devons même pas essayer de regagner le village de la Fontaine; c'est à peine si nous aurons le temps de nous réfugier à la bergerie.

Et elle désignait l'habitation qui se trouvait au milieu de la vallée.

— Ces dames devraient partir de même, ajouta-t-elle timidement; la pluie ne peut tarder, et à certains moments le vent a une force étonnante dans ce val... Voyez : les bergers eux-mêmes paraissent se défier du temps.

En effet, un petit groupe de personnes s'était formé devant l'habitation où se trouvait la baille des troupeaux transhumants, et l'une d'elles tira d'un cornet à bouquin quelques sons aigus qui furent répétés dans le lointain par d'autres cornets, comme par des échos. Aussitôt on vit les chefs de scabios, avec l'aide des chiens, réunir les troupeaux dans les pâturages et les pousser vers certains cantons où ils devaient être moins exposés aux rafales. Mais ces précautions n'inquiétèrent pas la comtesse.

— Bah ! n'avons-nous pas la voiture? dit-elle avec impatience ; on veut nous effrayer d'une pluie d'été comme d'un de ces grands orages qui, l'hiver, dévastent tout dans les montagnes... Cependant, partez, mes braves femmes, je ne vous retiens plus.

Suzette et sa mère ne se firent pas dire deux fois; elles chargèrent le paquet d'herbes sur leur tête et se dirigèrent de toute leur vitesse vers la bergerie.

Les indices d'une bourrasque prochaine devenaient à chaque instant plus visibles. L'extrémité supérieure du val avait complètement disparu dans une espèce de brouillard qui allait toujours s'épaississant. Un bruit sourd commençait à se faire entendre et croissait avec rapidité; ce bruit n'était ni celui du tonnerre, ni celui de la grêle; on eût dit plutôt des mugissements du vent, quoique pas un brin d'herbe, pas une feuille sèche ne remuât encore dans la vallée. Le ciel était si sombre que les objets un peu éloignés perdaient leurs formes et leurs couleurs.

Emma remarqua ces changements défavorables.

— Rentrons aussi, chère maman, s'écria-t-elle, car notre promenade pourrait être fort désagréablement interrompue.

— J'y consens, reprit la comtesse en jetant encore autour d'elle un regard distrait ; rentrons, puisque tu le veux, ma fille... Toutefois, cet endroit me plaît, et nous y reviendrons. Rien n'est charmant comme cette vallée.

On regagna la voiture. Pendant l'absence des dames, le valet de pied s'était efforcé de relever la capote de la calèche pour abriter ses maîtresses en cas de pluie. Il y était parvenu imparfaitement; néanmoins cette précaution rassura les dames, qui prirent place en louant Charles de son attention.

— Elle ne servira peut-être pas à grand'chose, répliqua Charles, si ce que l'on dit de cet endroit est vrai. On prétend que lorsqu'il pleut, un vent particulier s'engouffre dans cette gorge; on l'appelle la *tramontane du val*, et il est, dit-on, si fort, qu'il renverse tout ce qui se trouve sur son passage. Heureusement, il ne dure pas longtemps, surtout dans cette saison. Néanmoins, je voudrais pour beaucoup que la voiture fût déjà loin d'ici.

— Eh bien! ordonnez à Pierre d'aller aussi vite qu'il pourra ! dit madame de Vaublanc dont la frayeur semblait maintenant d'autant plus vive que cette frayeur avait été plus tardive.

Le cocher, que les récits de Charles avaient déjà inquiété, ne demandait pas mieux lui-même que de presser les chevaux; mais, comme nous l'avons dit, le chemin était inégal, à peine tracé, encombré de grosses pierres, et on ne pouvait avancer sans précaution. Aussi ne se trouvait-on qu'à moitié du chemin de l'entrée du val, quand les dames entendirent un mugissement plus fort et plus rapproché s'élever à l'autre bout du défilé. Elles se penchèrent à la portière et aperçurent une espèce de nuage noir et bas, qui, roulant sur lui-même impétueusement, accourait avec la rapidité d'un oiseau de proie.

— Prenez garde! Pierre, s'écria Charles de son siège, voici la tramontane... Retenez bien vos chevaux, et surtout...

Mais on ne put entendre la fin de cet avertissement. Le tourbillon tomba sur la calèche avec une violence irrésistible ; c'étaient des rafales dont rien ne saurait donner une idée; le bruit était si terrible que la voix humaine devenait impuissante à le dominer.

Emma et la comtesse s'étaient blotties au fond de la voiture en poussant des cris d'effroi; mais des torrents d'eau pénétraient dans leur retraite et leur fouettaient le visage. Les chevaux, pris de vertige, tournaient tantôt à droite tantôt à gauche, tandis que le cocher, aveuglé par la pluie, était incapable de les diriger. Pour comble de malheur, le vent, s'engouffrant dans la voiture, la soulevait par intervalles et menaçait de la renverser.

Les pauvres femmes, éperdues, se croyaient à leur dernière heure, quand un changement subit s'opéra dans leur position. Quelques éclats de voix arrivèrent vaguement jusqu'à leurs oreilles, au milieu des mugissements de la tempête ; puis les chevaux tournèrent de nouveau sur eux-mêmes, mais cette fois ils faisaient face au vent, et la voiture n'éprouvait plus ces oscillations et ces secousses qui avaient failli la jeter sur le côté. Emma et la comtesse se rassurèrent donc un peu et se hasardèrent à regarder au dehors.

Le cocher avait perdu la tête et laissé tomber les rênes ; il se cramponnait à son siège pour ne pas en être arraché. Charles était encore plus malheureux; il avait été rudement jeté à terre par la bourrasque, son front avait porté contre une pierre, et il se relevait en ce moment, tout étourdi de sa chute et le visage couvert de sang. Ni l'un ni l'autre n'avait donc pu porter efficacement secours aux dames de Vaublanc ; mais un homme, qui avait un bras en écharpe et qui demeurait tête nue sous l'averse, avait saisi les chevaux d'une main ferme et venait de leur faire opérer ces mouvements salutaires ; c'était encore le baron de Puysieux.

La colère de la mère et de la fille, si toutefois elles étaient réellement irritées contre lui, ne pouvait tenir devant cette preuve de dévouement. Elles voulurent le remercier, mais le fracas des éléments couvrit de nouveau leurs voix. Puysieux lui-même ne réussit pas mieux lorsqu'il essaya de les rassurer. Il se borna donc à les encourager par signes, et se mit en devoir de conduire les chevaux par la bride vers la bergerie, seule habitation qui fût en vue.

Cette opération ne paraissait pas des plus aisées. Le vent, qui avait pour origine une disposition particulière des localités, pénétrait dans le vallon par l'extrémité supérieure, le parcourait dans toute son étendue, et il semblait impossible de remonter ce formidable courant. Selon certaines lois météorologiques, en effet, il se forme souvent dans les défilés des montagnes de ces tourbillons impétueux dont la direction fixe est irrésistible; et la tramontane du val, comme on appelait celui-ci, soufflait exactement dans le sens opposé aux pauvres promeneurs.

Cependant Puysieux ne désespéra pas d'exécuter son projet. Quoique la pluie continuât de faire rage, il conduisit les chevaux en lignes obliques, en *louvoyant*, comme dirait un marin; il profitait pour avancer de tous les accidents du sol, de tous les rochers qui faisaient obstacle au vent. Néanmoins, il était obligé parfois de s'arrêter un moment, car la tramontane menaçait encore de tout culbuter.

Chose étrange! tandis que le val était ainsi bouleversé, on pouvait voir, à moins d'un quart de lieue de là, sur les montagnes pastorales, des bergers et des troupeaux qui semblaient n'éprouver aucune atteinte de la tempête. Les moutons paissaient tranquillement, tandis que les gardiens, appuyés sur leurs longs bâtons, regardaient avec philosophie les effets de la tramontane dans les environs de la Fontaine. Sauf cette espèce de tourbillon, qui parcourait le défilé presque en ligne droite, on n'éprouvait d'autres inconvénients, à une très-courte distance, qu'une brise un peu fraîche et quelques gouttes d'une giboulée d'été.

A force de constance et de précautions, Puysieux parvint à conduire la voiture sans accident jusqu'à la bergerie, avant que la bourrasque ne fût dans toute sa violence. Cette habitation, construite sans doute en prévision de pareils phénomènes atmosphériques, était, comme nous l'avons dit, de forme basse et solide, adossée à une roche. Lorsqu'on en approcha, la porte s'ouvrit et ses habitants apparurent sur le seuil; c'était d'abord le baille lui-même, beau vieillard à barbe blanche et à démarche majestueuse; puis c'étaient plusieurs femmes et filles de bergers, chargées de préparer la nourriture de la horde; et enfin Jeanne Marsais et sa fille Suzette, fort alarmées de voir les dames de Vaublanc exposées à la fureur de cet orage.

La calèche vint s'arrêter devant la porte, et, protégée par le voisinage du bâtiment, elle cessa d'éprouver de dangereuses oscillations. Pendant que Puysieux retenait, avec l'aide des domestiques, les chevaux effrayés, les deux dames s'élancèrent du marchepied et se réfugièrent dans la maison.

L'intérieur de la bergerie formait une seule pièce, et cette pièce paraissait d'autant plus grande, qu'elle n'était pas encombrée de meubles inutiles. Des chaudrons de cuivre ou de fer, destinés aux manipulations du lait, un grand coffre pour serrer les vêtements de rechange, et enfin plusieurs bottes de paille, servant de lit commun aux habitants de la case, en composaient le mobilier. Le vieux baille fit les honneurs de sa demeure temporaire avec un mélange de dignité et de simplicité patriarcales.

— Reposez-vous, mesdames, dit-il avec son accent provençal fortement prononcé; le beau temps ne tardera pas à revenir. La tramontane souffle rudement, il est vrai, mais elle ne dure pas.

— Approchez-vous du feu, dit Jeanne Marsais en attisant les bûches de sapin dans la grande cheminée de la bergerie, tandis que sa fille avançait précipitamment des escabeaux; vous êtes mouillées, et d'ailleurs ce vent est glacial.

— Oh! c'est bien vrai, dit la petite Suzette qui exposait elle-même au feu ses mains amaigries et diaphanes.

Les dames de Vaublanc acceptèrent l'invitation. Le vent en s'engouffrant dans la cheminée, refoulait abondamment la fumée et rendait assez pénible le voisinage du foyer. Toutefois la chaleur ranima les promeneuses, et elles ne tardèrent pas à reprendre courage.

Comme elles achevaient de se remettre, en écoutant la parole un peu emphatique du patriarche, le babil de Jeanne et de Suzette Marsais, Puysieux entra timidement. Il venait lui-même chercher un abri contre l'orage, après avoir vu Charles et le cocher remiser chevaux et voiture sous un hangar servant d'écurie aux bêtes de somme de la caravane pastorale. On se souvient qu'il avait perdu son chapeau dans la bourrasque; ses cheveux, comme ses vêtements légers, étaient ruisselants d'eau, et il grelottait. Néanmoins il se tenait près de l'entrée et n'osait approcher.

— Quoi donc! s'écria la comtesse avec gaieté, notre libérateur, notre paladin, vainqueur de la tempête, refusera-t-il de venir se sécher en notre compagnie? Je croyais M. le baron de Puysieux plus impatient de revoir d'anciennes connaissances auxquelles, plaisanterie à part, il vient de rendre un véritable service!

Emma ne disait rien, mais tout en lissant avec la paume de sa main les bandeaux encore humides de sa chevelure, elle s'était empressée de faire une place au survenant entre elle et sa mère.

Puysieux s'approcha lentement.

— Je craignais, balbutia-t-il les yeux baissés, que madame et mademoiselle de Vaublanc n'eussent pris mauvaise opinion de moi... Des apparences m'accusent, j'en conviens, aux yeux de personnes qui leur sont chères; mais s'il m'avait été permis de m'expliquer franchement...

— De quelles apparences parlez-vous, monsieur le baron? dit la comtesse avec étonnement; mon mari m'a parlé très-vaguement de ce qui s'est passé entre vous et lui; mais je sais bien que, blessé et malade encore, vous n'avez pas craint de vous exposer à ce vent effroyable, à cette pluie diluvienne, au danger d'être écrasé par les chevaux effrayés, et tout cela dans le but de nous tirer d'un mortel embarras... Aussi, vous suis-je fort reconnaissante d'un pareil service, et le comte lui-même, s'il était ici, n'hésiterait pas, j'en suis sûre, à vous en témoigner une vive gratitude.

En même temps elle indiquait à Puysieux le siège vide à côté d'elle; le baron, en venant s'asseoir à cette place, pensait à part lui:

— Morbleu! serait-il possible que Vaublanc n'eût rien dit à sa femme et à sa fille? Préoccupé de ses affaires, il est bien capable d'une pareille distraction; mais la marquise?... La réserve de la marquise est tout à fait inconcevable!

Néanmoins il ne se hâta pas d'entamer la conversation; au contraire, il restait morne, la tête penchée. Peut-être comptait-il sur sa pâleur, sur son bras en écharpe, comme sur ses vêtements mouillés, sur ses cheveux dégouttants d'eau glacée, pour inspirer de la pitié aux dames et achever d'étouffer les préventions qu'elles pouvaient avoir conçues contre lui. Mais ni l'une ni l'autre ne paraissait plus éprouver aucun sentiment de ce genre, si elles en avaient éprouvé auparavant, et elles montraient au baron autant de bienveillance et d'enjouement que jamais. Aussi leurs efforts ne tardèrent pas à triompher de l'embarras que Puysieux avait montré de prime abord.

On ne parla pourtant pas du passé, mais seulement de l'accident qui venait d'arriver, de la tramontane qui redoublait de violence au dehors et menaçait de détruire le bâtiment. Le baron raconta comment, après avoir fait sa promenade habituelle dans le val, et se disposait à retourner au village de la Masure, qu'il habitait, lorsqu'il avait aperçu la voiture. Connaissant par les récits des gens du pays les terribles effets du vent dans cet endroit, et prévoyant le danger que les dames pourraient courir, il s'était tenu à portée de leur venir en aide en cas de besoin. Il avait eu le bonheur d'y réussir; « mais, ajoutait-il avec modestie, il n'aurait eu garde d'imposer sa présence aux dames de Vaublanc, si les fureurs de la tempête ne l'avaient obligé à se réfugier dans cette maison pour quelques instants. »

Cependant le cocher et le valet de pied, après avoir mis les chevaux et la voiture en sûreté, venaient d'entrer à leur tour dans l'unique pièce de la bergerie. Ils étaient trempés jusqu'aux os; de plus, Charles, comme nous l'avons dit, s'était blessé au visage, et son sang coulait encore avec abondance. On les admit donc auprès du foyer, dont l'ardeur, sans cesse activée par de nouvelles brassées de bois, ne tarda pas à sécher leurs vêtements, tandis que Jeanne Marsais et sa fille s'occupaient charitablement de panser le blessé. Bien qu'il s'agît seulement d'une écorchure, madame de Vaublanc, qui se piquait de philantropie envers ses inférieurs, voulut surveiller elle-même le pansement. Comme elle était occupée de ce soin, le baron se pencha vers Emma et lui dit à voix basse :

— Est-il vrai, mademoiselle, que, malgré les événements récents, vous n'ayez contre moi ni aigreur ni colère? Je n'ai pas oublié mes promesses; mais des circonstances graves ont déconcerté mes intentions et je me suis trouvé dans l'impérieuse nécessité...

— Ne vous excusez pas, monsieur de Puysieux, répondit Emma. J'ai appris que vous n'aviez rien négligé pour éviter cette funeste rencontre; n'ayant pu y parvenir, vous n'avez pas voulu employer votre adresse merveilleuse contre votre adversaire, et vous avez préféré vous-même recevoir une douloureuse blessure... Ce sont là des procédés pleins de noblesse, et s'ils vous ont été inspirés par moi, je dois en être fière et reconnaissante!

Le baron la regardait fixement, comme s'il n'eût pu croire que cette ignorance fût bien réelle; il vit seulement sur les traits gracieux d'Emma une expression de candide sincérité. En effet, mademoiselle de Vaublanc ne connaissait l'histoire du duel que par la rumeur publique, toute à l'avantage de Puysieux, et elle considérait l'adversaire de Gérard comme un modèle de grandeur d'âme et de courage chevaleresque.

Il fallut bien que Puysieux admît ce résultat tout à fait inattendu de l'imprudence du comte, de la générosité, ou peut-être de la profonde sécurité de Valérie. Il se disposait à en tirer avantage auprès de la naïve jeune fille, quand la comtesse, s'étant rapprochée de la cheminée, fronça le sourcil en voyant une conversation en règle établie entre sa fille et le baron. Celui-ci devina sa pensée:

— Madame la comtesse, dit-il avec un redoublement de tristesse et d'humilité, je disais à mademoiselle de Vaublanc que d'ici à quelques jours, je pensais être assez bien remis de ma blessure pour pouvoir quitter ce pays; mais, en quelque endroit que j'aille, je n'aurai garde d'oublier les personnes auxquelles j'ai voué toute mon estime, toute mon admiration et toute ma tendresse.

La comtesse parut émue de la solennité de ces adieux:

— J'avoue, répliqua-t-elle, que le comte a conçu tout à coup contre vous, je ne sais pourquoi, des préjugés fâcheux. Mais si forts que soient ses griefs, il ne peut manquer de les oublier, quand je lui apprendrai le nouveau service que vous venez de nous rendre. Laissez-moi lui parler, et peut-être parviendrai-je...

— Vous échoueriez, sans aucun doute, madame; s'il m'était permis d'invoquer encore une fois votre bonté, je vous supplierais, vous et mademoiselle Emma, de ne pas mentionner cette rencontre devant M. de Vaublanc. Pour vous, pour lui, pour moi-même, il vaut mieux qu'il m'oublie.

L'obstination du baron paraissait incompréhensible à la fille comme à la mère. Néanmoins, tandis qu'Emma commençait à soupçonner que cette obstination pouvait avoir pour cause la conscience d'une indignité réelle, la comtesse croyait devoir l'attribuer à d'autres sentiments.

L'orage ne cessait pas. Le grondement de la bourrasque était si fort par moments, qu'on pouvait à peine s'entendre causer. Au milieu d'une rafale épouvantable, la porte de la bergerie s'ouvrit, comme par l'effort du coup de vent; un tourbillon de pluie s'engouffra dans la maison, les cendres et la fumée du foyer voltigèrent de toutes parts, et, de l'épais nuage formé de ces éléments divers, un individu, couvert d'un manteau de peau de bique, s'élança, ou plutôt roula vers la cheminée. Comme les assistants regardaient d'un air effaré l'intrus qui venait d'apparaître, celui-ci se redressa et, tirant une lettre de dessous sa peau de bique, débita d'un ton monotone :

— Pour : *Monsieur Pierre Lombard, baille d'un troupeau transhumant, au lieu dit la Fontaine du val...* Trente centimes à recevoir.

L'intrus n'était autre que notre ancienne connaissance Pied-Bot, le piéton de la poste aux lettres, qui remplissait ses fonctions en dépit de cet horrible temps.

Tandis que Charles et le cocher réunissaient leurs efforts pour refermer la porte derrière lui, les hôtes du baille contemplaient avec stupéfaction le zélé fonctionnaire. L'eau ruisselait sur sa casquette, sur son manteau, sur son pantalon de toile, et sans doute il avait été renversé plusieurs fois par la bourrasque, car il était souillé de boue. Cependant, quelles que fussent les vicissitudes de son voyage, il avait pris soin de préserver de toute atteinte le sac de cuir contenant les dépêches; la lettre qu'il venait d'apporter était aussi sèche, aussi peu froissée que si elle fût sortie au moment même des bureaux de la poste.

Or, ces soins délicats de Faucheux étaient fort méritoires, car le brave piéton paraissait de beaucoup plus ivre qu'à l'ordinaire. Soit qu'il ne craignît pas d'être épié par ce temps affreux, soit que, pour résister à l'orage, il se fût trouvé dans l'obligation de recourir à de grands et à de petits verres supplémentaires, il semblait n'avoir pas les perceptions très-nettes. Mais l'instinct de la profession dominant chez lui les faiblesses de l'humanité, il compta soigneusement les six sous que le vieux berger venait de lui remettre; puis il ramena son sac de cuir sous son manteau, toucha légèrement sa casquette et voulut partir. La baille et la plupart des autres personnes présentes l'engagèrent à se reposer jusqu'à ce que la tempête fût un peu calmée. Faucheux résista d'abord.

— Le service avant tout, dit-il avec la gravité d'un ivrogne ; je suis chargé de distribuer les dépêches dans le canton nord de Saint-Martin ; le canton nord doit être parcouru aux heures voulues par le règlement. Moi, je ne crains personne; l'inspecteur lui-même peut venir, il saura comment Pierre Faucheux fait son devoir. Il y a dans le canton sud un intrigant qui veut épouser la Thérèse et ses écus; fort bien, cela ne regarde qu'eux et madame la directrice... Quant à moi, je resterai fidèle à l'honneur; aussi, faut-il que je continue ma tournée sans perdre un instant.

Et Faucheux s'assit, ou plutôt se laissa tomber sur une botte de paille qu'on venait de lui offrir en guise de siège. Toutefois, son ivresse n'était pas assez apparente pour frapper Emma, qui dit au facteur d'un ton de bienveillance :

— Mon ami, puisque le hasard vous amène ici, ne pouvez-vous donner des nouvelles de votre directrice, madame Arnaud? Elle se porte bien, je l'espère?

Faucheux releva la tête et parut chercher d'où venait cette voix douce qui lui adressait la parole. En reconnaissant les traits gracieux de mademoiselle de Vaublanc, il porta deux ou trois fois, et coup sur coup, la main à sa casquette, puis il répliqua :

— Bien, bien, mademoiselle... C'est-à-dire, je n'en sais rien, car la nouvelle madame est partie hier.

— Que dites-vous? elle ne serait plus à Saint-Martin?

— Partie hier, que je vous dis; et la Thérèse, qui est factrice en titre, est chargée de la remplacer jusqu'à nouvel ordre. Ah! c'est qu'il faut toujours marcher droit dans la poste aux lettres!... Pas moyen de se relâcher un peu pendant un jour ou deux.

— Partir si subitement! dit mademoiselle de Vaublanc avec stupéfaction.

— Et sans même daigner prendre congé de nous! ajouta la comtesse d'un air piqué.

— Si cela était!... s'écria le baron avec impétuosité.

Mais il reprit aussitôt d'un ton différent :

— Mesdames, ce coquin de facteur est ivre; et ce qu'il nous annonce est tellement improbable...

— Avec votre permission, mesdames et monsieur, interrompit Jeanne Marsais, M. Faucheux a raison; il est bien vrai que la directrice, sur une lettre arrivée de Paris, est partie le jour même en toute hâte.

— Et c'est une grande perte pour nous, ajouta Suzette en pleurnichant; pourvu qu'elle revienne!

— Aurait-on lieu de penser qu'elle ne reviendra pas? demanda le baron.

— Dieu le sait! Thérèse ni personne ne peut répondre à cet égard.

— Mais connaît-on la cause de ce départ précipité?

— Non.

— Sait-on du moins où elle est allée?

— On l'ignore; mais l'administration est mieux instruite peut-être.

— Chère maman, dit Emma chaleureusement à la comtesse, nous descendrons, si vous y consentez, à la poste de Saint-Martin, et nous irons demander des nouvelles de madame Arnaud... Mon Dieu! quel chagrin pour moi si nous ne devions plus revoir cette charmante femme, si gracieuse, si bonne, si intelligente, quoique toujours un peu mystérieuse!

La comtesse fit un mouvement d'impatience.

— Mademoiselle, reprit Puysieux d'un ton grave, et en paraissant peser chacune de ses paroles, votre sympathie pour cette dame est-elle bien raisonnée et bien raisonnable? Connaissez-vous la personne à qui vous avez ainsi donné votre précieuse amitié?

— Mais à la manière dont vous en parlez, monsieur, on croirait que vous la connaissez vous-même depuis longtemps.

— Serait-il possible? demanda la comtesse ; cependant, jusqu'ici, M. de Puysieux n'avait jamais laissé soupçonner...

— La première fois que je rencontrai madame Arnaud, répliqua Puysieux, je fus frappé de sa ressemblance avec une autre personne que j'avais vue dans un autre pays et dans une situation bien différente. Mais trompé par son changement de nom, et supposant, après réflexion, qu'il ne pouvait exister aucune identité entre ces deux femmes, je ne crus pas devoir vous mettre en garde contre les séductions d'une perfide et dangereuse créature... Moi-même je ne songeais pas à me défier de ses artifices, quand elle s'est révélée à coup par les plus lâches et les plus odieuses machinations.

— Elle avait donc des motifs de vous en vouloir? demanda la comtesse.

— Non ; mais elle pensait sans doute que je l'avais reconnue ; elle a craint mes indiscrétions, elle a voulu me prévenir en déversant sur moi le mensonge et la calomnie... C'est elle qui m'a desservi auprès de M. de Vaublanc.

— Mais enfin, qui est-elle et quel est son véritable nom?

— Elle appartient, dit-on, à une famille noble, mais très-pauvre et depuis longtemps en décadence complète. Quand je l'ai connue, elle venait d'épouser le marquis de La Villelévêque, préfet du département de ***, qui s'était affolé d'elle. Dans la haute position où l'avait placée l'amour aveugle de M. de La Villelévêque, elle se montra orgueilleuse comme une parvenue ; pendant plusieurs années, il ne fut bruit dans toute la Bretagne que de son luxe, de ses fêtes dispendieuses, de sa coquetterie effrénée. Elle fit si bien qu'elle ruina son mari, qui a dû mourir à peu près insolvable : et le spectacle de ses dissipations contribua sans doute à hâter la mort du marquis. Du reste, vous voyez quels résultats ont eus les désordres de cette femme ; reniée par la famille de La Villelévêque, déchue de son rang et en crédit, elle s'est trouvée dans la nécessité de changer de nom, et elle est venue se cacher dans cette province écartée, espérant peut-être que sa scandaleuse réputation ne l'y suivrait pas... Voilà, madame, à qui mademoiselle Emma voulait accorder sa confiance et son affection.

— Comme on est trompé, bon Dieu! dit la comtesse avec une apparente indignation.

Cependant, on devinait que les torts de Valérie lui paraissaient moins graves, depuis qu'elle voyait en elle une grande dame déchue.

Nous devons nous hâter de dire que les allégations de Puysieux étaient odieusement fausses. Pendant plusieurs années, M. et madame de La Villelévêque avaient offert à tout le département l'exemple de l'union la mieux assortie et la plus heureuse. A la vérité, le marquis, fier des perfections de sa femme et d'ailleurs obligé par ses fonctions à une représentation coûteuse, s'était montré assez mauvais ménager de son bien; il se ruinait en fêtes et en aumônes. Mais il était notoire que Valérie avait fait tout ce qui dépendait d'elle pour mettre un frein à l'humeur trop généreuse de son mari. Le baron n'inventait ces calomnies que pour se venger des deux époux, qui l'avaient d'abord accueilli avec bienveillance et qu'il avait payés de la plus noire ingratitude. Après avoir affiché une passion ridicule pour madame de La Villelévêque, et après avoir été repoussé avec le mépris qu'il méritait, il avait commis des fautes qui avaient obligé le préfet à sévir contre lui, bien qu'il n'eût pas traité Puysieux avec toute la rigueur que ces fautes exigeaient. C'était le souvenir de ces anciens griefs, aussi bien que les révélations récentes de Valérie, qui poussaient le baron à imaginer ces abominables mensonges, maintenant qu'il croyait pouvoir le faire avec impunité.

Cependant, il y avait dans son accent quelque chose de haineux qui mit Emma en garde contre ses assertions.

— Pourquoi, monsieur, dit-elle avec vivacité, nous apprenez-vous seulement ces circonstances quand madame Arnaud n'est plus là pour les contredire et pour se défendre?

— Je n'ai pu constater nettement son identité avec madame de La Villelévêque qu'après mon départ de la Bastide.

— Dans tous les cas, vos accusations sont bien vagues ; et c'est mal d'accuser d'après des rumeurs publiques, inspirées peut-être par l'envie et la méchanceté...

— Il suffit, mademoiselle, interrompit la comtesse ; allez-vous encore prendre la défense d'une femme que vous avez si peu vue et qui, paraît-il, se serait présentée à nous sous un nom supposé?

— Pardon, madame, répliqua Puysieux d'un ton hypocrite, mais je ne voudrais pas être injuste, même envers ma plus cruelle ennemie. Je me souviens maintenant que ce nom d'Arnaud précédait quelquefois celui plus connu de La Villelévêque, et par conséquent, il appartient sans conteste à la directrice des postes. D'ailleurs une administration publique n'eût pas souffert...

— Vous êtes trop scrupuleux, monsieur le baron, dit madame de Vaublanc, mais n'importe! Tout est fini désormais entre cette madame Arnaud et nous; qu'elle revienne ou non dans le pays, je ne veux jamais la voir; et toi, Emma, ne me parle plus d'elle, tu m'entends?

— Je vous obéirai, chère maman; mais je ne croirai jamais... On se trompe, oui, on se trompe, j'en suis sûre.

Et Emma ne put retenir ses larmes.

— Mademoiselle, dit la petite Suzette qui, accroupie auprès du foyer, avait entendu sans bien les comprendre les calomnies du baron, je ne sais pas ce qu'on veut à cette pauvre madame Arnaud; mais moi, qui ai reçu ses bienfaits et qui lui dois tout, je suis prête à jurer qu'il n'existe pas sur la terre une meilleure et plus digne créature.

— Suzette a raison, ajouta Jeanne Marsais; la directrice de Saint-Martin est serviable, bonne et généreuse; nous le savons mieux que personne, nous autres!

Puysieux ne faisait que sourire avec dédain de ces protestations; cependant il s'en éleva une nouvelle qui appela plus sérieusement son attention. Faucheux s'avança vers lui, et le regardant en face, dit d'une voix rauque:

— C'est donc vous qui avez le front de soutenir que madame Arnaud, ma directrice, a épousé un évêque? Sont-ce là des choses que l'on doive conter? Répondez un peu; est-ce que les évêques se marient? Bagasse! si, tout noble que vous êtes, je mariais vos épaules avec mon bâton, que diriez-vous de cela? Le diable m'emporte si je n'ai pas envie d'en essayer!

Et vraiment il levait sa canne au-dessus de la tête du baron d'une manière inquiétante. D'un geste rapide, Puysieux écarta la canne, dont s'emparèrent aussitôt le baille et les domestiques. Le facteur, désarmé, n'en fut que plus ardent à mettre sa colère au service de son indignation.

— Oui, vous l'avez dit! oui, vous l'avez dit! répéta-t-il en fureur, que cette excellente madame avait épousé un évêque! N'est-ce pas une infamie, cela? Et n'avez-vous pas soutenu encore une foule d'autres choses; qu'elle faisait ceci et cela, qu'elle allait et venait, et disait?... Mais tonnerre! je vous casserai les reins, voyez-vous!... Est-il possible de ne pas adorer cette crème des patronnes? Quand cet intrigant de Dumoulin avait emberlificoté la Thérèse pour venir ici en pèlerinage chaque matin, qu'a-t-elle dit, elle, la bonne sainte dame? « Jacques et vous, Thérèse, qu'elle leur a dit, ces promenades me déplaisent, et j'entends qu'elles finissent. » Hein! c'était-il parler cela!... Et, plus tard, quand cet enjôleur de Dumoulin est venu avec la Thérèse pour demander la permission de se marier, comment a-t-elle répondu, la digne personne? « Thérèse, qu'elle a répondu, vous êtes bien libre d'épouser Dumoulin; mais, réfléchissez, ma fille, je vous en prie. Les défauts de Dumoulin sont de nature à rendre une femme plus malheureuse encore que ceux de Faucheux! » C'est ainsi qu'elle s'est exprimée, cette perle des directrices! Et vous croyez que je souffrirai qu'on vomisse des horreurs contre elle? Non, de par tous les diables! non... non... non!

Et, s'exaltant à mesure qu'il parlait, il se fût élancé de nouveau sur le baron s'il n'eût été retenu par les assistants. Puysieux haussait les épaules.

— Il paraît, dit-il avec mépris, que la directrice des postes ne manque pas de défenseurs des deux sexes; et je vois avec douleur, ajouta-t-il en baissant la voix, que mademoiselle de Vaublanc serait assez disposée à se ranger parmi eux... Par respect pour elle-même, je la supplie de ne pas se mettre en pareille compagnie!

Ces dernières paroles s'adressaient à Emma, qui ne répondit pas et se détourna même avec impatience, tandis que la comtesse regardait Faucheux se débattre contre le baille et les domestiques.

Cependant l'orage commençait à s'apaiser au dehors. La pluie avait cessé, et un jour plus clair, pénétrant dans l'habitation, annonçait que le soleil ne tarderait pas à reparaître. Enfin, quoique le vent continuât de souffler, il avait perdu cette indomptable violence qui renversait tout sur son passage, et il n'y avait aucun danger à se remettre en route.

Le vieux berger, habitué de longue date à s'entendre avec des ivrognes, ne malmena pas trop le pauvre Faucheux. Il lui présenta son bâton et sa casquette, qui étaient tombés pendant la lutte; puis, le prenant par le bras, il le conduisit vers la porte et lui dit doucement:

— Allons! camarade, voilà le beau temps revenu, et l'on a sans doute besoin de toutes ces paperasses que vous avez là dans votre sac... Quant à moi, du diable si je n'aurais pas donné pour rien la lettre que vous venez de m'apporter! Elle est de mon compère Grimou, fermier dans la Crau, qui me réclame deux mille francs dont je lui suis redevable. Il faut les lui envoyer, pécaïre! et le plus vite possible; mais la poste demandera gros pour cela.

Ces paroles, en rappelant Faucheux aux idées de sa profession, apaisèrent subitement sa colère. Il répondit avec rondeur:

— Faut prendre des mandats rouges, mon homme; et voici là-bas, au bureau, la Thérèse qui veut vous en fournir à bon compte.

— A bon compte! s'écria le baille; la poste nous écorche chaque fois qu'il s'agit de faire voyager de l'argent. J'aimerais bien mieux envoyer des billets de banque à mon compère; ça ne me coûterait rien que le prix du port de la lettre.

— Des billets de banque! répéta Faucheux qui retomba dans ses anciennes incertitudes à cet égard; pour Dieu! monsieur le baille, expliquez-moi donc ce que c'est que des billets de banque.

Et il s'était arrêté net.

— Je ne sais trop, répliqua le vieux berger avec bonhomie; c'est du vilain papier, mince comme des pelures d'oignon, tout déchiré, et d'un sale... Cependant il paraît que ça vaut bon; dans les foires et marchés, ça passe pour argent comptant. Mais, allons! Pied-Bot, mon ami, ajouta-t-il en ouvrant la porte, songez à vos affaires, et si vous vous rafraîchissez encore... oui... je vous conseille de vous rafraîchir en passant à la fontaine de Saint-Martin plutôt qu'au cabaret.

En même temps il poussait le facteur, qui paraissait ruminer l'explication donnée par le baille au sujet des billets de banque; mais, au moment où la porte allait se refermer derrière lui, Faucheux se retourna, et, apercevant Puysieux qui causait avec la comtesse et n'avait plus l'air de songer à lui, il fut pris d'un nouveau transport de colère. Il brandit son bâton en grommelant:

— Va, va, si jamais je te rencontre par les chemins, muscadin de malheur, je t'apprendrai à dire que ma directrice est la femme d'un évêque!

Il partit cependant; et comme décidément le temps s'était rasséréné, Jeanne et Suzette Marsais se préparèrent de leur côté à retourner au bourg. Elles reprirent leur charge odorante d'herbes médicinales, et vinrent remercier le baille de son hospitalité, pendant que la comtesse elle-même donnait l'ordre au cocher et à Charles de disposer la voiture pour le départ.

Après avoir dit adieu au maître du logis, Jeanne et sa fille prirent humblement congé des dames de Vaublanc.

— Ah! madame, dit la mère à la comtesse, puisse Dieu vous pardonner d'avoir cru si facilement ce que l'on ose conter de cette bonne madame Arnaud! C'est un ange du ciel, et ma pauvre Suzette lui doit la vie.

— C'est bien vrai, réplique Suzette avec chaleur. Aussi,

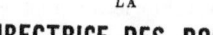

LA DIRECTRICE DES POSTES

A ses pieds on voyait les fragments de l'acte que la comtesse avait refusé de signer.

je prie pour elle chaque soir... Qu'arriverait-il de nous si elle ne revenait pas? Les herbes médicinales vont bientôt manquer à cause de la chaleur; si la bonne dame ne nous secourait plus, comment vivrions-nous jusqu'à l'époque de la moisson où nous pourrons aller glaner en plaine?

Emma répondit avec empressement :

— Eh bien! Suzette, quand vous vous trouverez avec votre mère dans le voisinage de la Bastide, ne manquez pas d'y entrer, et vous verrez l'une et l'autre que vous avez encore des amis dans le pays.

— Et si ces bonnes femmes, ajouta Puysieux d'un ton bienveillant, viennent recueillir leurs plantes médicinales dans les environs de la Masure, où je demeurerai peut-être encore quelques jours, je serai charmé de les voir; j'espère alors leur prouver que ma franchise ne nuit pas à ma libéralité.

Suzette et sa mère accueillirent cette proposition assez froidement; mais elles remercièrent mademoiselle de Vaublanc avec effusion, et se retirèrent.

— Je pense, monsieur le baron, dit la comtesse d'un air gracieux, que vous ne persisterez pas dans votre détermination de nous bouder, et que nous vous reverrons bientôt.

— Eh bien! madame, répliqua Puysieux, puisque vous consentez à plaider ma cause auprès de M. de Vaublanc, je ne m'y oppose plus. Le service que j'ai eu le bonheur de vous rendre est chose trop naturelle pour qu'il soit nécessaire d'en faire mention; mais veuillez dire au comte que je suis en mesure de réfuter les indignes calomnies dont j'ai été victime, et que des raisons dont je lui donnerai connaissance m'en ont empêché jusqu'ici. S'il daignait me recevoir seul à seul pendant quelques instants, je serais

8

certain... D'ailleurs, si étrangère que vous soyez aux affaires de votre mari, vous ne pouvez ignorer, madame, qu'il lutte en ce moment contre de cruelles difficultés. Or, quoi qu'on ait pu dire, j'ai des amis, du crédit, et mon dévouement pourrait encore lui être utile.

— Il suffit, monsieur le baron, répliqua madame de Vaublanc en hochant la tête ; il est une partie de votre éloge que je vous laisserai le soin de faire vous-même, c'est celle qui concerne votre habitude des affaires et votre crédit. Vous le savez, j'ai d'anciennes antipathies à cet égard, et vraiment le comte n'a pas besoin qu'on l'excite en pareille matière. Nous ne le voyons presque plus ; il est toujours enfermé dans son cabinet avec ses plans, ses calculs et ses correspondances, et souvent il nous présente à dîner des personnes qui ne sont pas du meilleur monde... Mais quand vous reparaîtrez à la Bastide, vous y ramènerez sans doute un peu de gaieté.

Tout en parlant, les dames avaient gagné la porte, accompagnées du vieux berger, qui se confondait en politesses, et elles s'étaient approchées de la voiture. La pluie n'était plus à craindre ; le soleil éclairait les crêtes des montagnes, et le vent n'avait plus que la force d'une brise ordinaire.

Puysieux conduisit les dames jusqu'à la calèche, et ayant pressé légèrement la main de la comtesse, il lui sembla que cette main répondait à la pression de la sienne. Quant à Emma, elle le salua d'un air froid, et les chevaux partirent.

Puysieux suivit un instant des yeux la voiture qui s'éloignait ; enfin il rentra dans la maison, et revint lentement vers le foyer.

— Rien n'est encore désespéré, pensait-il. Qui aurait cru que la marquise m'abandonnerait ainsi la partie ? Ce serait un coup de maître de recouvrer mon influence à la Bastide-Vialard !... Vaublanc, au milieu de ses autres préoccupations, a déjà peut-être oublié cette sotte affaire, et maintenant que je ne risque plus d'être contredit, je parviendrai sans doute à lui faire entendre raison. Emma me garde rancune de ce que j'ai renversé son idole ; soit, ne pensons plus à elle. Mon jeu avec la mère est beaucoup plus beau : véritablement la comtesse est encore fort bien ; elle a, dit-on, une grande fortune indépendante de celle de son mari, sou crédit est ruiné, et j'ai la certitude que je ne lui déplais pas... Je pourrais donc, en dirigeant sagement ma barque... Il faut penser à cela. Par la comtesse, je me vengerai de cette petite niaise d'Emma qui me dédaigne, du comte qui s'obstinera peut-être à me tenir rigueur, de ce maudit Gérard, et de la directrice elle-même...

Il s'interrompit en voyant le regard du vieux berger fixé sur lui. Bien qu'il n'eût pas exprimé tout haut ces réflexions, son visage, reflétant le travail de sa pensée, avait attiré l'attention du baille. Puysieux lui dit tranquillement :

— Je songeais, bonhomme, à ce que vous demandiez tout à l'heure au facteur de la poste aux lettres. Vous désirez changer deux mille francs d'argent contre des billets de banque ? Je peux précisément vous rendre ce service... Ce sera mon remerciement pour l'hospitalité que vous venez de m'accorder.

XIV

LE RETOUR

Le soir du huitième jour après le départ de Valérie, au moment où les employés subalternes de la poste de Saint-Martin commençaient à désespérer de revoir jamais leur maîtresse, elle arriva tout à coup par la voiture de Planchet. Mais elle était si fatiguée qu'elle eut à peine la force de répondre quelques mots obligeants aux compliments empressés de ses subordonnés, et elle se retira sur-le-champ dans sa chambre. Du reste, elle paraissait plus abattue que jamais.

Le lendemain matin, avant l'ouverture du bureau, Thérèse était déjà près d'elle, et pendant que Valérie déjeunait silencieusement d'une tasse de lait, la factrice ne cessait de rôder, épiant l'occasion de questionner et d'être questionnée. Comme madame Arnaud se taisait, Thérèse lui demanda d'un ton obséquieux :

— Madame ne paraît pas remise de ses fatigues... Elle a fait un long voyage, sans doute ?

— Je croyais vous avoir dit, Thérèse, que je revenais de Paris, répliqua laconiquement la directrice.

— Si loin que cela ! A la vérité, on voyage si vite avec les chemins de fer !... Et les affaires qui ont appelé madame à Paris se sont terminées à sa satisfaction sans doute ?

— J'ai pu assister aux derniers moments d'une parente, et j'ai rempli des devoirs pieux auprès de personnes que j'aime, répliqua Valérie avec un accent mélancolique ; mais ces détails ne sauraient avoir aucun intérêt pour vous... Parlons plutôt, ma chère Thérèse, de ce qui s'est passé ici pendant mon absence.

— Ah ! madame, j'ai reçu la visite de l'inspecteur des postes ces jours derniers ; il était furieux que vous fussiez partie sans sa permission. Quoi que j'aie pu dire, il est capable d'avoir fait un rapport contre vous...

— Eh bien ! Thérèse, il en sera pour ses frais. J'ai quitté momentanément ma résidence en vertu d'une permission de l'administration centrale, et je n'ai à craindre aucun reproche. L'inspecteur doit savoir tout cela maintenant, car, à Paris, j'ai eu l'honneur de voir le directeur général en personne... Du reste, Thérèse, le bureau était entre bonnes mains ; vous êtes une fille entendue, ponctuelle, et je n'avais aucune inquiétude à votre égard.

— Madame est trop indulgente, répliqua Thérèse, dont la figure bouffie s'empourpra d'orgueil et de joie. En effet, vous pouvez examiner les registres et vous assurer comme tout a été tenu pendant votre absence. J'écris lentement, c'est vrai, et je ne suis pas toujours sûre de mon orthographe ; mais il faut voir mes additions, mes taxes de lettres, mes envois d'argent et l'on n'y trouve une erreur d'un seul centime... Quant aux vêtements de madame, je n'en ai pas eu moins de soin ; j'ai repassé moi-même son linge, et elle trouvera dans ce tiroir tous ses beaux jupons brodés.

— Laissons mes jupons, ma chère, interrompit Valérie avec impatience ; tout à l'heure je vérifierai vos livres et vous me rendrez vos comptes... En attendant, ne pouvez-vous m'apprendre les nouvelles du pays ?

Les traits de la factrice se rembrunirent.

— Il y a ici de bien méchantes gens, madame, répliqua-t-elle ; et il s'y fait de vilains propos. Nul n'est exempt de pareilles attaques, même les personnes les plus honnêtes, les plus respectables.

— Comme vous dites cela, Thérèse ; on croirait que c'est contre moi que s'est exercée la malignité publique !

Thérèse essaya de nier ; mais elle se défendait mal et Valérie insista pour obtenir une réponse catégorique. Poussée à bout, la brave fille finit par raconter comment M. de Puysieux avait rencontré, à la bergerie du val de la Fontaine, les dames de Vaublanc et plusieurs autres personnes pendant un orage, et comment le baron s'était permis les propos les plus offensants au sujet de la directrice des postes de Saint-Martin. A la première mention de Puysieux, Valérie dit avec amertume :

— Ah ! cet homme n'a-t-il pas encore quitté le voisinage ? Je ne voulais pas frapper un ennemi par terre, mais j'aurais dû songer qu'un serpent, qui n'a pas la tête écrasée, essaye toujours de siffler et de mordre.

Elle écouta tranquillement le récit de Thérèse. Comme la factrice ne spécifiait pas les calomnies inventées par le baron, Valérie lui demanda de les répéter.

— Moi, madame, répliqua Thérèse avec horreur, salir ma bouche de pareilles infamies !

— Mais si je vous en priais, ma chère ?

— Eh bien ! madame, ce méchant monsieur prétend que, dans un autre pays, vous avez commis des abominations, que votre famille vous a reniée, que tout le monde vous exècre... Enfin Pied-Bot, qui se trouvait là, soutient lui avoir entendu dire que... (je n'oserai jamais répéter cela ; mais il le faut, et veuille la sainte Vierge me le pardonner !) il a donc entendu dire à ce démon que... que... que vous aviez épousé un évêque !

A cette accusation extravagante, Valérie ne put retenir un éclat de rire.

— Ce n'est donc pas vrai ? demanda Thérèse naïvement ; ensuite ce Faucheux est si bête ! D'ailleurs, la Jeanne et la Suzette Marsais assurent n'avoir rien entendu de pareil.

— Bien, bien, répliqua Valérie, je vois d'où peut provenir cette baroque assertion ; mais, dans tous les cas, les dames de Vaublanc n'ont pu le croire... Pendant mon absence, n'ont-elles pas envoyé demander de mes nouvelles ?

— Non, madame ; elles ne se sont pas informées de vous, et M. Charles, qui vient chaque jour chercher les lettres, ne prononce plus votre nom. Pourtant, autrefois, il n'entrait jamais au bureau sans vous complimenter de la part de ses maîtresses.

— Il y a en effet quelque chose là-dessous... Ah ça ! Thérèse, vous qui savez tant de choses, pouvez-vous encore me dire si M. de Puysieux est retourné à la Bastide-Vialard ?

— Dumoulin prétend l'avoir vu rôder plusieurs fois autour de la maison.

— Quoi ! serait-il rentré en grâce auprès du comte de Vaublanc ?

— Oh ! pour cela, non, madame ; et je ne crois pas qu'il y rentre jamais.

— Pourquoi donc, Thérèse ?

— Parce que l'autre jour M. le comte lui a écrit un billet très-court et très-sec, où il disait qu'il remerciait M. de Puysieux du service qu'il avait rendu à ces dames au val de la Fontaine, mais que « les circonstances » ne lui permettaient d'avoir à l'avenir aucune espèce de relations avec M. de Puysieux. C'était clair, n'est-ce pas ?

— Très-clair ; seulement vous, Thérèse, comment pouvez-vous être si exactement renseignée sur le contenu de cette lettre ?

— Mon Dieu ! madame, la chose est très-simple... La lettre a passé par mes mains, et, comme elle était écrite sur un simple chiffon sans enveloppe, je n'ai pas cru faire mal à regarder à travers le papier.

— C'était fort mal, au contraire ; et je vous défends, Thérèse, de commettre de semblables indiscrétions tant que vous serez sous mes ordres... Gardez-vous de l'oublier.

— Mon Dieu ! madame, répliqua la factrice avec confusion, j'agissais bien innocemment. Du temps de madame Chervis nous ne nous gênions pas, quand nous avions des loisirs, pour jeter un coup d'œil par-ci par-là sur les dépêches dépourvues d'enveloppes. Mais puisque cela vous déplait, je jure bien...

— Ne jurez pas, Thérèse ; vous êtes honnête et pieuse, votre parole me suffit. Songeons à notre besogne... Cependant, un mot encore : Savez-vous où en sont les affaires de M. de Vaublanc ?

— Les affaires vont de mal en pis à la Bastide, madame. Il y aura certainement bientôt une catastrophe de ce côté.

Madame Arnaud soupira ; mais il ne lui fut pas possible, en ce moment, de demander d'autres explications, l'heure étant venue d'ouvrir le bureau pour recevoir le public. D'ailleurs, la directrice avait à examiner la gestion de Thérèse pendant son absence. Tout se trouva dans un ordre parfait ; les registres étaient admirablement tenus ; les comptes étaient à jour. Madame Arnaud complimentait la factrice de son zèle et de son intelligence, quand Thérèse dit tout à coup :

— Ah ! madame, j'oubliais... Une lettre vous attend ici depuis dimanche, et je crois avoir reconnu l'écriture de la bonne madame Chervis, mon ancienne maîtresse... Certainement il y a dedans un mot de souvenir pour moi !

Et elle remit à la directrice la lettre annoncée, qui venait en effet de madame Chervis. Valérie crut d'abord qu'il s'agissait d'un de ces avis que les employés d'une même administration se transmettent fréquemment pour les besoins du service, et elle la prit avec distraction ; mais à peine eut-elle jeté les yeux sur le contenu qu'elle devint plus attentive. Cette lettre, assez singulière, était ainsi conçue :

« Chère madame,

« Vous n'avez pas eu la moindre pitié de ma curiosité, et vous mériteriez bien que, pour vous punir, je ne vous donnasse pas un avis qui pourra vous être utile. Mais je suis bonne « camarade » et je dois vous avertir amicalement de choses qu'il vous importe de connaître.

« Notre inspecteur, qui a passé par ici ces jours derniers, en revenant de Saint-Martin, où il ne vous avait pas trouvée à votre poste, a recueilli dans le pays des bruits fort injurieux sur votre compte. Ces bruits certainement ne sont pas fondés ; mais vous savez combien l'administration est sévère, et s'ils arrivaient aux oreilles des chefs, ils pourraient produire le plus fâcheux effet. Si l'on en croyait ces rumeurs, vous seriez une grande dame déchue qui aurait laissé de vilains souvenirs dans un département éloigné de celui-ci ; vous auriez fait mourir votre mari de chagrin, après l'avoir indignement trompé et l'avoir ruiné par vos folles dépenses, etc., etc. J'en passe, et des plus horribles.

« Vous le voyez, ma chère, je n'y vais pas par quatre chemins et je vous dis crûment la chose ; c'est mon caractère. Comme il est toujours bon d'imposer silence à la calomnie, si absurde qu'elle soit, vous ne persisterez pas, je l'espère, dans votre système de mutisme absolu, et vous voudrez bien m'apprendre le plus tôt possible ce que je dois savoir, pour rembarrer vertement dans l'occasion les faiseurs de commérages.

« En ce qui me concerne, je n'ai pas à me louer de mon changement de résidence. Mon nouveau bureau, quoique mieux rétribué que le vôtre, ne me satisfait guère. On est accablé de besogne, service de nuit, pas un instant de repos. Combien je regrette mon cher bureau de Saint-Martin, où je vivais si tranquille et si heureuse ! L'ambition m'a perdue ! Le pays où je suis est maussade ; les habitants y sont inhospitaliers, tracassiers, exigeants... »

Madame Chervis continuait sur ce ton pendant trois énormes pages ; elle terminait en demandant de nouveau avec instance les moyens d'imposer silence à la calomnie qui s'acharnait contre sa compagne.

Évidemment le but principal de madame Chervis avait été de contenter l'ardente curiosité dont elle avait donné des preuves, dès le premier jour, à l'égard de Valérie. Cependant la jeune directrice, après avoir lu cette épître étrange, demeura profondément accablée.

— Quoi ! madame, vous pleurez ? demanda Thérèse avec plus de sympathie que de tact.

Valérie s'empressa d'essuyer ses yeux.

— J'ai tort, dit-elle; ces sottises ne devraient pas faire couler mes larmes, quand j'ai eu dans le passé, quand j'ai encore dans le présent, tant de motifs légitimes d'en répandre... Mais si ridicule que soit un mal, n'est-il pas toujours le mal?

Après avoir un peu réfléchi, elle se leva.

— Je veux voir, dit-elle, jusqu'à quel point ces calomnies ont pu m'aliéner l'estime et l'affection des habitants du pays. Thérèse, je suis si contente de votre zèle, de votre habileté à me suppléer, que je vous laisserai aujourd'hui encore la garde du bureau... Je vais faire quelques visites d'arrivée.

La factrice manifesta un grand embarras.

— Je conseillerais à madame, balbutia-t-elle, de s'assurer d'abord... Il y a des personnes si mal disposées!

Valérie, sans l'écouter, entra dans sa chambre.

Quelques instants après elle reparut, enveloppée d'un châle qui cachait l'élégance de sa taille, et le visage couvert d'un voile. Après avoir adressé certaines recommandations à Thérèse, elle sortit et descendit rapidement l'unique rue de Saint-Martin.

A tout seigneur tout honneur; sa première visite fut pour M. le maire. Elle trouva le bonhomme dans une salle basse, assez piètre, qui lui servait de salon de compagnie. Ses lunettes de cornes sur le nez, il essayait de déchiffrer les pattes de mouche d'une pièce de procédure. Il accueillit Valérie avec un empressement marqué, mais dans lequel la directrice crut voir du malaise. Après les compliments d'usage, il pria madame Arnaud de lui lire la pièce qu'il tenait à la main : « Il avait de si mauvais yeux !... » Madame Arnaud se prêta volontiers à son désir. La lecture achevée, M. le maire parla de son procès avec le voisin Chaudet pour les *pâturages d'en bas*. Il fut impossible à Valérie de lui arracher un mot en dehors de ces affaires litigieuses, et elle dut se retirer avec la pensée que le fonctionnaire avait un peu exagéré, dans un but inconnu, ses préoccupations habituelles.

En quittant le maire, elle se rendit chez le docteur Régnier. Le docteur était absent, et Valérie ne trouva au logis que madame Régnier, petite femme maigre, fluette, plate, à la mise négligée, au parler aigre et incisif. La maîtresse de maison qui était venue elle-même ouvrir la porte, exprima sèchement ses regrets de ne pas recevoir la visiteuse. « Le docteur était sorti ; d'ailleurs, elle n'était pas encore habillée et elle ne pouvait se mettre le salon en ordre. Elle ne pouvait donc se permettre de faire entrer *une dame* comme la directrice. » Valérie ayant répondu qu'elle désirait seulement passer quelques minutes avec l'excellente madame Régnier et que la toilette n'importait guère, on répliqua d'un ton plus sec encore « qu'on n'ignorait pas ce qui était dû à madame Arnaud, qu'on n'aurait garde de manquer aux égards qu'elle méritait ». Et une révérence moitié cérémonieuse, moitié ironique, rompit l'entretien. Force fut donc à Valérie de se retirer, plus affligée qu'irritée de ces procédés insultants.

Elle se rendit alors à la maison curiale, pensant que si elle devait trouver quelque part justice et charité, ce devait être là. Cette maison était située au fond d'un jardin et l'on y arrivait par une tonnelle de vigne qui, dans cette saison de l'année, était couverte de pampre luxuriant. Or, comme Valérie s'engageait sous ce long berceau de verdure, elle crut voir quelqu'un se retirer précipitamment d'une fenêtre du rez-de-chaussée, et au moment où elle approchait de l'habitation, elle entendit claquer une porte de derrière. Quand elle eut sonné, la servante du curé, vieille commère à l'air béat, au parler net et pâteux, vint ouvrir. En reconnaissant madame Arnaud, elle prit une mine piteuse et consternée : « M. le curé serait désolé de ne pas s'être trouvé chez lui pour recevoir madame la directrice ; mais il sortait à l'instant pour faire sa promenade quotidienne, en lisant son bréviaire. Quel contretemps! ces choses-là n'arrivaient qu'à lui, etc. » Valérie interrompit ces doléances, qui menaçaient de se prolonger indéfiniment, et après avoir chargé la servante de ses compliments pour le curé absent, elle s'éloigna.

Si habituée qu'elle fût aux injustices du monde, elle était fort découragée. Elle se croyait sûre que le curé, bon et simple vieillard dont elle avait reçu autrefois des preuves d'affection, s'était enfui à son approche, et cette conviction la navrait. Une épreuve non moins douloureuse lui était encore réservée.

Comme elle parcourait la grande rue du bourg, elle se trouva tout à coup face à face avec Jeanne et Suzette Marsais qui revenaient des champs, un faix d'herbes sous le bras. L'une et l'autre semblaient ne pouvoir éviter la directrice, et Suzette marcha franchement à elle. Jeanne, au contraire, fit un mouvement pour retenir sa fille et lui dit quelques mots à voix basse. Toutefois Suzette ne tint pas compte de ces avertissements ; et comme elle continuait d'avancer, Jeanne fut obligée de la suivre.

— Ah! madame la directrice, dit la jeune fille avec chaleur, vous voici donc revenue parmi nous? Cela me fait plaisir, madame, grand plaisir, je vous assure!

Et, en effet, la joie de Suzette paraissait sincère, quoiqu'elle fût mêlée d'un peu d'embarras.

— On disait que vous ne reviendriez plus ! ajouta la mère machinalement.

— Je peut-être, reprit la directrice d'un ton de reproche, n'aurais-je pas laissé ici un grand vide !... Mais je vois avec satisfaction que cette chère enfant devient chaque jour plus fraîche et plus forte; tout danger est passé pour elle, maintenant... Suzette, continua-t-elle en baissant la voix, j'ai apporté de Paris quelque chose pour vous. Quoique accablée de douleur, une personne, qui éprouve de l'intérêt pour vous, m'a chargée de vous remettre une petite offrande. Venez me voir quand vous voudrez, vous ou votre mère, et je m'acquitterai de ma commission.

Suzette et Jeanne se regardèrent.

— Madame la directrice, dit enfin Jeanne d'un ton résolu, la petite et moi nous vous sommes bien reconnaissantes de vos bontés, mais, à vrai dire, elles ne nous sont plus nécessaires. Suzette est guérie, comme vous voyez; d'ailleurs, notre état va encore un peu, sans compter que nous gagnons de l'argent d'un autre côté...

— Fort bien, Jeanne ; mais je ne tiens pas moins à vous remettre ce que j'ai reçu pour vous.

— Donnez-le à d'autres qui en ont plus grand besoin ; quant à nous, nous sommes décidées à ne plus rien accepter de... de personnes que nous ne connaissons pas suffisamment, et... Mais, viens-t'en, la Suzette, tu vois que nous sommes pressées.

Et elle voulut entraîner sa fille ; celle-ci, touchée de l'affliction qui se peignait sur le visage de la directrice, dit rapidement à Valérie :

— Oh ! j'irai, madame, j'irai, je vous le promets et je vous serai bien reconnaissante...

Un mouvement brusque de sa mère lui coupa la parole, et elles continuèrent leur chemin, bien que Suzette retournât plusieurs fois la tête pour regarder la directrice.

Valérie souffrait cruellement de cette ingratitude.

— Combien il faut que la calomnie ait fait de ravages, murmura-t-elle en s'éloignant de son côté, pour avoir changé à ce point ces deux pauvres créatures! Mais je boirai le calice jusqu'à la lie ; je vais me rendre à la Bastide-Vialard... Aussi bien, c'est là surtout que ces mensonges peuvent avoir le plus funeste résultat.

Et elle gagna l'avenue qui conduisait de la grande route à l'habitation du comte de Vaublanc.

XV

LE SALON DE MARBRE

Comme nous l'avons dit, la Bastide-Vialard ne se trouvait pas à plus d'un quart de lieue du bourg de Saint-Martin, et le trajet, qui s'accomplissait à l'ombre d'arbres magnifiques, sur un tapis de gazon, ne présentait rien de fatigant. Aussi la directrice des postes, surexcitée d'ailleurs par ses réflexions, ne mit-elle pas beaucoup de temps pour le faire et elle atteignit sans encombre la grille dorée de cette magnifique demeure.

Or, elle reconnut du premier coup d'œil que tout n'était pas à la Bastide dans l'ordre accoutumé. La grille demeurait ouverte, selon l'usage, mais il n'y avait personne dans la loge du portier pour répondre aux visiteurs, pour écarter les rôdeurs et les vagabonds. La cour n'était pas vide cependant ; deux espèces de chars à bancs, assez mesquins, stationnaient près de la fontaine jaillissante, et ils étaient encore attelés de rosses poussives, qui, n'ayant pas été jugées dignes d'entrer dans les belles écuries du château, mangeaient leur botte de foin sur le pavé. Voitures et attelages étaient confiés à la garde de deux paysans qui, assis sur la margelle du bassin où s'échappaient les eaux, causaient tout bas et jetaient parfois des regards impatients vers la maison.

Tout cela était du plus fâcheux augure. Madame Arnaud, après avoir pénétré dans la cour, ne savait à qui s'adresser, et elle allait s'approcher de ces deux hommes, quand elle s'aperçut qu'ils étaient eux-mêmes étrangers au logis. Aussi changeant d'idée, marcha-t-elle directement vers le bâtiment principal. Dans le vestibule, elle rencontra plusieurs valets qui chuchotaient, et parmi eux elle reconnut Charles. Celui-ci s'avança d'un air gêné ; et quand Valérie lui eut exprimé le désir de voir le comte et la comtesse de Vaublanc, il répondit en balbutiant qu'ils n'étaient pas visibles, qu'ils étaient occupés de graves affaires et ne pouvaient recevoir personne. Cependant, madame Arnaud insista tellement pour être admise que Charles finit par l'introduire dans le salon de marbre où il la laissa pendant qu'il allait avertir ses maîtres.

Lorsque la directrice entra dans cette pièce, où des stores épais n'admettaient qu'une lumière insuffisante, deux personnes s'y trouvaient déjà, deux visiteurs, sans doute les propriétaires des chars à bancs qu'elle avait vus dans la cour. Mais, ou ils ne se connaissaient pas, ou ils avaient des raisons de ne pas se parler, car chacun d'eux avait pris place à une extrémité du salon. L'un, en grande redingote bleue, un chapeau à larges bords, avait l'apparence d'un ouvrier enrichi ; la tête penchée sur sa poitrine, le chapeau enfoncé sur les yeux, il était plongé dans de profondes méditations. L'autre, tout vêtu de noir, ayant la tournure d'un homme de loi, tenait à la main un rouleau de papiers qui semblaient être des pièces de procédure, il ne partageait pas la sombre résignation de son compagnon, et de ses doigts osseux il tambourinait avec impatience sur une table. A la vue de madame Arnaud, il s'était levé à demi et avait ébauché une salutation ; mais l'autre, après avoir jeté sur elle un regard oblique, était retombé aussitôt dans son immobilité et n'avait même pas porté la main à son chapeau. La directrice, de son côté, n'ayant rien à dire à ces inconnus et ne tenant aucunement à entrer en conversation avec eux, s'assit dans un coin, après leur avoir adressé une courte révérence.

Un quart d'heure s'écoula. Charles ne revenait pas et rien ne troublait le silence de cette salle obscure. On y entendait distinctement le tic-tac monotone de la pendule de bronze qui décorait la cheminée ; le moindre mouvement des visiteurs y éveillait comme de faibles échos. Par intervalles, cependant, un murmure de voix semblait venir d'une pièce éloignée, à travers des portes soigneusement closes ; mais ce murmure se confondait avec celui de la fontaine de la cour et on avait peine à distinguer des accents humains. Il y avait dans tout cela quelque chose de lugubre, qui eût serré le cœur aux personnes les plus indifférentes.

Enfin pourtant, un de nos visiteurs parut perdre patience ; c'était celui que nous avons désigné comme un homme de loi. Il se leva d'un bond et dit tout haut, sans avoir l'air de s'adresser à ses compagnons d'infortune :

— Ah çà ! n'en finiront-ils pas ? On ne dérange pas ainsi un notaire, que diable !... Mon temps est précieux, et quand je suis absent, les clercs ne font que baguenauder à l'étude... sans compter que des clients ont pu venir me demander pendant que l'on me retient ici.

Cette voix, qui interrompait tout à coup un long et religieux silence, fit tressaillir les assistants. Madame Arnaud ne répondit pas ; mais l'autre visite, si morne jusque-là, recouvra la parole.

— Eh ! morbleu ! monsieur le notaire, dit-il avec rudesse, j'attends bien, moi... moi qui aurais le droit d'entrer ici la tête haute, moi qui suis l'associé du maître de la maison ! Vous le voyez ; quand, accablé par le malheur, je me présente pour réclamer l'exécution d'engagements sacrés, on me fait faire antichambre pendant une heure... Ah ! si, au lieu de venir annoncer ma ruine complète, je venais annoncer le partage des bénéfices considérables qu'on avait espérés, on me recevrait à bras ouverts !... Mais, on ne m'évincera pas ainsi !... j'ai des droits, je saurai les défendre.

Le notaire avait écouté d'un air moqueur ces doléances.

— Allons ! allons ! monsieur Fortin, répliqua-t-il en haussant les épaules, ne parlez pas si haut de votre ruine. Si vous êtes lancé dans les grandes entreprises, si vous avez un maniement de fonds considérables, c'est grâce à cet excellent comte de Vaublanc, qui avait confiance entière dans votre capacité et qui se trouve aujourd'hui précipité dans l'abîme bien plus profondément que vous encore, car il tombe de plus haut. Cependant ne vous désolez pas ; le comte s'occupe en ce moment de réunir une forte somme pour vous donner le moyen de continuer vos travaux. L'argent est prêt et, s'il faut le dire, il est déposé entre mes mains ; seulement le prêteur exige la signature de madame la comtesse, qui possède de son chef de très-grands biens. Par malheur, continua-t-il d'un air très-différent, je commence à croire que madame de Vaublanc n'est pas très-pressée de se rendre aux volontés de son mari... Elle est conseillée par mon confrère Billardin, un poltron aux idées étroites, qui voit partout des difficultés.

Fortin écoutait attentivement toutes ces explications.

— Quoi donc ! demanda-t-il avec un reste de défiance, ce n'est pas pour dresser un acte conservateur des propriétés de M. de Vaublanc, pour frustrer ses créanciers du gage qui leur appartient déjà, que l'on vous a mandé ?

— Vous ne connaissez pas le comte et sa probité chevaleresque, répliqua le notaire ; je vous répète qu'au contraire il est disposé à donner son dernier écu pour faire honneur à ses engagements, en attendant des chances plus favorables. Si donc il parvient à vaincre la résistance possible de madame de Vaublanc...

Ici les deux interlocuteurs baissèrent la voix ; Valérie en savait assez pour comprendre quels importants intérêts s'agitaient en ce moment à la Bastide. Aussi songeait-elle à se retirer, quand la porte du salon se rouvrit ; Charles vint dire d'un ton maussade à la directrice que M. et madame de Vaublanc étaient décidément dans l'impuissance de recevoir personne ce jour-là et qu'ils la priaient de les excuser.

— J'ai reçu une verte semonce, poursuivit le domestique, pour être entré sans ordre dans le cabinet où se trouvent monsieur et madame, et peut-être serai-je renvoyé en punition de ma faute... Mais bah! pour le temps que nous avons tous à passer ici maintenant, nous ne risquons pas grand'chose !

Madame Arnaud se leva, sortit, et Charles ne songea pas à l'accompagner, car il avait été retenu par le notaire et par Fortin qui lui parlaient bas et semblaient le solliciter de tenter une nouvelle démarche, à laquelle il se refusait.

Valérie, en se retirant, ne savait si elle devait plus s'indigner de cette espèce d'affront que plaindre ceux de qui elle le recevait. Cependant, comme elle traversait le vestibule alors désert, elle s'entendit appeler doucement par Emma, qui paraissait la guetter au passage.

Mademoiselle de Vaublanc, vêtue d'une simple robe blanche et tête nue, était toujours charmante de naturel et de vivacité. Elle embrassa Valérie avec transport.

— Ah! chère dame, lui dit-elle, vous voilà donc de retour? que Dieu soit loué!... J'aurai plus de courage quand je saurai près de moi une amie telle que vous.

— Une amie, Emma! demanda la directrice avec un sourire mélancolique, n'êtes-vous pas bien hardie de me donner ce titre?

Emma se troubla, comme si quelque recommandation pressante se fût alors présentée à son esprit.

— Vous êtes fâchée sans doute, reprit-elle, que mon père et ma mère aient refusé de vous voir? Ne soyez pas offensée, je vous en conjure; vous êtes venue dans un moment funeste. Longtemps, toujours jusqu'ici, cette maison a été une maison de plaisir et de prospérité; maintenant on y souffre et y pleure.

En effet, la pauvre enfant elle-même avait les yeux rouges et battus. Cette remarque toucha la directrice :

— Chère Emma, lui dit-elle, je n'affecterai pas d'être indifférente à un refus qui, dans les circonstances où je me trouve, peut être interprété contre moi; cependant j'en suis plus affligée que blessée, à cause de l'état de trouble et de chagrin où me paraît plongée aujourd'hui votre famille.

— Ah! ma bonne Arnaud, reprit mademoiselle de Vaublanc en laissant librement couler ses larmes, qui m'eût dit que de pareilles scènes éclateraient chez nous? Il paraît qu'il s'agit d'affaires d'argent; or, voyez comme je suis malheureuse! Je suis riche, moi, par suite du legs d'un de mes oncles, et il ne m'est pas permis de disposer de ma fortune pour empêcher mon père de se tourmenter, pour faire cesser les angoisses de ma mère... Je ne peux rien pour eux, parce que je suis trop jeune, parce que je suis *mineure*, comme ils disent... n'est-ce pas que les lois sont absurdes, quand elles empêchent une fille de venir en aide à son père et à sa mère?

— Ne blâmez pas trop la loi, mon enfant, elle a son bon côté... Mais pardon! je ne dois pas vous retenir, car, si je ne me trompe, ce n'est pas de l'aveu de vos parents que vous vous trouvez sur mon chemin?

Emma baissa la tête avec embarras.

— Ainsi donc, reprit la directrice, l'influence mauvaise, qui s'attache à moi depuis mon retour à Saint-Martin, me poursuit jusque dans cette maison?

— Madame, chère amie, balbutia Emma, j'espère dans un moment plus tranquille faire comprendre à ma mère...

— En effet, votre mère a pu seule prêter l'oreille à la calomnie, car M. de Vaublanc sait bien si j'ai mérité la réprobation dont on essaye de me frapper... Enfin vous devez obéir à votre mère, Emma, et je vais vous quitter... Permettez-moi seulement de vous donner un avis : j'ai quelques raisons de penser que, malgré le passé, toutes relations ne sont pas rompues entre vos parents et le baron de Puysieux; or, pour votre mère, pour votre père, pour vous-même, le baron est plus à redouter qu'un tigre déchaîné.

— Que dites-vous, madame? reprit Emma avec étonnement : M. de Puysieux a répandu sur vous, je le sais, des bruits absurdes et mensongers ; mais, dans l'affaire du duel, ne s'est-il pas montré généreux?

— Généreux... lui! Emma, est-ce que votre père, qui était présent à cette rencontre et qui connaît la vérité, aurait vanté la générosité du baron?

— Mon père est entièrement absorbé par ses affaires. Depuis le duel, il ne parle jamais de M. de Puysieux, et quand ma mère ou moi nous voulons prononcer ce nom, il nous interrompt avec impatience.

— Vous voyez bien! Aussi madame de Vaublanc et vous, Emma, devez-vous imiter la réserve du comte. Celui dont nous parlons rôde autour de cette maison, épiant la moindre circonstance favorable à ses mauvais desseins. Une fausse démarche, une parole imprudente de quelqu'un de vous, pourrait avoir des conséquences funestes.

— S'il en est ainsi... mais comment prévenir ma mère, qui ne paraît nullement désabusée au sujet de M. de Puysieux? Je ne saurais lui dire d'où me viennent ces informations...

Elle s'interrompit pour écouter. Des cris aigus partaient du cabinet du comte.

— Mon Dieu! qu'est-il arrivé? demanda-t-elle en pâlissant.

Une femme de chambre parut tout effarée.

— Mademoiselle, dit-elle, venez vite! madame la comtesse a été prise d'une de ses crises nerveuses.

— Ma mère! ma pauvre mère! s'écria Emma hors d'elle-même.

Et elle suivit en courant la femme de chambre, sans même dire adieu à madame Arnaud, qui partit le cœur navré.

La directrice, en retournant à Saint-Martin, avait oublié tous ses chagrins personnels pour ne songer qu'à ceux de la famille de Vaublanc; mais ce qui l'inquiétait plus encore que la ruine imminente de cette famille, c'était la sécurité obstinée et inaltérable de la comtesse à l'égard du baron de Puysieux. Or, cette sécurité, elle était à peu près sûre qu'Emma n'oserait la troubler. La comtesse passait dans le voisinage pour être frivole, capricieuse, imprudente, quoique sa réputation fût intacte, et Valérie avait eu déjà l'occasion de s'assurer combien l'opinion publique avait raison. On pouvait donc craindre que Puysieux, dont la directrice connaissait l'adresse et la perversité, n'employât quelque ruse infernale pour tromper une femme de ce caractère, surtout quand elle était déjà bouleversée par des luttes domestiques. Cependant, comment la prévenir, si Emma ne se chargeait pas de cette tâche? Une lettre de Valérie n'aurait sans doute aucune influence sur madame de Vaublanc, et même cette lettre serait-elle lue? Quant à tenter une nouvelle visite à la Bastide, la directrice sentait que sa dignité ne le lui permettait pas jusqu'à nouvel ordre.

Madame Arnaud n'était pas encore parvenue à résoudre ces difficultés qu'elle atteignit les premières maisons du bourg. En approchant de sa maison, elle fut tout étonnée de voir un cheval de main attaché à un anneau de fer près de la porte d'entrée. Pensant que ce pouvait être l'inspecteur des postes qui l'attendait au bureau, elle doubla le pas, et, il trouva, en effet, assis dans la salle basse, quelqu'un qui paraissait fort impatient de la voir; mais ce n'était pas l'inspecteur des postes; c'était l'ingénieur Gérard.

La présence de personne au monde ne pouvait être plus agréable à Valérie en ce moment ; aussi fit-elle au visiteur l'accueil le plus empressé.

— C'est un heureux hasard qui vous amène, lui dit-elle ; vous porterez des secours et des consolations à certains de vos amis qui en ont grand besoin... car vous vous rendez à la Bastide sans doute?

— Il est vrai, madame ; depuis cette malheureuse affaire je n'avais pas osé m'y présenter : mais le comte vient de mettre fin à mon exil par un billet pressant, quoique fort inquiétant dans son laconisme... Je me suis mis en route aussitôt, et je n'ai pas voulu passer à Saint-Martin sans vous donner une preuve de sympathie et de respect.

— Et peut-être aussi espériez-vous apprendre des nouvelles, répliqua Valérie finement, car le bureau d'une directrice de poste est, pour les petites localités, comme le cabinet du préfet de police ; tout s'y sait tôt ou tard.

En même temps elle congédia Thérèse qui n'eût pas été fâchée d'écouter et qui gagna la cuisine en rechignant. Demeuré seul avec Valérie dans la partie du bureau où le public n'était pas admis, Gérard reprit affectueusement :

— Si impatient que vous me supposiez au sujet des habitants de la Bastide-Vialard, c'est de vous d'abord, madame la marquise, que je désire avoir des nouvelles. On m'avait assuré que vous étiez absente et je craignais fort de ne pas vous rencontrer à Saint-Martin... Sans doute cette absence n'avait pas pour cause un nouveau malheur dont vous auriez été frappée?

— Il fallait pourtant, monsieur Gérard, un événement sérieux pour me décider à quitter mon poste ; mais vous êtes assez mon ami pour que je vous dise la vérité. La comtesse de Bernay, ma tante, était gravement malade à Paris, et, croyant avoir des torts envers moi, elle voulait me voir avant de mourir. Pour satisfaire son désir, M. de Bernay s'est adressé au directeur général et j'ai été mandée en toute hâte. Telle est la cause du départ subit qui a tant étonné les gens de ce pays. Arrivée à Paris j'ai trouvé ma tante expirante ; elle m'a pourtant accueillie avec une bonté touchante, demandé pardon pour le passé et elle est morte comme une sainte, presque dans mes bras. Après quelques jours employés à consoler mon excellent oncle, j'ai dû m'empresser de revenir ici, où je suis arrivée seulement hier au soir.

— Quoi ! madame, reprit Gérard avec étonnement, le comte de Bernay n'a-t-il pas essayé de vous faire renoncer à ces fonctions si peu dignes de vous? Lui qui est riche, en crédit, et qui, dans son isolement actuel, doit avoir tant besoin de votre tendresse filiale, n'a-t-il pas songé à vous offrir un asile honorable dans sa maison ?

— Il y a songé depuis longtemps, mais cette fois encore j'ai dû résister à ses instances. Il a d'autres parents qui, à la vérité, vivent éloignés de lui, mais qui seraient jaloux de la préférence qu'il me témoigne. Cependant il pourrait se faire... on pourrait trouver des combinaisons telles... Tenez, de grâce, ne nous occupons plus de moi ; songeons plutôt à la malheureuse famille que vous allez visiter ; jamais elle n'eut plus grand besoin d'un ami intelligent et dévoué tel que vous !

— Je m'en doutais, dit l'ingénieur avec tristesse ; des bruits inquiétants sont parvenus jusqu'à moi. On assure que Vaublanc est déjà l'objet de poursuites actives ; ne pourriez-vous me dire, madame la marquise, ce qu'il y a de certain dans ces rumeurs?

La directrice lui apprit ce qu'elle savait.

— Je m'explique maintenant, reprit Gérard, pourquoi M. de Vaublanc, après m'avoir témoigné tant de froideur, s'est décidé à me rappeler auprès de lui... Mais, bon Dieu ! quel secours peut-il attendre de moi dans les circonstances présentes? J'ai déjà représenté au préfet que ce marché Fortin, si ruineux pour le comte, devait être annulé et que tout au moins l'administration ne pouvait se refuser d'accorder aux entrepreneurs du tunnel de*** un large subside ; il s'agit en effet de difficultés que nul ne pouvait prévoir et qui doivent être considérées comme des accidents de force majeure... Le préfet a écrit en ce sens au ministre, et d'autre part je sais que la compagnie représentée par M. de Vaublanc conserve quelques chances d'obtenir la concession du chemin de fer des Corniches. Toutefois, bien des intérêts opposés, bien des intrigues peuvent contrarier nos vœux...

— Ne vous découragez pas, mon cher Gérard, répliqua Valérie ; peut-être trouverai-je quelqu'un pour seconder vos efforts. M. de Bernay est l'intime ami de M.***, le nouveau ministre, et mon oncle, à qui j'ai parlé de mon affection pour Emma de Vaublanc, m'a promis d'agir en faveur de sa famille.

— Je sais, madame la marquise, combien est grand et légitime le crédit de M. de Bernay ; mais quand même nous réussirions, croyez-vous que ce succès arriverait à temps? Vous le voyez, on parle de saisie, de faillite... et les décisions administratives ne se prennent pas du jour au lendemain !

— Si pressant que soit ce danger, Gérard, répliqua Valérie en baissant la voix, il en est un autre plus pressant encore pour les habitants de la Bastide-Vialard.

— Quel est-il donc?

— C'est celui qui résulte du séjour de M. de Puysieux dans le voisinage ; je soupçonne quelque machination de la part de cet homme et il importe que vous mettiez en garde contre lui la comtesse de Vaublanc.

Les traits du jeune ingénieur se rembrunirent :

— Madame, reprit-il froidement, vous ne vous étonnerez pas que j'éprouve quelque répugnance à parler, soit en bien, soit en mal, de M. de Puysieux. Il existe encore bien des obscurités dans sa conduite à mon égard ; mais, à n'en juger que sur l'apparence, il a été pour moi un adversaire loyal. Au lieu de se servir de son adresse extraordinaire, il m'a épargné, tandis que j'avais le malheur de le blesser...

— Ne lui soyez pas reconnaissant de sa magnanimité, interrompit Valérie, car elle n'a pas été volontaire. Avez-vous oublié ces papiers qui sont arrivés au moment le plus inattendu et ont brusquement terminé le combat? Puysieux obéissait, soyez-en sûr, à une influence contre laquelle il eût essayé vainement de se débattre... Je croyais pourtant, monsieur, vous avoir fait comprendre combien cet homme était vil et méprisable. Il est perdu de réputation, réduit aux plus odieux expédients pour tenir un rang dans le monde, et je le soupçonne d'actions plus basses encore... Je n'exagère rien, Gérard, et M. de Vaublanc a les preuves de tout ce que j'avance, bien que, par une délicatesse excessive et peut-être une insouciance coupable, il n'ait pas jugé à propos de les communiquer à sa famille et à ses amis.

— Il suffit, madame ; j'avais deviné que vous étiez pour quelque chose dans la modération apparente de mon adversaire, mais j'avais besoin d'une affirmation positive... Enfin, puisque le baron vous parait dangereux, nous serons sur nos gardes. Mais par quel moyen pourrai-je m'opposer à ses mauvais desseins, moi qui, selon toute apparence, séjournerai seulement quelques heures chez M. de Vaublanc?

— Comme je viens de vous le dire, en prévenant la comtesse de se défier de lui ; cet avis de votre part aura plus de chances d'être écouté que de ma part ou de la part d'Emma... Cependant, je ne cesserai pas de veiller pour rompre les trames de Puysieux. Réellement, les secrets les mieux cachés ont parfois un retentissement dans un bureau de poste, sans qu'on fasse rien pour les pénétrer, et ma vigilance pourra servir nos amis.

— Oh! veillez, madame, veillez, je vous en prie, dit l'ingénieur avec chaleur en se levant; qui ne serait ému de pitié en songeant aux malheurs dont cette intéressante famille est menacée?... Mais il est temps de partir... un mot seulement, madame... Vous avez vu Emma, vous lui avez parlé, êtes-vous sûre, là... bien sûre, qu'elle n'aime pas M. de Puysieux?

— Voilà ce que j'appelle poser franchement une question, dit la directrice en riant; eh bien! monsieur Gérard, je vous répondrai avec la même franchise : non, elle n'aime pas celui dont vous parlez. Je l'ai bien observée aujourd'hui et je n'ai vu, ni dans sa contenance ni dans ses paroles, rien d'alarmant pour vous.

— Que Dieu soit loué! J'avais cru un moment... mais je m'étais trompé, sans doute... Chère marquise, mille remerciements pour cette bonne parole.

— Remarquez bien que je ne vous ai pas dit qu'Emma pût aimer une autre personne, et cela par l'excellente raison que je n'en sais rien... Mais allons! monsieur Gérard, je ne vous retiendrai pas plus longtemps, car votre présence doit être nécessaire à la Bastide... Adieu donc, je vous verrai à votre départ sans doute?

Gérard le promit; après avoir reçu encore certaines recommandations de Valérie, il prit congé d'elle et partit pour la Bastide au galop de son cheval.

XVI

LA SCÈNE CONJUGALE

Nous sommes obligés ici de revenir un peu en arrière pour dire ce qui se passait à la Bastide-Vialard entre M. et madame de Vaublanc, au moment où la directrice s'y présentait inutilement.

Dans le cabinet du comte, vaste pièce encombrée de livres, de cartons et de paperasses, les deux époux, assis en face l'un de l'autre, causaient avec vivacité. Il s'agissait, comme on le sait déjà, de faire signer à madame de Vaublanc un acte notarié, par lequel le mari était autorisé à emprunter une somme considérable sur les biens personnels de sa femme. Cet acte était étalé sur le bureau et on avait pris la précaution de placer à côté une plume déjà chargée d'encre; mais, comme M. de Vaublanc s'attendait à quelque résistance de la part de la comtesse, il avait laissé le notaire au salon, afin de ne pas le rendre témoin d'une scène peut-être orageuse, et il s'évertuait à démontrer l'urgence et les avantages de la mesure proposée.

Or, la comtesse, toujours si rebelle aux affaires, n'avait pas en ce moment cet air langoureux, ennuyé, boudeur, qu'elle prenait d'ordinaire quand il s'agissait d'autre chose que de plaisirs ou de futilités féminines. Elle se tenait droite, presque avec roideur; son visage délicat était fort animé, ses narines roses se gonflaient d'obstination; et, signe plus alarmant encore! la symétrie des belles boucles blondes de sa chevelure était fort dérangée, sans qu'elle y prît garde. De son côté, M. de Vaublanc n'avait plus ce ton bref de l'homme d'affaires qui impose son opinion et n'admet d'objections d'aucune sorte ; sa voix, au contraire, était douce et insinuante; il souriait, il flattait, il suppliait.

— Ma chère amie, disait-il, je vous le répète, il s'agit seulement d'une formalité, d'un expédient tout naturel pour gagner du temps, jusqu'à ce que les événements favorables que j'attends se soient réalisés. Cet imbécile de Billardin, qui vous conseille, n'entend rien aux affaires; il n'a jamais été capable d'apprécier les chances d'une opé-

ration industrielle. Durand, qui est en ce moment au salon, juge mieux des choses; c'est lui qui s'est engagé à me procurer immédiatement les deux cent mille francs dont j'ai besoin, si vous consentez à signer ce papier sans importance. Dans un délai très-prochain, le chemin de fer des Corniches sera sans doute concédé à la compagnie dont je suis chef, et alors, grâce aux avantages qui me sont réservés, je pourrai non-seulement réparer mes pertes, mais encore je serai trois fois plus riche qu'auparavant.

— En ce cas, monsieur, pourquoi me dépouillerais-je de mon bien qui est aussi le bien de ma fille? Si vous avez des espérances si certaines, pourquoi vos gens d'affaires ne prennent-ils pas patience jusqu'à ce qu'elles soient devenues des réalités?

— Voyez donc ma position, chère amie, répliqua le comte en lui prenant les mains qui demeurèrent froides dans les siennes; il faut absolument que je mette un terme aux clabauderies et aux actes hostiles de cette brute de Fortin, en lui fournissant l'argent nécessaire pour continuer les travaux, sinon toutes ces belles espérances avorteront inévitablement. Si je n'exécute pas nos conventions, il me fera déclarer en faillite, il fera saisir la Bastide et mes autres propriétés; or, je vous le demande, le gouvernement pourrait-il concéder une grande entreprise à une compagnie dont le chef serait reconnu insolvable? Au lieu de cela, consentez à mettre votre nom au bas de ce papier, mes embarras cessent aussitôt; j'impose silence aux rumeurs offensantes, qui commencent à se répandre contre moi, et j'ai le loisir d'attendre que la chance tourne en ma faveur.

— Mais si elle ne tourne pas? répéta la comtesse; Billardin prétend que vous pouvez fort bien ne pas obtenir la concession; dans ce cas, vous auriez ruiné votre famille, sans autre résultat que de retarder de quelques jours une catastrophe peut-être inévitable... Or, sachez-le bien, monsieur, il me serait impossible de vivre dans la misère; si nous perdions notre fortune, je ne me résignerais pas à cette catastrophe... Allons! Vaublanc, devriez-vous me presser ainsi? Je veux conserver mes biens pour vous en faire profiter, vous et votre fille, quand vous aurez perdu les vôtres.

La comtesse était émue en prononçant ces dernières paroles ; M. de Vaublanc, quoique la *sentimentalité* ne fût pas son fort et qu'il usât plus volontiers du langage de la raison, crut devoir employer à son tour l'attendrissement pour vaincre la détermination de sa femme.

— Chère Léocadie, reprit-il en pressant doucement la main qu'il n'avait pas quittée, croyez-vous que je voudrais vous exposer aux privations, à la pauvreté? N'avez-vous pas assez éprouvé ma sollicitude pour vous pendant dix-huit années de mariage? Devriez-vous, après tant d'années de bonheur sans nuages, vous défier à ce point de ma prévoyance, ajouter foi aux paroles d'un méchant barbouilleur de papier timbré tel que ce Billardin, de préférence aux miennes? Quant à notre chère Emma, vous savez bien qu'elle a une fortune indépendante et qu'elle ne peut manquer de rien, quoi qu'il arrive. Ah! si la bonne et douce enfant pouvait disposer de ses biens, ce ne serait pas elle qui se ferait prier pour donner sa signature!

La comtesse s'agita sur son siège; évidemment elle était ébranlée, et elle souffrait d'autant plus de ces reproches mesurés que jusque-là son mari ne lui en avait adressé d'aucune sorte. Toutefois, cette impression dura peu.

— Monsieur, balbutia-t-elle, vous êtes injuste envers moi; je remplis un devoir en résistant à vos désirs, et vous le reconnaîtrez vous-même plus tard, quand vos funestes illusions seront tombées... Cessez donc d'insister

 ## LA DIRECTRICE DES POSTES

Nous avons beau faire, Régnier, dit le capitaine à voix basse. (Page 46.)

pour obtenir de moi ce que je ne peux, ce que je ne dois pas accorder.

M. de Vaublanc s'éloigna d'elle par un mouvement brusque.

— Fort bien, madame, reprit-il avec un accent qui devint tout à coup sombre et dur; n'en parlons plus. Cependant, il importe que vous sachiez nettement quelles seront les conséquences de votre refus. Fortin et le notaire Durand attendent en bas le résultat de notre entretien; je vais les congédier, leur apprendre que cet acte ne sera pas signé; l'un et l'autre se retireront furieux. Durand s'empressera d'annoncer à ses bailleurs de fonds que madame de Vaublanc refuse de venir en aide à son mari, et ce sera le dernier coup porté à mon crédit. De son côté, Fortin, n'obtenant de moi ni argent ni garanties, continuera les poursuites commencées; tous mes biens seront saisis dans le plus court délai, ma ruine deviendra publique... Or, si vous ne pouvez supporter la misère, croyez-vous que moi, homme de cœur et gentilhomme, je pourrai supporter davantage l'humiliation et le déshonneur?

Ces dernières paroles étaient accompagnées d'un regard qui leur donnait une signification terrible. La comtesse tressaillit en dépit d'elle-même.

— Monsieur, répliqua-t-elle, n'essayez pas de m'effrayer. Puisque vous êtes homme de cœur et gentilhomme, vous devez supporter avec courage les épreuves que le ciel vous envoie... Encore une fois, si je tiens à sauver ma fortune, c'est surtout afin de vous protéger contre vous-même, de vous faire partager le bien-être que je me serai assuré... Mais comme je suis délicate, maladive, et comme certaines scènes pourraient me causer une impression dangereuse, vous trouverez bon, je l'espère, que ma fille et moi nous quittions la Bastide, pour nous retirer à ma propriété de Laborde. Là, nous attendrons la fin de vos embarras, et sans doute vous ne tarderez pas à nous rejoindre.

— Et moi, madame, répliqua M. de Vaublanc avec ironie, je compte bien que vous ne me causerez pas le chagrin de me quitter pendant cette crise. Vous ne voudrez pas me priver des consolations que je pourrais trouver dans la présence de ma fille, dans la vôtre, quand l'événement arrivera.

— Quoi! monsieur, tenez-vous tant à me montrer cette maison envahie par des huissiers et des gens de justice? Ne sauriez-vous m'épargner ces pénibles émotions?

— La place d'une bonne et tendre épouse n'est-elle pas auprès de son mari?

— Monsieur, ceci est de la cruauté, de la tyrannie... je partirai, malgré vous!

— Madame, ceci est de la révolte, et si vous méconnaissiez à ce point mon autorité... Mais, allons! Léocadie, poursuivit le comte en reprenant sa voix caressante, ne nous emportons pas, cessons des menaces que ni vous ni moi nous n'oserions réaliser sans doute... Prenez confiance dans votre mari, dans le père de votre fille, qui vous aime l'une et l'autre et ne voudrait pas compromettre votre repos, votre avenir. Signez ce papier; nous n'aurons plus à craindre aucune de ces extrémités si honteuses et si cruelles dont vous parlez.

— Je ne le peux pas, je ne le dois pas! répondit madame de Vaublanc en s'agitant avec angoisse; s'il faut l'avouer, mon père, que j'ai eu le malheur de perdre il y a peu d'années, s'était effrayé de la fièvre de spéculation dont il vous voyait atteint, et il m'a fait promettre en secret que je ne consentirais jamais, quelles que fussent vos insistances, à aliéner les biens de ma dot. Ce fut lui qui désigna le notaire Billardin pour me servir de conseil, et Billardin suit à la lettre ses instructions... Vous respecterez, j'en suis sûre, des scrupules de conscience qui ont une pareille origine.

— Eh! votre père, madame, reprit M. de Vaublanc dans un transport de colère, n'était rien de plus qu'un obscur marchand de savon qui a usé toute son intelligence à s'enrichir... Vous feriez mieux de suivre les inspirations de votre cœur, les prescriptions de votre devoir, que les conseils, posthumes ou non, de votre père.

La comtesse se leva impétueusement.

— Vous méprisez mon origine, vous outragez la mémoire de mon père! dit-elle hors d'elle-même; c'est horrible, monsieur, et Dieu vous punira de cette mauvaise action! Quant à moi, je ne signerai pas ce papier... Employez la force, si vous le voulez, frappez-moi... tuez-moi... Mais je ne signerai pas... jamais, jamais, jamais!

Elle fut prise d'une violente attaque de nerfs.

C'était alors que M. de Vaublanc avait fait appeler Emma. On transporta sa mère, presque sans connaissance, dans sa chambre, où sa fille et les femmes de la maison lui prodiguèrent les secours les plus empressés. Elle ne tarda pas à reprendre ses sens, et son premier mouvement fut pour renvoyer les personnes qui l'entouraient.

— Laissez-moi, dit-elle d'un ton brusque; je n'ai plus besoin que de repos.

En effet, madame de Vaublanc avait l'habitude, à la suite de ses crises, de rester quelques heures enfermée chez elle; aussi les femmes se retirèrent-elles sans répliquer. Mais Emma, tout en larmes, demeura près de sa mère. La comtesse s'en aperçut et se souleva impatientée sur son lit de repos:

— Laissez-moi aussi, Emma, reprit-elle; je suis bien... fort bien... et je veux essayer de dormir. Allez trouver votre père; si cruel qu'il ait été pour moi, je ne prétends lui enlever ni votre estime ni votre tendresse.

— Cruel! lui? répéta Emma en pleurant plus fort. Ah chère maman, il faut alors qu'il soit bien malheureux, car il s'est toujours montré si affectueux et si bon!

— A merveille, mademoiselle; et c'est moi qui le rends malheureux, n'est-ce pas ce que vous voulez dire? J'étais bien sûre que vous prendriez parti contre moi... Je suis une pauvre abandonnée parce que j'ai eu l'énergie... Mais, encore une fois, laissez-moi... et revenez seulement lorsque je vous ferai prévenir.

La pauvre Emma ne voulait pas s'éloigner; enfin, craignant que son insistance ne déterminât une nouvelle crise, elle déposa un baiser sur la main de sa mère et sortit. Cependant, elle resta encore un moment derrière la porte, écoutant avec inquiétude. Comme tout demeurait silencieux dans la chambre de la malade, et comme on pouvait croire que la comtesse, abattue par la souffrance, s'était réellement endormie, elle se souvint que son père aussi devait avoir besoin de consolations, et elle se retira sur la pointe du pied pour se rendre au cabinet du comte. M. de Vaublanc ne s'y trouvait déjà plus. Emma entendit sa voix dans le salon de marbre, mêlée à d'autres voix irritées. Redoutant de nouveaux malheurs, elle courut au salon.

Le comte y était, en effet, pâle, le front crispé. A ses pieds on voyait les fragments de l'acte que le marchand avait refusé de signer et qu'il venait de déchirer en présence du notaire Durand et de Fortin.

— Messieurs, disait-il avec effort, j'ai prévu toutes les conséquences de ma décision, et je suis prêt à les subir... Pardon, mon cher Durand, continua-t-il en s'adressant au notaire; je vous suis gré de votre bonne volonté, mais je n'avais pas assez réfléchi en prenant un engagement dont madame de Vaublanc vient de me faire comprendre le danger; je vous tiendrai compte de vos frais d'acte et de déplacement.

— Voilà une affaire fort désagréable, répliqua le notaire avec humeur; j'avais eu une peine infinie à me procurer ces deux cent mille francs, et, au moment où je crois les difficultés levées, je me trouve que j'ai perdu mon temps... Mais songez-y bien, monsieur le comte, plus tard il ne sera pas possible de revenir sur votre refus; dès demain les fonds recevront une autre destination, j'en vous avertis; les bons placements ne manquent pas à mon étude!

— Vous agirez comme vous l'entendrez, répliqua Vaublanc avec un soupir.

— Allons donc, monsieur Durand, reprit Fortin à son tour avec indignation, vous, homme d'expérience, êtes-vous dupe d'une pareille comédie? Ne voyez-vous pas qu'on veut se jouer de nous, qu'on n'a jamais eu l'intention de signer l'acte dont il s'agit? On n'aura garde de se dessaisir de ses biens; on est bon mari et bon père; on se doit à sa famille... On restera riche du chef de sa femme et de sa fille; on continuera d'habiter un château, d'avoir une table somptueuse, de se promener dans une belle voiture, de vivre en grand seigneur, et, pendant ce temps, on laissera ses créanciers se dépêtrer comme ils pourront du gâchis où on les a mis.

— Assez, monsieur... Taisez-vous et sortez! cria M. de Vaublanc indigné.

— Je ne veux pas me taire et je sortirai quand il me plaira, répliqua l'entrepreneur avec grossièreté; ou bien si je sors d'ici, j'y rentrerai bientôt avec mon huissier, et alors vous en sortirez à votre tour. J'ai obtenu un jugement contre vous, vous le savez bien, et je ne me laisserai plus longtemps tromper par vos grands airs et vos belles paroles.

— Misérable! gronda le comte.

Et il s'avança vers Fortin pour le frapper.

Mais il fut retenu par Durand, tandis que sa fille se précipitait au-devant de lui en s'écriant :

— Mon père, au nom du ciel, songez à ce que vous allez faire !

M. de Vaublanc se calma tout à coup et parut regretter son emportement. Après s'être dégagé des étreintes du notaire et de celles d'Emma, il reprit avec dignité, quoique sa voix fût encore un peu tremblante :

— Vos insultes ne sauraient m'atteindre, monsieur Fortin ; et jusqu'à ce que vous veniez me déposséder de cette maison au nom de la loi, je suis le maître ici, ne l'oubliez pas... Quant à vos menaces, je les brave ; loin de vous demander aucune faveur, je vous défie de m'inspirer plus de mépris que je n'en éprouve déjà pour vous.

— C'est bien ; nous nous reverrons ! murmura Fortin en se disposant à partir.

Mais, à son grand étonnement, il fut retenu par Emma.

— Monsieur Fortin, et vous, monsieur Durand, dit la jeune fille d'un ton suppliant, écoutez-moi l'un et l'autre, je vous en conjure... Tout ce scandale et tout ce bruit ont lieu, n'est-ce pas, parce que mon excellent père ne peut payer une somme importante que M. Fortin est en droit d'exiger de lui ? Mais je suis riche, moi, de la fortune que m'a laissée mon grand-oncle ; ne me serait-il pas permis d'engager cette fortune pour mettre fin à ces déplorables scènes ? J'accepterai toutes les conditions, je signerai tous les actes que l'on voudra, pourvu...

— Emma, interrompit le comte avec impatience, il ne s'agit pas ici d'enfantillages. Je vous remercie du bon sentiment qui vous inspire ; mais je vous ai dit déjà que vous ne pouviez intervenir dans mes affaires d'une manière sérieuse, et je vous ai défendu de me parler de nouveau à ce sujet.

— En effet, dit le notaire, mademoiselle est mineure, et, possédât-elle des millions, elle ne pourrait disposer de la moindre partie de son bien tant qu'elle est en tutelle.

— Oui, oui, elle est mineure, on sait cela, répéta l'entrepreneur d'un ton morose ; c'est là sans doute encore une comédie !

Et il sortit sans saluer. Quelques minutes plus tard, on entendit sa carriole s'éloigner de la Bastide.

Mais Emma, ne se tenant pas pour battue, s'était retournée vers le notaire Durand.

— Monsieur, reprit-elle en joignant les mains, ayez pitié de moi, je vous en prie... Vous qui connaissez les lois, vous trouverez certainement un moyen d'éluder la difficulté. Je suis fort ignorante, mais il me semble qu'une fille ne doit pas être condamnée à conserver sa richesse, quand cette richesse serait utile à son père. Cherchez bien, monsieur Durand, vous que l'on dit si habile ; il existe un moyen... il existe, j'en suis sûre !

— Mademoiselle, répliqua Durand, ému malgré lui de cette noble insistance, la loi est formelle : vous ne pourrez disposer, et nul ne pourra disposer à votre place, des biens que votre grand-oncle vous a laissés par testament, tant que vous mineure. Un conseil de famille, un jugement même seraient insuffisants pour autoriser l'aliénation de vos propriétés avant votre émancipation ; or, vous ne pouvez être émancipée que par le mariage.

— Que dites-vous ? demanda mademoiselle de Vaublanc en ouvrant de grands yeux ; si je me mariais, je pourrais donc disposer de mes biens selon mon cœur ?

— Sans doute, mademoiselle ; mais il y aurait encore une petite condition à remplir, ajouta l'homme de loi en riant : ce serait que votre mari vous autorisât à faire l'abandon de ces biens et les maris en général ne se soucient pas d'accorder de pareilles autorisations à leurs femmes.

Emma s'éloigna de quelques pas ; elle était tout à coup devenue pensive.

— Allons, mon cher Durand, reprit le comte, ne faites pas attention aux folles demandes de cette bonne et généreuse enfant ; je regrette vivement qu'il ne soit plus possible de lui cacher mes chagrins présents et ceux qui m'attendent dans l'avenir.

Au moment où le notaire allait partir, il se mit à lui parler bas ; il semblait lui demander quelque chose avec instances ; mais l'homme de loi ne répondait que par des signes de dénégation triste. Comme Durand sortait, on entendit les pas d'un cheval résonner sur le pavé de la cour et bientôt Gérard, tout botté et couvert de poussière, entra dans le salon.

M. de Vaublanc se contenta de lui serrer cordialement la main, pendant qu'il reconduisait le notaire ; mais Emma, à la vue du voyageur, ne put retenir un cri de joie, et elle lui tendit la main que le jeune homme baisa chaleureusement. Il adressait à mademoiselle de Vaublanc les compliments d'usage, quand le comte rentra.

— Soyez le bienvenu, Gérard, lui dit-il avec abattement, soyez le bienvenu, mon excellent ami, dans les mauvais jours comme dans les bons !... Je savais bien que vous accourriez au premier appel, que vous ne me refuseriez pas vos conseils, vos consolations.

— Je voudrais pouvoir vous offrir mieux que cela, mon cher comte ; mais les choses sont-elles désespérées à ce point ?

— J'en ai peur, mon pauvre Gérard. Il est des moments où, après une longue période de prospérités, tout vous manque à la fois, et je suis dans un de ces moments... Ah çà ! poursuivit le comte d'un ton différent, mes préoccupations personnelles me font oublier les devoirs de l'hospitalité... Vous devez être fatigué du voyage, Gérard, asseyez-vous... Emma, donne l'ordre que l'on apporte ici quelques rafraîchissements à notre ami.

Mademoiselle de Vaublanc se leva :

— J'y vais, dit-elle ; et puis, je verrai dans quel état se trouve ma mère... Mais je reviens à l'instant ; moi aussi, je désire parler à M. Gérard.

Et elle sortit. Cinq minutes après, Charles apporta un plateau qu'il plaça sur la table. On s'en aperçut à peine ; le comte était en train d'exposer à son hôte la situation actuelle de ses affaires, situation que le refus de la comtesse rendait fort périlleuse.

Emma, comme elle l'avait annoncé, ne tarda pas à rentrer.

— Ma mère dort certainement, dit-elle, car j'ai écouté à la porte de sa chambre sans entendre le moindre bruit... Il faut donc qu'en son absence je remplisse les devoirs de maîtresse de maison.

Et la gracieuse enfant offrit elle-même un verre de madère et un biscuit à l'ingénieur, qui ne put se dispenser d'accepter. Cependant le comte était retombé dans son morne accablement.

— Pourquoi ne causez-vous plus ? reprit bientôt Emma d'un ton boudeur ; mon père, ne me jugez vous pas digne d'être encore votre amie ? Oh ! ne craignez pas de parler devant moi ; ce que je ne comprendrai pas je le devinerai.

Elle embrassa le comte et poursuivit :

— Je gage que M. Gérard ne voit pas les choses en noir comme nous ? N'est-ce pas, Gérard, que mon père a grand tort de se laisser abattre ainsi et qu'il est encore possible de réparer les désastres passés ?

— Peut-être, mademoiselle ; il existe certainement des chances favorables et M. de Vaublanc ne doit pas abandonner le jeu avant que la partie soit décidément perdue.

En même temps, il rendit compte des démarches qui avaient déjà été faites auprès du gouvernement.

— De plus, ajouta-t-il, j'ai appris aujourd'hui d'une personne qui s'intéresse beaucoup à votre famille, qu'on vous avait trouvé à Paris des protecteurs puissants, qui rendent d'autant plus probable la réussite de nos espérances.

— Quelle est cette personne, Gérard, quels sont les protecteurs dont vous parlez?

— Il ne m'est pas encore permis de révéler ce secret; mais ma bouche ne restera pas close le jour du succès.

— Monsieur Gérard, demanda Emma tranquillement, cette personne obligeante ne serait-elle pas le baron de Puysieux?

— Lui! répliqua le comte d'un air de mépris, il aurait plutôt besoin d'être protégé lui-même. J'ai voulu avoir le cœur net de toutes ses vanteries et j'ai écrit à Paris pour savoir à quoi m'en tenir sur le crédit qu'il s'attribuait; j'ai acquis la certitude qu'il ne connaissait ni le ministre, ni le secrétaire du ministre, ni même le plus humble garçon de bureau du ministère. Ne me parlez plus de ce drôle; c'est un intrigant du plus bas étage et je suis honteux d'avoir été sa dupe.

Pendant que le comte s'exprimait ainsi, Gérard observait à la dérobée Emma qui rougit, mais sans donner d'autre signe d'émotion.

— Comme on est trompé! dit-elle; je croyais pourtant que le baron s'était conduit honorablement envers M. Gérard, et je lui ai conservé quelque estime jusqu'au jour où il a osé calomnier indignement une excellente et digne femme...

— Vous n'avez fait que l'estimer, mademoiselle? demanda l'ingénieur d'une voix un peu tremblante.

Emma leva sur lui son œil clair et plein de candeur.

— Vous voyez bien que c'est encore trop, répliqua-t-elle en souriant; mais il était l'hôte de mon père et j'ai dû quelquefois lui donner une préférence apparente sur mes amis particuliers.

Gérard la remercia de cette parole par un regard passionné.

— Laissons ce Puysieux, reprit le comte avec impatience. Je vous remercie, Gérard, et je remercie mes protecteurs connus et inconnus pour leurs bienveillantes démarches, mais quand même ils devraient réussir, ils ne me sauveraient pas.

Et il exposa ses raisons de croire que les décisions attendues arriveraient trop tard pour prévenir un désastre.

Gérard ne sentait que trop combien ces raisons étaient justes. Emma le regardait avec inquiétude, attendant de lui un mot de consolation; comme il se taisait, elle dit brusquement:

— Eh bien! monsieur Gérard, puisque vous ne connaissez aucun moyen de tirer mon père de l'abîme où il est tombé, j'en connais un, moi... Voulez-vous m'aider à l'employer?

— Ah! mademoiselle, de tout mon cœur! Que faut-il faire?

Emma ne se hâtait pas de parler, ne sachant trop comment exprimer sa pensée.

— Ma fille, demanda le comte sévèrement, quelle est cette nouvelle fantaisie?

La pauvre enfant paraissait éprouver un mortel embarras. Enfin pourtant, prenant, comme on dit, son courage à deux mains, elle poursuivit avec volubilité:

— Plusieurs fois, monsieur Gérard, vous m'avez donné à penser que vous m'aimiez... M'aimez-vous toujours? Ne craignez pas de parler devant mon père.

L'ingénieur était si troublé de cette question à brûle-pourpoint qu'il demeurait bouche béante.

— Je vous demande, reprit mademoiselle de Vaublanc en s'animant, si vous m'aimez, comme j'ai pu le croire, et si vous persistez dans votre intention de m'épouser?

— Que signifie ceci, Emma? dit le comte en fronçant le sourcil, et où voulez-vous en venir avec vos questions inconvenantes?

— Mon père, ne vous offensez pas de ma hardiesse; vous m'approuverez certainement quand vous connaîtrez mon dessein... Mais, ajouta-t-elle en pinçant ses lèvres, peut-être me suis-je trompée à l'égard de M. Gérard.

L'ingénieur recouvra enfin la voix :

— Mademoiselle, répliqua-t-il avec chaleur, excusez mon étonnement, mais j'étais si loin de m'attendre... Ai-je donc besoin de vous affirmer que le bonheur dont vous parlez est le plus grand, le plus cher de mes désirs?...

Monsieur de Vaublanc, poursuivit-il en s'adressant au père frappé de surprise, j'eusse désiré vous faire cet aveu dans un autre moment et dans des circonstances moins critiques; mais l'encouragement que je viens de recevoir...

— Laissez, laissez, interrompit Emma, vous allez trop vite... Ainsi donc vous m'aimez encore et vous ne seriez pas fâché de m'avoir pour femme? Fort bien; cependant, il y aurait une condition : On vous a dit sans doute que j'étais riche; supposez qu'il n'en soit rien; supposez que, pour un motif ou pour un autre, je sois plus pauvre que la plus pauvre paysanne de ces montagnes; persisteriez-vous dans l'intention de m'épouser?

— Pouvez-vous me le demander, mademoiselle? Votre grande fortune seule m'a empêché jusqu'ici de déclarer à votre famille mes sentiments pour vous, moi qui ne possède rien.

— Mais enfin, Emma, répéta le comte avec colère, où veux-tu en venir?

— De grâce, un mot encore... Eh bien! Gérard, puisque vous êtes dans de pareilles dispositions, demandez ma main à mon père et à ma mère, et s'ils vous l'accordent, vous ne me refuserai pas... Mais demandez-la sans retard... à l'instant... à l'instant, entendez-vous?

Comme Gérard, déconcerté par cette impétuosité, ne savait encore une fois quelle contenance garder, M. de Vaublanc comprit enfin la pensée de sa fille.

— Pauvre enfant dit-il, ton intention est bonne... mais c'est encore une folie!

— Ne dites pas que c'est une folie, mon père; car, de votre propre aveu, c'est la seule chance de salut qui nous reste. Monsieur Gérard, poursuivit-elle, vous allez avoir l'explication de ma conduite qui, je l'avoue, doit vous paraître singulière! Afin de pouvoir toucher aux biens que m'a laissés mon grand-oncle, il faut que je sois mariée et que mon mari ait renoncé de cette manière formelle à ces biens. Consentez à cette renonciation et ma main est à vous... pourvu que vous l'obteniez des personnes chères de qui je dépens; mais vous le voyez, il n'y a pas de temps à perdre!

— Mademoiselle, reprit Gérard d'une voix émue et se tournant vers le comte, si je pouvais croire que ma demande serait accueillie, je le ferais à genoux.

Emma frappa ses deux petites mains l'une contre l'autre.

— A la bonne heure! s'écria-t-elle; mais vous n'avez pas besoin de vous mettre à genoux; mon excellent père consentira et ma mère certainement se laissera fléchir... N'est-ce pas, cher père, que vous ne vous opposerez pas à ce mariage? D'abord j'aime Gérard depuis longtemps. Oh! mon Dieu oui, je l'aime depuis l'époque où nous étions enfants tous les deux!

— Serait-il possible, Emma? s'écria Gérard transporté.

M. de Vaublanc intervint cette fois avec autorité.

— Finissons cette plaisanterie, Emma, dit-il d'un ton péremptoire; et vous, Gérard, oubliez les idées extravagantes qu'inspire à cette pauvre enfant son affection pour moi. Lors même que, de sa part et de la vôtre, un semblable projet serait exécutable réellement, croyez-vous qu'il obtiendrait jamais mon assentiment? Croyez-vous que, dans un intérêt presque personnel, je voudrais improviser un mariage pour ma fille, exiger de celui qui l'épouserait l'abandon de tous ses biens? Ce serait une infamie, une lâcheté indigne d'un homme loyal, indigne d'un père; et, si j'étais capable d'un pareil calcul, je mériterais tous les maux, toutes les hontes dont je suis menacé.

Emma et l'ingénieur étaient consternés; cependant, mademoiselle de Vaublanc ne se rendit pas encore.

— Mon père, dit-elle en pleurant, je vous en prie, n'ayez aucun scrupule... On peut être heureux sans fortune, à ce qu'il me semble, quand on est jeune et quand on s'aime... Or, j'aime Gérard, et lui aussi m'aime depuis longtemps... Mais parlez donc, ajouta-t-elle avec impatience; n'est-il pas vrai que vous m'aimez?

— Ah! mademoiselle, ai-je besoin de le dire; vous occupez tous mes rêves, toutes mes pensées...

— Paix! c'est assez, interrompit encore le comte d'un ton ferme. Emma, pas un mot de plus à ce sujet; vous êtes allée déjà beaucoup trop loin... Vous, Gérard, si vous pensez vraiment ce que cette étourdie vous force à dire, vous devez comprendre que ce n'est ici ni le lieu, ni le moment de traiter de pareilles matières... Enfants, poursuivit-il d'un air d'accablement, laissons les projets irréalisables et insensés; songeons, s'il est possible, aux moyens pratiques de sortir de l'embarras où je me trouve. Je voudrais m'aider moi-même, mais toutes mes combinaisons sont dérangées par un refus auquel je devais si peu m'attendre; je n'ai plus de plan, mes idées sont confuses et bouleversées. Mais vous, Gérard, ne pouvez-vous plus rien pour moi?

— Je puis, du moins, mon cher comte, tenter de nouveaux efforts, répondit l'ingénieur; si je vous ai bien compris, la catastrophe attendue ne saurait arriver avant quelques jours d'ici; ce temps bien employé sera peut-être suffisant pour nous permettre de détourner le coup. Je vais voir de nouveau le préfet; je vais lui dire combien votre situation s'est encore empirée. J'espère le déterminer à employer le télégraphe pour presser la décision du ministre; et, peut-être ainsi réussirons-nous à changer la face des choses.

— Que Dieu vous entende, Gérard! reprit le comte d'une voix sombre; si je ne parvenais à éviter la ruine et le déshonneur, la vie me deviendrait insupportable et...

Il s'arrêta en voyant les yeux de sa fille fixés sur lui.

— Mon père... mon bon père! dit Emma terrifiée, auriez-vous donc conçu quelque sinistre projet?

— Tu te trompes, mon enfant, répliqua M. de Vaublanc avec embarras; j'ai seulement voulu dire que si j'étais déclaré en faillite, la honte et le chagrin ne tarderaient pas à me tuer.

— Oh! cela ne sera pas, mon père; n'est-ce pas, Gérard, que cela ne sera pas?... Mais vous voyez combien chaque minute est précieuse...

— Je vais partir, je pars! dit l'ingénieur en se levant résolûment. Mon cheval doit être reposé; je franchirai aisément en deux heures les six lieues qui me séparent de la ville, et la dépêche télégraphique pourra encore être envoyée ce soir à Paris.

— Mais vous devez être vous-même épuisé de fatigue, mon brave garçon! dit le comte d'un air d'intérêt; je ne serai pas assez égoïste, assez peu soucieux des devoirs de l'hospitalité pour vous permettre de repartir si vite.

Gérard répondit que ce voyage n'était qu'une bagatelle, et que, pour être utile à M. de Vaublanc, il braverait bien d'autres fatigues.

— Il a raison... Partez, Gérard, dit Emma toute haletante; ne perdez pas de temps, ne reculez devant aucune difficulté; et quelle que soit la fortune qui me reste, quand vous aurez sauvé mon père, vous serez en droit de venir réclamer ma main.

— Quoi donc! ma fille... encore?...

— Eh! mon père, c'est la seule récompense que je puisse offrir à l'homme dévoué qui vous tirera de cet abîme!

— Et pour obtenir cette récompense, mon cher de Vaublanc, s'écria l'ingénieur, je serais prêt même au sacrifice de la vie!... Merci, Emma; ni obstacles ni dangers ne m'arrêteront, afin de mériter le bonheur qu'on me fait entrevoir!... Allons! adieu, cher comte; adieu aussi, mademoiselle... N'oubliez pas votre promesse qui sera toujours présente à ma pensée et doublera ma force et mon courage!

Il serra la main du comte et sortit précipitamment, tandis que le père et la fille se jetaient en pleurant dans les bras l'un de l'autre.

XVII

L'ENTRETIEN SECRET

Pendant que la scène précédente avait lieu au salon de la Bastide-Vialard, la comtesse ne dormait pas dans sa chambre, comme le croyait Emma. Elle n'était pas aussi abattue, en effet, qu'elle avait voulu le paraître à la suite de son explication orageuse avec son mari, et elle ne sentait nul besoin de sommeil. Loin de là; elle éprouvait cette exaltation fiévreuse qui est si mauvaise conseillère pour les femmes offensées. Aussi ne tarda-t-elle pas à quitter son lit de repos, et, après avoir jeté un coup d'œil sur la pendule de la cheminée, elle se mit à réparer avec activité le désordre de sa toilette.

— Et moi qui avais des scrupules pour des démarches si complétement innocentes! murmura-t-elle; que j'étais simple! Son révoltant égoïsme, son insupportable tyrannie m'affranchissent de tous remords... Voici l'heure!... Me serait-il interdit de chercher une protection où je suis certaine de la trouver?

Elle alla donner intérieurement un tour de clef à la porte; puis, elle gagna un escalier dérobé qui conduisait à la pièce où se tenait d'ordinaire sa femme de chambre. Cette pièce était vide en ce moment, comme elle l'avait prévu, et la comtesse put descendre au jardin sans avoir rencontré personne.

En traversant le parterre, elle entendit un bruit de voix qui s'élevait du salon de marbre; ce bruit parut encore augmenter son irritation; doublant le pas, elle s'engagea dans l'allée de charmilles qui entourait le jardin et se dirigea vers le pavillon du billard.

Ce pavillon, si fréquenté autrefois quand la Bastide contenait des hôtes nombreux et avides de divertissements, était abandonné depuis quelques jours et demeurait fermé, afin que les domestiques, à défaut des maîtres, ne pussent venir y prendre leurs ébats. D'ailleurs, cette espèce de kiosque avait une porte dérobée qui s'ouvrait sur la campagne, et il eût été contre une bonne administration de laisser les gens de service entrer et sortir par là sans contrôle.

La comtesse s'arrêta devant le pavillon. On pouvait encore entendre le murmure de voix qui partait du salon; mais la solitude était complète dans le jardin. Sûre de n'avoir pas été remarquée, elle tira une clef de sa poche, ouvrit, et entra dans la salle de billard, dont elle referma vivement la porte derrière elle.

Au bruit qu'elle avait fait, un homme, assis au fond de la salle, s'était levé avec empressement; il s'approcha d'elle et lui prit la main qu'il baisa d'un air respectueux :

— Ah! madame la comtesse, dit-il à demi-voix, que vous êtes bonne d'être venue!

C'était le baron de Puysieux.

Madame de Vaublanc était embarrassée. Peut-être se repentait-elle déjà d'une démarche dont elle n'avait pas suffisamment apprécié jusque-là les conséquences, et elle se demandait s'il ne valait pas mieux battre immédiatement en retraite, que de prolonger cette entrevue. Pendant qu'elle hésitait, disons en peu de mots comment le baron avait pu s'introduire dans la salle de billard.

On sait déjà que Puysieux était un intrigant de la pire espèce. Malgré le titre dont il se parait, sa noblesse était douteuse, et son mince patrimoine avait été promptement dissipé dans les désordres de la vie soi-disant élégante. Toutefois, quelques années auparavant, Puysieux, grâce à des protecteurs puissants, qui depuis l'avaient abandonné, grâce surtout à des dehors séduisants, avait été jugé digne d'exercer une charge publique. Nous avons vu par suite de quelles malversations flagrantes il s'était vu dans l'obligation de se démettre de son emploi. Revenu à Paris, il avait vécu en bohémien du grand monde, exploitant la bonne foi des uns, la sottise des autres. Il s'était lancé surtout dans les tripotages d'affaires industrielles, et, avec le secours de certains individus, pourvus de titres et de noms sonores, mais tarés comme lui, il avait réussi à conserver les apparences de la richesse. C'était à cette époque qu'il avait fait la connaissance du comte de Vaublanc, venu à Paris pour ses affaires d'entreprises et de chemins de fer. Puysieux avait compris tout d'abord le parti qu'il pouvait tirer de l'opulent spéculateur dont l'influence était considérable dans plusieurs départements, et il s'était attaché à lui. Développant toutes les séductions de son esprit souple et insinuant, il avait parlé haut de son crédit, de son savoir-faire; bref, il avait réussi à capter les bonnes grâces de M. de Vaublanc qui, malgré son intelligence incontestable, restait toujours un peu provincial. C'était ainsi que Puysieux avait été invité l'année précédente à venir passer quelques jours à la Bastide, et, dès cette époque, l'aventurier, connaissant mieux la situation, avait formé des plans que, plus tard, il avait tenté de mettre à exécution.

La beauté d'Emma l'avait frappé; d'ailleurs, il savait que mademoiselle de Vaublanc était riche par elle-même et comme unique héritière de ses parents, et il s'était dit que celui qui épouserait cette charmante enfant d'un père millionnaire et lancé dans les hautes spéculations de la finance, serait un heureux mortel. Mais, en cherchant à obtenir les préférences d'Emma, il avait rencontré certains obstacles dont il lui fallait d'abord triompher. Le premier et le plus important était la coquetterie de la comtesse, qui semblait considérer comme une insulte pour elle tout compliment à l'adresse de sa fille. L'autre venait de Gérard, que le baron avait trouvé établi à la Bastide sur le pied de l'intimité et dont il n'avait pas tardé à deviner l'amour pour mademoiselle de Vaublanc. Il avait reconnu aussi qu'Emma éprouvait pour cet ami d'enfance un sentiment beaucoup plus vif qu'elle ne le soupçonnait elle-même, et il avait songé à évincer sans retard ce rival dangereux.

Peut-être Puysieux avait-il mis trop de rudesse et de brutalité dans ses manœuvres pour atteindre ce but. Quoi qu'il en fût, on se souvient que son duel avec l'ingénieur avait eu pour résultat de provoquer des révélations accablantes, et ces révélations, en le perdant dans l'esprit du comte, devaient ruiner toutes ses espérances.

Nous savons aussi comment sa rencontre au val de la Fontaine avec les dames, le léger service qu'il avait eu occasion de leur rendre, et enfin le départ de Valérie, avaient ranimé son courage; comment, dans l'impossibilité de faire revenir le comte de ses préventions, surtout de se faire aimer d'Emma qu'il avait blessée par ses médisances au sujet de la directrice des postes, il avait tourné ses batteries contre madame de Vaublanc.

Il s'était posé vis-à-vis d'elle en homme d'honneur, cruellement méconnu, et sous prétexte de solliciter son rappel public à la Bastide, il lui avait écrit plusieurs lettres par une voie dont nous parlerons bientôt. Enfin, en employant la ruse et la flatterie, il l'avait décidée à le recevoir secrètement chez elle, et c'était la seconde fois qu'ils se voyaient dans le pavillon du billard.

Madame de Vaublanc, néanmoins, n'était pas aussi coupable que cette imprudente démarche pourrait le faire croire. Malgré son incontestable désir de plaire, elle était arrivée, comme nous l'avons dit, jusqu'à l'âge de la maturité sans que la moindre tache eût souillé sa réputation. Par malheur, il se manifeste à cet âge, chez certaines femmes encore belles, je ne sais quelle recrudescence de coquetterie. Menacées de perdre dans un terme prochain la beauté dont elles ont été vaines, elles éprouvent le besoin de s'assurer que cette beauté est encore bien réelle et elles accueillent les hommages avec plus de facilité qu'à aucun autre moment de la vie. Leur pouvoir sur elles-mêmes, la certitude qu'elles ont de maintenir dans de justes limites les passions qu'elles inspirent, augmentent leur sécurité. Elles se croient supérieures au danger et le bravent; aussi font-elles souvent naufrage au port, et elles augmentent le nombre immense de ces femmes qui succombent sans amour.

Tel était à peu près le cas de la comtesse. Son désœuvrement à la Bastide, l'abandon d'un mari tout occupé de spéculations financières, et jusqu'au voisinage de sa fille qu'elle voyait rayonnante de jeunesse et de fraîcheur, comme elle-même au temps passé, avaient réveillé dans son cœur des velléités de plaire. Puysieux, en apportant dans cette paisible retraite des Basses-Alpes comme un vague parfum de la vie parisienne, avait contribué à exalter ces prédispositions naturelles. Forte de sa bonne renommée, de l'expérience acquise, madame de Vaublanc n'avait donc pas craint d'ébaucher une liaison, dont le mystère lui offrait des charmes et qu'elle se croyait sûre d'arrêter dès qu'elle y découvrirait un danger véritable. D'ailleurs, les moyens ne lui manquaient pas pour déguiser cette espèce d'intimité à ses propres yeux, sous des prétextes les plus innocents; elle s'imaginait de bonne foi n'éprouver pour Puysieux que de l'estime et de l'amitié; et elle ne se doutait pas que Puysieux serait trop habile et trop corrompu pour ne pas exploiter à son profit la moindre imprudence.

Néanmoins, madame de Vaublanc, ce jour-là, parut avoir quelque conscience de ses torts; et, comme nous l'avons dit, elle était confuse et embarrassée en entrant dans la salle de billard. Puysieux s'en aperçut.

— Quoi! madame, dit-il avec un accent de doux reproche, pourriez-vous donc vous repentir de la faveur que vous m'accordez? Qu'avez-vous à craindre ici, dans votre propre maison, avec un pauvre blessé tel que moi?

Et il montrait son bras encore en écharpe. La comtesse se rassura.

— Qu'ai-je à craindre, en effet, répliqua-t-elle; et pourquoi regretterais-je la preuve de confiance que je donne à un ami?

Elle prit un siège et s'assit.

— Vous paraissiez émue et tremblante, madame, reprit Puysieux; serais-je vraiment la cause du trouble où je vous vois?

— Non, non, monsieur le baron; ce trouble a pour motif la dureté de la personne qui devrait le plus ménager ma faiblesse... Je suis bien malheureuse!

Et elle laissa couler ses larmes.

Puysieux comprenait fort bien quel avantage donne sur elle une femme encore jeune et jolie, qui avoue qu'elle est malheureuse. Il se rapprocha de madame de Vaublanc et lui dit:

— Chère comtesse, qu'est-il arrivé? Mais peut-être ne me jugez-vous pas digne de votre confiance?...

— Et pourquoi non, Puysieux? N'êtes-vous pas mon seul ami dans cette maussade solitude? D'ailleurs, j'ai besoin de conseils, d'assistance peut-être, et qui pourrait me les fournir si ce n'est vous?

Alors, elle se mit à raconter la scène violente qui venait d'avoir lieu entre elle et son mari. Elle insista particulièrement sur la tyrannie du comte, qui ne voulait pas lui permettre de quitter la Bastide avant la catastrophe prochaine et inévitable. Le baron manifesta une extrême indignation.

— Quoi! Vaublanc a-t-il pu traiter avec tant de cruauté la plus douce, la plus gracieuse, la plus aimable des femmes? s'écria-t-il. Sa conduite est abominable. J'aurais pu lui pardonner son injustice envers moi, sa facilité à croire les odieuses calomnies dont je suis l'objet; mais en agir envers vous avec tant de barbarie, c'est odieux, révoltant, et vous ne devez pas le souffrir!

— Eh! que voulez-vous que je fasse? dit la comtesse avec désespoir; je ne saurais résister à son autorité, et puisqu'il ne défend de quitter la Bastide, il faudra bien que je boive le calice jusqu'à la lie, dussé-je mourir de chagrin et de honte!

— La résignation n'est pas de saison; il faut, au contraire... Sans doute, madame, poursuivit le baron en l'observant à la dérobée, les biens que vous voulez soustraire aux dissipations de M. de Vaublanc sont considérables?

— Le chiffre de mes biens personnels monte à plus de trente mille livres de rente, dont mon notaire seul a le maniement.

— Et avec une pareille fortune, qui vous assurerait partout une entière indépendance, vous ne chercheriez pas à éviter d'odieuses persécutions!... Mais peut-être manquez-vous des avances nécessaires pour effectuer une prompte fuite?

— J'ai dans mon secrétaire vingt mille francs d'économies, sans compter que je possède des bijoux d'une valeur considérable. Je tenais tout cela en réserve pour le moment où nous irions nous fixer à Paris.

— Eh bien! madame, dit Puysieux avec chaleur, il faut faire usage de ces ressources, vous soustraire bien vite à un coupable abus de pouvoir. Il faut vous hâter de monter dans une de vos voitures et partir pour quelque ville voisine, où vous vous mettrez sous la protection des lois. Si même vous ne trouviez pas votre tranquillité suffisamment assurée en France, nous ne sommes ici qu'à une courte distance de la frontière du Piémont, et quelques heures vous suffiraient pour vous réfugier à l'étranger.

— Y pensez-vous, Puysieux? reprit la comtesse avec une extrême agitation; ce serait un éclat terrible... D'ailleurs, comment pourrais-je accomplir un pareil dessein? Mon mari est emporté, opiniâtre dans ses résolutions : il va surveiller d'un œil jaloux toutes mes démarches, et, à la première tentative... Et puis, où irais-je, seule et sans protecteurs?

— Et moi, et moi, madame, reprit le baron avec véhémence, ne suis-je pas prêt à vous protéger, à vous défendre? Ne suis-je pas à vous corps et âme? Dites un mot, et je saurai bien vous délivrer de cette insupportable tyrannie. Je préparerai votre fuite, je vous accompagnerai; et, quand même j'aurais accepté ma protection, malheur à celui, quel qu'il soit, qui oserait attenter à votre liberté, à votre repos!

En même temps, il essaya de convaincre madame de Vaublanc de la légitimité de ce départ; il s'exprimait avec une faconde entraînante, il entassait arguments sur arguments pour lui prouver qu'elle avait le droit de se soustraire sans retard à l'autorité de son avide mari. La comtesse écoutait avec émotion, et, plus le tentateur la voyait troublée, plus il redoublait d'efforts. A bout de sophismes, il lui représenta que cette fuite serait dans l'intérêt de sa fille, puisqu'elle pourrait ainsi conserver à Emma une fortune que le comte aurait fini par engloutir dans ses spéculations hasardeuses. Au nom d'Emma, madame de Vaublanc ne put retenir un geste d'impatience.

— Ne me parlez pas de cette enfant frivole et ingrate, répliqua-t-elle; mon absence ne laisserait pas un grand vide dans son cœur. Aujourd'hui, elle a pris le parti de son père contre moi; ils se consoleraient aisément tous les deux de mon absence.

Puysieux crut devoir défendre Emma contre ces imputations; la comtesse l'interrompit avec humeur :

— Je sais, dit-elle, que vous approuvez et que vous admirez tout ce qui vient d'elle.

— J'aime et j'admire, chère comtesse, répliqua le baron d'un air pénétré, tout ce qui vous touche et vous ressemble. Je vous l'ai dit déjà, madame; à mes yeux, Emma possède seulement les germes de la beauté et des perfections que je retrouve en vous dans tout leur éclat.

Ces flatteurs apaisèrent madame de Vaublanc; toutefois, Puysieux ne crut pas prudent de lui parler davantage de sa fille, et il revint à son thème favori : la nécessité d'une fuite immédiate. Il est à remarquer qu'en ce moment il ne disait rien de sa passion pour madame de Vaublanc; ce sujet ne lui avait été pourtant interdit que faiblement dans l'entrevue précédente; mais il pouvait effaroucher une femme imprudente dans la circonstance actuelle. Puysieux n'avouait d'autres mobiles que l'amitié la plus sainte et la plus pure, la justice et la pitié. Néanmoins, ce langage captieux n'eut pas un plein et entier succès dans l'esprit irrésolu de la comtesse.

— Non, dit-elle avec effort en se levant, je ne saurais encore prendre un tel parti, provoquer un tel scandale. C'est une extrémité à laquelle je ne recourrai seulement si le comte m'y force par de nouvelles brutalités.

Le baron sentit qu'une plus grande insistance pourrait être suspecte.

— Elle y viendra, pensa-t-il; sachons attendre.

Il reprit tout haut avec mélancolie :

— Peut-être, madame, vous repentirez-vous amèrement d'avoir tardé; mais que votre volonté s'accomplisse! Je dois respecter vos scrupules... Plus tard, comme aujourd'hui, je serai à vos ordres. Si vous avez besoin de mes services, vous pourrez m'écrire un mot par Jeanne Marsais, qui vous a déjà remis en secret plusieurs lettres de moi.

— Merci, cher baron, de votre affection et de votre dévouement. Je me sens plus forte depuis que je sais assurée de trouver en vous un appui contre la persécution... Mais il est temps de nous séparer; je n'entends plus de bruit au salon, et si l'on allait me chercher dans ma chambre...

— Déjà! dit Puysieux avec un soupir; mais ne vous reverrai-je pas bientôt?

— Je ne sais... Malgré tout, il me semble que c'est mal de vous recevoir ici en secret. J'ai maintenant moins d'espoir que jamais de vous réconcilier avec mon mari, car il paraît de plus en plus prévenu contre vous.

— Serait-il possible? Ah! madame, si à votre tour vous veniez à partager ces préventions, mon désespoir serait au comble!

— Y songez-vous, baron? Moi, douter du seul ami qui me reste!... Mais à propos, poursuivit la comtesse distraitement, cette femme, qui vous a tant calomnié, n'a-t-elle pas eu le front de se présenter aujourd'hui à la Bastide!

— Que dites-vous? s'écria Puysieux en pâlissant; elle est revenue dans le pays... elle... la marquise?

— Marquise! répéta madame de Vaublanc avec inté-

rêt ; cette directrice des postes est donc vraiment une personne de qualité ?
— Oui... non... c'est une dangereuse créature !... Et M. de Vaublanc a consenti à la recevoir ?
— J'étais auprès de lui lorsque madame Arnaud s'est fait annoncer, et j'ai pris sur moi de la congédier d'une manière assez leste... M. de Vaublanc, absorbé par ses mauvais desseins, m'a paru avoir oublié jusqu'au nom de votre ennemie.
— Tant mieux ! puisse-t-il oublier de même... Êtes-vous sûre qu'elle ne se présentera pas ici de nouveau ?
— Vraiment, baron, on croirait que vous avez peur d'elle !...
Puysieux fit un geste de dédain ; mais un bruit qui s'éleva du côté de la maison attira l'attention de madame de Vaublanc.
— On me cherche peut-être, dit-elle ; il faut que je vous quitte... Monsieur de Puysieux, je vous en conjure, prenez bien garde qu'on ne vous voie lorsque vous sortirez du pavillon... La moindre imprudence de votre part pourrait me compromettre.
— N'ayez aucune inquiétude, chère comtesse, et laissez-moi espérer que vous recourrez à moi dans vos embarras et vos périls.
— Je vous le promets ; et si, de mon côté, j'avais à vous écrire, je remettrais un mot à Jeanne Marsais... Allons ! je crois qu'on marche dans l'avenue... on vient peut-être ici... Adieu, adieu !
Et elle sortit rapidement du pavillon dont elle ferma la porte et dont elle retira la clef.
Le baron, demeuré seul, écouta ce qui se passait au dehors. Quelqu'un venait de s'approcher de madame de Vaublanc et lui parlait timidement.
— Où donc faudra-t-il me cacher, répliqua la comtesse avec aigreur, pour trouver enfin un peu de repos ?
Puis, les interlocuteurs s'éloignèrent rapidement.
Puysieux demeura quelques instants immobile ; enfin, après s'être assuré que personne n'était à portée de l'épier, il ouvrit une petite porte sur un chemin ombragé et solitaire, et quitta le pavillon.
Tant qu'il fut dans le voisinage de la Bastide, il marcha lentement et avec de grandes précautions ; mais bientôt, ne redoutant plus d'être rencontré, il se livra librement à ses réflexions.
— Qui se serait attendu à ce retour si prompt de la marquise ? pensait-il. Peut-être ferais-je bien de lui céder la place et de repartir au plus vite !... Mais bah ! ce serait une lâcheté ! D'ailleurs, elle a épuisé son pouvoir malfaisant contre moi, et je ne saurais renoncer aux avantages que me donne cette madame de Vaublanc. Quelle chance, si je parvenais à décider cette vieille coquette vaporeuse à partir avec moi, comme une héroïne de roman, sans oublier, bien entendu, la cassette aux pierreries ! et j'y parviendrai sans doute si son mari continue à se conduire avec tant de maladresse. La bonne créature feint de croire qu'elle joue à l'amitié tendre et désintéressée, et qui sait ? elle le croit peut-être... Mais si elle consentait à passer la frontière en ma compagnie, quel coup de maître !... On pourrait trouver dans la cassette en question de quoi relever mes finances qui sont diablement bas... Oui, il faut que je réussisse, en dépit de cette marquise maudite qui reparaît ici, au moment où je me croyais débarrassé d'elle !
Tout en pensant ainsi, il suivait l'avenue que traversait la grande route des montagnes. Comme il arrivait au point d'intersection de deux voies, à l'endroit même où Emma s'était autrefois foulé le pied, il se trouva tout à coup en présence d'un cavalier qui semblait venir du bourg de Saint-Martin : c'était Gérard qui retournait à la ville. Puysieux avait de bonnes raisons pour ne pas désirer de se trouver en rapport avec l'ingénieur et il se disposait à l'éviter ; mais Gérard en décida autrement.

Ils se rencontraient, en effet, pour la première fois depuis le duel où Puysieux avait été blessé ; et Gérard, bien qu'il n'eût aucune sympathie pour son adversaire, jugea, en le voyant le bras en écharpe, à quelques pas de lui, que les convenances l'obligeaient à s'informer des nouvelles de son ancien rival. Il mit donc pied à terre, et, portant la main à son chapeau, il dit à Puysieux d'un ton poli :
— J'ose espérer, monsieur, que votre blessure est en bonne voie de guérison ?
Puysieux répondit de même qu'il était encore souffrant, quoique la plaie fût cicatrisée ; que, du reste, il exerçait ses forces par la promenade, afin d'être en état de quitter le pays dans quelques jours.
— Vous partirez bientôt ? reprit Gérard en fixant sur lui un regard curieux.
— Il le faut bien ; depuis cette fatale aventure, rien ne peut plus me retenir ici... Vous, monsieur, ajouta-t-il avec tristesse, vous êtes plus heureux que moi, vous n'êtes pas exclu de la Bastide-Vialard, et c'est de là que vous venez sans doute ?
— Ma visite a été bien courte, répondit l'ingénieur ; et j'ai trouvé la famille de Vaublanc dans un état d'agitation et de trouble qui m'empêche de me réjouir de l'accueil...
Il s'interrompit ; emporté par certains souvenirs récents, il avait été sur le point d'oublier combien peu son interlocuteur méritait sa confiance.
— De l'accueil amical du comte de Vaublanc, achevat-il en détournant la tête.
Et, jugeant que cet entretien avait assez duré, il voulut remonter à cheval ; mais Puysieux ne bougea pas.
— Et sans doute, reprit-il avec son accent mélancolique, l'accueil de mademoiselle Emma n'a pas été moins amical que celui du père ? Décidément, vous avez tous les bonheurs, monsieur Gérard, et il y a longtemps déjà que je me suis aperçu de la préférence de cette charmante enfant pour vous. Vous auriez pu vous en apercevoir de même, quand elle vous pria de ne céder la place, lors de l'explication qui eut lieu entre nous dans le pavillon du billard. Si vous aviez eu une plus grande expérience des femmes, vous eussiez compris que, pour juger des préférences d'Emma, il fallait justement prendre le contre-pied de ses paroles. Dans notre lutte, vous avez eu toujours l'avantage ; aussi n'essayerai-je pas de la soutenir plus longtemps. Adieu, monsieur ; nos rapports sont finis, et vous n'entendrez plus parler de moi.
En même temps, il salua et s'enfonça dans le chemin creux qui conduisait aux montagnes.
Puysieux venait de se montrer sous un jour si nouveau, il y avait tant d'humilité et de souffrance dans son attitude comme dans ses paroles, que l'âme loyale du jeune ingénieur en fut émue. Gérard faillit le rappeler pour lui tendre la main. Cependant, une seconde réflexion le retint ; cette humilité pouvait n'être qu'un piège, et d'ailleurs, il ignorait comment ses avances seraient reçues de Puysieux.
— N'importe ! pensa-t-il, j'écrirai à la marquise pour lui dire combien le repentir de ce pauvre diable me paraît sincère et combien elle a tort de se défier de lui. Si coupable qu'il ait été, il se trouve maintenant réduit à l'impuissance et on doit se montrer généreux envers les vaincus.
Quelques jours encore s'étaient écoulés sans amener aucun changement dans la position des habitants de la Bastide-Vialard. Cette belle demeure prenait un aspect de plus en plus sombre. Ses portes demeuraient constamment closes ; les domestiques, dont l'éclatante livrée était si connue aux environs, ne se montraient plus dans le pays, et l'on assurait que la plupart venaient de recevoir leur congé. De même, les dames de Vaublanc ne sortaient plus

LA DIRECTRICE DES POSTES

Mon père ! s'écria la jeune fille d'une voix éclatante. (Page 77.)

en voiture, soit que le comte eût défendu ces promenades, soit que le spectacle de ce luxe, qui survivait à la richesse, eût été jugé capable de produire une mauvaise impression sur les gens du voisinage; la mère et la fille en étaient réduites à prendre l'air dans les jardins ou dans le parc. D'un autre côté, les lettres qui, peu de temps auparavant, affluaient à la Bastide, devenaient rares, comme si amis et ennemis avaient conscience du désastre qui menaçait cette maison jadis opulente, et le comte ne daignait même plus les envoyer chercher à la poste de Saint-Martin.

Le soir du cinquième jour, aucun doute ne resta aux plus incrédules sur l'imminence d'une catastrophe. La voiture de Planchet, qui d'ordinaire contenait seulement un petit nombre de voyageurs, arriva chargée de monde. Dans l'intérieur se trouvaient deux hommes vêtus de noir, qui semblaient être des huissiers ou des gens de justice; sur l'impériale étaient juchés quatre individus aux habits râpés, aux figures sinistres, qui avaient l'apparence de recors. Tous descendirent à l'auberge du *Roi René*, où ils devaient passer la nuit. La directrice n'avait eu besoin que d'un coup d'œil pour deviner à qui ces gens en voulaient, et elle avait bouleversé, avec une impatience fiévreuse, les dépêches qui venaient d'arriver; elle n'y découvrit rien à son adresse ou à l'adresse du comte. Cependant, il devenait sûr que la saisie aurait lieu le lendemain, et madame Arnaud remit à Planchet un mot écrit à la hâte, afin de prévenir Gérard de l'événement qui se préparait.

XVIII
LA SAISIE

La nuit se passa pour la directrice dans des angoisses à

peine moins grandes que celles des habitants de la Bastide-Vialard eux-mêmes. Au matin, les craintes de Valérie furent confirmées. Comme elle entrait dans le bureau, où Thérèse et les piétons l'attendaient déjà, elle apprit que l'on venait de voir toute la bande d'huissiers et de recors se diriger vers la Bastide. Elle poussa un profond soupir.

— Pauvre famille! murmura-t-elle ; j'ai fait tout ce qu'il dépendait de moi pour la sauver ; Dieu sans doute n'a pas permis que je réussisse!

Néanmoins, elle attendit avec une impatience extrême le courrier du matin ; par suite d'une cruelle fatalité, le courrier n'arriva pas à l'heure ordinaire. Un essieu s'était brisé en chemin, et il avait fallu plus de deux heures pour réparer l'avarie. La voiture parut enfin ; Valérie n'écouta pas Planchet qui voulait lui exposer toutes les péripéties de l'événement ; elle s'empressa d'ouvrir le sac aux dépêches et d'en examiner le contenu. Son attention se fixa d'abord sur une belle et large lettre, scellée d'un ample cachet rouge, et qui avait la mine d'une dépêche officielle ; en effet, elle portait sur l'enveloppe le timbre fort apparent d'un ministère, et elle était adressée à M. de Vaublanc.

La directrice ignorait ce que ce paquet contenait ; peut-être s'y trouvait-il une déception de plus pour le malheureux comte ; cependant M. de Vaublanc pouvait avoir le plus grand intérêt à recevoir sans retard cette dépêche. Aussi, interrompant Planchet au milieu de son récit, se tourna-t-elle vers les piétons qui attendaient ses ordres :

— L'un de vous va partir pour un service extraordinaire, dit-elle.

Faucheux et Dumoulin s'approchèrent.

— Sera-ce moi, madame? demandèrent-ils en même temps.

— Cette fois, dit la directrice, il s'agit d'une tournée dans le canton sud... Jacques, ceci vous regarde.

Les visages de Jacques et de Thérèse s'épanouirent, tandis que celui de Pied-Bot se rembrunissait.

— Vous allez donc, reprit la directrice en présentant le paquet à l'élu, porter sur-le-champ cette lettre à la Bastide-Vialard. Quoi qu'on dise ou qu'on fasse, vous la remettrez à M. de Vaublanc... à lui-même, vous m'entendez? Puis, vous reviendrez plus vite pour remplir votre devoir. S'il y a une irrégularité dans tout ceci, j'en prendrai la responsabilité devant nos supérieurs.

A peine avait-elle achevé de parler que Dumoulin était déjà en route pour la Bastide, emportant dans son sac de cuir la dépêche ministérielle.

Néanmoins, madame Arnaud ne paraissait guère plus rassurée qu'auparavant.

— Cette lettre ne peut la sauver, pensait-elle ; pauvre Emma ! comme elle va souffrir pendant cette cruelle journée !

Et elle se mit à l'œuvre afin de réparer les perturbations causées dans le service de la poste par le retard du courrier.

Nous la laisserons à ces occupations et nous précéderons Dumoulin à la Bastide-Vialard.

Il était encore de bonne heure, et personne ne devait être levé à l'habitation quand la bande des gens de justice avait sonné bruyamment à la grille. Réveillé par le vacarme, Charles, le seul domestique mâle qui fût resté au service de la famille de Vaublanc, accourut pour en connaître la cause. A la vue de cette troupe sinistre, il devina de quoi il s'agissait, et, sans s'inquiéter d'ouvrir, il alla sur-le-champ prévenir son maître.

M. de Vaublanc, à demi vêtu, dormait dans un fauteuil où il avait passé la nuit. Devant lui était une table chargée de papiers, et deux bougies qui achevaient de se consumer quoiqu'il fût grand jour. Le comte écouta tranquillement la nouvelle qu'on lui apprenait.

— Déjà ! murmura-t-il, eh bien ! soit... Maintenant ou plus tard, qu'importe ! Je vais moi-même les recevoir.

Il passa une redingote et traversa la cour suivi de Charles. En arrivant à la grille, il demanda aux visiteurs ce qu'ils voulaient. L'huissier principal exposa sa mission et montra à travers les barreaux de fer une liasse de papiers dont il était porteur.

— Il suffit, messieurs, répliqua le comte ; on va vous ouvrir et on ne fera aucune résistance. Je vous recommande seulement de ne toucher à rien de ce qui appartient à ma femme et à ma fille. Si vous vous conformez exactement à cette obligation, qui vous est du reste imposée par votre ministère, vous aurez bon marché de moi.

En même temps, il dit à Charles de déverrouiller la grille, et bientôt huissiers et recors purent pénétrer dans la cour.

Dès qu'ils furent entrés, ils agirent comme en vertu d'un plan arrêté d'avance. Un d'eux fut mis en faction à la porte, avec consigne de ne rien laisser emporter par qui que ce fût ; les autres furent de même placés en sentinelles à toutes les issues de la maison, qu'ils semblaient connaître parfaitement. Quant aux deux chefs, ils demeurèrent près du comte, et l'huissier principal lui dit à demi-voix :

— Veuillez nous conduire, monsieur.

— Je vous donnerai cette marque de complaisance, répliqua Vaublanc avec un sourire amer ; car j'imagine que je ne dois pas me considérer comme prisonnier ?

— Pas encore, monsieur.

— Bon ! voulez-vous dire que je le serai plus tard ?.. Pour cela, nous verrons bien !

Et il fit entendre un léger sifflement de défi. Cependant il se dirigea vers la maison ; en montant l'escalier, il appela le domestique.

— Charles, lui dit-il à voix haute, afin de ne pas exciter les soupçons de ses compagnons qui déjà le regardaient avec défiance, prévenez ma femme et ma fille... Il faut qu'elles soient prêtes à tout événement.

Charles s'inclina en silence et alla s'acquitter de sa commission, pendant que le comte introduisait les officiers de justice dans son cabinet.

Ce fut un triste réveil pour les dames de Vaublanc. Emma, toute tremblante, achevait de s'habiller quand la comtesse, qui avait été avertie la première, accourut dans sa chambre. En ce moment terrible, madame de Vaublanc oublia la froideur qu'elle avait montrée à sa fille pendant ces derniers jours et se jeta en pleurant dans ses bras.

— Emma, pauvre enfant ! dit-elle éperdue, qu'allons-nous devenir ?

— Remplissons notre devoir, chère maman, répondit Emma en se roidissant contre sa douleur ; partout où ira mon père nous devrons le suivre pour le soutenir et le consoler.

— Mais songe donc... si on le conduisait en prison ?

— J'irais en prison avec lui, répliqua délibérément la jeune fille, quoiqu'elle ne pût s'empêcher de frissonner à cette pensée ; mais de grâce, chère maman, ne le laissons pas seul avec ces gens... S'il faut le dire, je crains que mon père, lorsqu'il aura perdu tout espoir, n'accomplisse quelque résolution funeste... Oh ! venez, venez... nous veillerons sur lui, nous le protégerons contre lui-même.

Et, prenant par la main sa mère à moitié folle de frayeur, elle l'entraîna dans la pièce où se trouvait le comte sous la garde des huissiers.

M. de Vaublanc, assis dans un fauteuil, le coude appuyé sur la table, demeurait morne et silencieux, ne paraissant plus voir ni entendre ce qui se passait autour de lui. Ses papiers, ses livres étaient dans le plus grand désordre ; toutes les armoires étaient ouvertes, et l'on procédait à l'inventaire des objets précieux qu'elles pouvaient contenir.

Emma s'élança vers le comte et le couvrit de baisers, en lui disant d'une voix entrecoupée de sanglots :

— Cher père, courage !... Soyez fort dans l'adversité comme vous avez été modeste et généreux dans la prospérité.

— Est-ce toi, ma fille bien-aimée? répondit M. de Vaublanc avec émotion ; merci d'être venue... Je savais bien que tu ne m'abandonnerais pas!

— Et ma mère aussi est là, mon père ; ne la voyez-vous pas?

Alors seulement le comte remarqua sa femme qui demeurait debout et immobile, dans l'attitude de l'abattement.

— Eh bien! Léocadie, lui dit-il avec amertume, vous voyez votre ouvrage?

— Mon ouvrage, monsieur?

— Sans doute, puisque vous eussiez pu empêcher ce qui arrive... Mais il est inutile maintenant de revenir sur le passé ; je n'ai pas réussi, je ne dois m'en prendre qu'à moi.

Et il retomba dans son accablement, sans répondre aux caresses de sa fille.

Madame de Vaublanc, en venant trouver son mari, avait cédé à un sentiment d'intérêt et de sympathie véritables ; mais l'accueil du comte et l'aigreur de ses paroles donnèrent un nouveau cours aux pensées de la mère d'Emma. Les larmes s'étaient séchées tout à coup dans ses yeux ; l'orgueil blessé, la colère, cette colère subite et aveugle de la femme nerveuse, avaient remplacé la pitié. Cependant, comme elle se taisait, le comte reprit bientôt avec plus de douceur :

— Vous aviez raison de dire l'autre jour, Léocadie, que de telles scènes étaient trop pénibles pour vous ; aussi n'ai-je pas voulu sérieusement vous obliger d'en être témoin. Loin de là, je vous prie de quitter au plus vite cette maison, où le malheur peut être contagieux. Vous trouverez un asile soit à votre propriété de Laborde, soit même chez le notaire Billardin, qui vous a si bien conseillée. Emmenez cette pauvre enfant, qui n'est pas faite non plus pour ces douloureuses émotions.... Quant à moi, je saurai supporter avec faiblesse toutes les éventualités.

— Moi, cher père? s'écria Emma, moi, vous abandonner en ce moment ! N'espérez pas que j'y consente jamais... Que ma mère parte seule, car, en effet, elle succomberait sous le poids de semblables épreuves ; mais moi, je suis plus forte, et je ne dois pas vous quitter.

— Allons ! Emma, vous serez raisonnable ! reprit M. de Vaublanc avec autorité. J'exige que vous partiez à l'instant avec votre mère...Ces messieurs, ajouta-t-il d'un air d'ironie en désignant les huissiers, comptent me conduire quelque part où ni l'une ni l'autre vous ne pourriez m'accompagner... Ils ne verront donc aucun inconvénient, je l'espère, à ce que vous partiez dans la calèche, en emportant vos effets les plus indispensables.

L'huissier qui dirigeait les opérations judiciaires répliqua d'un ton mielleux :

— A mon grand regret, monsieur, je ne saurais autoriser la sortie d'aucune voiture et d'aucun attelage appartenant à la communauté. Chevaux et voitures doivent être compris dans la saisie. Quant à ces dames, elles n'ont rien à craindre ; nous ne sommes pas si terribles qu'on le croit. Elles pourront demeurer encore quelques jours dans leurs chambres, qui seront visitées seulement pour la forme, à la condition toutefois qu'elles ne toucheront à rien de ce qui sera porté dans l'inventaire.

Évidemment l'officier de justice avait une intention obligeante ; néanmoins le comte retint avec effort une réponse dure. Emma, qui s'en aperçut, s'empressa de répliquer :

— Je me soumettrai à toutes les conditions que l'on

m'imposera ; mais je ne quitterai pas mon père... je ne veux pas le quitter.

— Ma fille, dit le comte avec impatience, ta présence ne pourrait qu'ajouter à mon chagrin, à mon humiliation. Le spectacle de tes souffrances m'ôterait l'énergie dont j'ai besoin.

— Pour la première fois de ma vie, mon père, j'oserai vous désobéir.

M. de Vaublanc, malgré son irritation, parut touché de la constance d'Emma.

— Cette enfant a toujours été gâtée, reprit-il ; il faut donc céder à son caprice. Quant à vous, Léocadie, poursuivit-il en se tournant vers la comtesse, vous vous montrerez sans doute plus docile ; grâce à votre fortune particulière, vous aurez une position indépendante. Avisez donc aux moyens de vous procurer une retraite paisible... Je ne désespère pas de décider bientôt cette obstinée d'Emma à vous rejoindre.

— Ma chère maman me pardonnera, interrompit Emma ; mais, dans la circonstance actuelle, c'est vous qui êtes le plus à plaindre ; c'est vous que je dois suivre.

La comtesse était profondément offensée ; par une inconséquence naturelle de son caractère, cet éloignement, qu'elle avait sollicité comme une grâce quelques jours auparavant, lui inspirait maintenant une mortelle répugnance. Elle se leva :

— Je comprends, dit-elle d'une voix étouffée ; pour le père, comme pour la fille, je suis la cause unique de ce désastre, que j'aurais pu retarder de quelques jours, de quelques heures peut-être, par l'abandon de toute ma fortune... Aussi, on se ligue contre moi, on me repousse, on me traite comme une étrangère.

Emma s'élança vers elle les bras ouverts :

— Chère maman, s'écria-t-elle, vous ne pouvez croire...

— Laissez-moi, dit la comtesse avec énergie en la repoussant ; votre choix est fait, je ferai le mien.

Et elle sortit. Emma hésita, ne sachant si elle devait courir après elle ou rester auprès de son père ; toutefois elle fut retenue par cette pensée que le comte, si on la laissait seul, s'abandonnerait peut-être au désespoir, et elle se jeta presque anéantie sur un siège.

— Calme-toi, petite, dit M. de Vaublanc avec distraction ; ta mère est aussi prompte à s'apaiser qu'à s'offenser : elle a ses nerfs.

Tous les deux se turent, et l'on n'entendit plus que la voix basse et monotone de l'huissier qui dictait l'inventaire, tandis que la plume de son compagnon courait en grinçant sur le papier.

Madame de Vaublanc était d'autant plus blessée que sa conscience lui reprochait peut-être de n'avoir tenté aucun effort pour empêcher la catastrophe présente. Elle erra pendant quelques instants d'un pas inégal et comme au hasard dans les appartements déserts. Enfin, elle descendit dans la cour, et, ayant rencontré Charles sur son chemin, elle lui ordonna de faire mettre les chevaux à la voiture. Charles lui rappela que voiture et chevaux étaient sous la garde des gens de justice, que d'ailleurs le cocher ayant été congédié, il n'y avait plus personne pour conduire.

— C'est vrai, dit la comtesse avec une agitation extrême ; mais alors comment pourrai-je partir d'ici?... car je veux partir... Il faut que je parte au plus vite!

Le domestique, effrayé de l'égarement de sa maîtresse, ne savait que répondre, quand on entendit un bruit de voix du côté de la grille, et la comtesse, levant machinalement les yeux, aperçut à travers les barreaux Jeanne Marsais qui parlementait avec le recors chargé de la garde de la porte, pour obtenir l'entrée de la Bastide. Madame de Vaublanc poussa un cri de joie.

— Qu'elle entre! qu'elle entre! dit-elle; et moi qui oubliais... Charles, allez chercher cette femme et amenez-la-moi dans le petit salon... Je sais maintenant comment je pourrai partir.

Le valet crut d'abord très-sérieusement que les malheurs de la journée avaient troublé la raison de la comtesse; habitué cependant à l'obéissance passive, il alla prévenir le recors, qui consentit enfin à laisser entrer Jeanne Marsais.

Charles la conduisit, suivant l'ordre qu'il avait reçu, dans un petit salon attenant au salon de marbre. Madame de Vaublanc s'y trouvait déjà, pâle, haletante, tous les membres soulevés par des spasmes nerveux. Elle ne prononça pas une parole tant que le domestique fut présent; mais à peine était-il sorti qu'elle dit à Jeanne avec une précipitation fiévreuse :

— Eh bien! bonne femme, qu'avez-vous à m'apprendre? M'apportez-vous une lettre?

Jeanne tira, en effet, une lettre de la poche de son tablier et voulut donner quelques explications; mais la comtesse, sans l'écouter, lui arracha la lettre des mains et rompit vivement le cachet.

Jeanne, devenue l'agent principal d'une correspondance secrète, n'avait que vaguement conscience du rôle fâcheux qu'elle jouait. On se souvient comment elle avait rencontré Puysieux et les dames de Vaublanc à la Bergerie du val de la Fontaine. Le baron ayant entendu l'invitation adressée par Emma à la mère et à la fille de venir à la Bastide, et n'osant pas écrire par la poste, avait eu la pensée de se servir de ces pauvres femmes pour correspondre avec la comtesse. Il les avait épiées quand elles erraient dans le pays pour recueillir des plantes médicinales, et était entré facilement en rapport avec elles. Suzette, par un sentiment instinctif de droiture, avait repoussé sa demande avec indignation; mais la mère s'était montrée plus traitable. Jeanne, convaincue que l'absence de la directrice des postes allait la priver de son petit revenu, ne négligeait aucun moyen de se créer des ressources. Le produit des herborisations était précaire et transitoire ; Suzette ne se trouvait pas si bien guérie que la misère ne pût lui causer une rechute. La pauvre femme avait donc surmonté ses scrupules; d'ailleurs, malgré le secret qu'on exigeait d'elle, on affirmait qu'il n'y avait rien que d'innocent dans cette affaire, et quelques écus avaient achevé d'apaiser sa conscience.

Elle avait donc, jusqu'à ce jour, remis plusieurs fois des lettres de Puysieux à la comtesse; mais jamais la comtesse n'avait écrit à Puysieux, et l'on sait qu'elle se contentait de le recevoir dans le pavillon du jardin.

En ce moment, madame de Vaublanc était si troublée qu'elle avait peine à déchiffrer le billet qu'on venait de lui apporter. Elle finit pourtant par démêler que le baron, ayant eu connaissance des événements de la Bastide, lui offrait encore de la soustraire aux persécutions dont elle pouvait être l'objet.

— Oui, murmura-t-elle, j'accepterai ses bons offices; je n'hésite plus... Cette démarche, maintenant, n'est-elle pas commandée par la plus impérieuse nécessité?

Elle s'assit à son bureau, saisit une plume et écrivit aussi rapidement que la main pouvait obéir à la pensée :

« Je n'ai plus de mari, je n'ai plus de fille, tout le monde me hait, tout le monde me renie, parce que j'ai refusé de jeter ma fortune dans le gouffre où s'est englouti déjà la fortune de ma famille. Mon seul espoir est en vous désormais. Emmenez-moi de cette maison maudite où je suis seule sans appui. Vous me conduirez où vous voudrez; j'ai confiance dans votre affection, dans votre dévouement.

« Procurez-vous une voiture et attendez-moi ce soir, à la chute du jour, dans le chemin qui longe le pavillon du billard; je vous rejoindrai aussitôt que je pourrai m'échapper. Je compte sur vous. »

Elle signa, et pliant le papier encore humide, elle le glissa dans une enveloppe timbrée à ses armes. Elle tremblait si fort qu'elle eut beaucoup de peine à terminer cette opération et à écrire l'adresse; cependant elle en vint à bout, et présentant la lettre à Jeanne Marsais, elle lui dit d'une voix saccadée :

— Remettez-lui ceci sans retard... Ne perdez pas un instant... Allons! parlez... parlez!

Jeanne prit la lettre et la retourna entre ses doigts; mais elle ne s'éloignait pas.

— Pardon, madame, balbutia-t-elle, vous paraissez bouleversée; ne vaudrait-il pas mieux...

— Qu'attendez-vous encore? répliqua la comtesse avec égarement; je vous dis qu'il n'y a pas une minute à perdre... Mais je comprends!

Elle chercha dans son secrétaire et en tira quelques pièces d'argent qu'elle remit à Jeanne.

— Maintenant, rien ne vous retient plus, ajouta-t-elle du même ton; avez-vous juré, bonne femme, de me faire mourir d'impatience et de colère?

Elle avait le regard si étincelant, la voix si altérée, que Jeanne n'osa souffler, et se sauva en emportant la lettre.

Madame de Vaublanc demeura immobile un instant au milieu du salon : un sourire de triomphe, de vengeance satisfaite se jouait sur ses lèvres frémissantes. Mais une réaction ne tarda pas à s'opérer dans cette âme d'une mobilité si merveilleuse. La surexcitation tomba tout à coup, ou plutôt changea de nature. Après quelques minutes de réflexion, la comtesse se remit à se promener en murmurant avec effroi :

— Qu'ai-je fait? Cet homme va croire... mais je ne l'aime pas, je ne l'ai jamais aimé! Je ne sais quel frivole caprice m'a poussée vers lui. D'ailleurs je ne peux abandonner mon mari et ma fille dans ce moment de crise; ce serait odieux! Je serais mauvaise épouse, mauvaise mère. Je les ai calomniés; la souffrance les aigrit, mais ils m'aiment, j'en suis sûre... Et moi aussi, je les aime; je ne les quitterai pas, je ne me déshonorerai pas par cette fuite abominable... Que l'on me rende ma lettre!... Cette femme ne peut être loin... Jeanne!... Oui, c'est Jeanne, je crois, qu'on l'appelle... Jeanne!... Oh! mon Dieu! elle est déjà partie... elle ne m'entend plus! Je suis perdue!

Elle s'élança pour saisir le cordon de sonnette, mais ses jambes fléchissaient sous elle, la tête lui tournait; les conséquences possibles de son imprudence lui apparaissaient dans leur terrible réalité, la terreur paralysait ses mouvements. Enfin, ses forces l'abandonnèrent tout à fait, et sa femme de chambre, en rentrant, la trouva complètement évanouie.

XIX

LE REPENTIR

Pendant que ceci se passait chez la comtesse, une scène non moins émouvante avait lieu dans le cabinet du comte. On se souvient que M. de Vaublanc paraissait tenir beaucoup à éloigner Emma qui, de son côté, ne voulait pas le perdre un instant de vue. Après le départ de la comtesse, il avait fait de nouvelles tentatives pour décider sa fille à se retirer dans sa chambre, mais elle avait résisté énergiquement, et force avait été de céder à ses désirs.

Un certain espace de temps s'écoula. Les deux huissiers, ayant tout bouleversé dans l'appartement, s'étaient mis à chuchoter avec vivacité. L'un d'eux s'approcha du comte et lui dit d'un air gêné :

— J'aurais, monsieur, à vous parler... en particulier.

— Tu le vois, Emma, reprit M. de Vaublanc tranquillement en se tournant vers sa fille, ces messieurs ont quelque chose à me dire... à moi seul. Laisse-nous un peu, mon enfant, et va trouver la comtesse... Tu reviendras plus tard, si tu en as la fantaisie.

— Mon père, dit Emma en désignant un fauteuil à l'autre extrémité de la pièce, je vais m'asseoir là-bas, et si vous parlez à demi-voix, je n'entendrai pas un mot de votre conversation; d'ailleurs, je n'écouterai pas.

— Ah çà ! quand finira donc cette persécution? répliqua le comte en frappant du pied. Emma, retirez-vous, je le veux !

Malgré le ton péremptoire de cet ordre, mademoiselle de Vaublanc alla s'asseoir en silence à la place indiquée. Le père faillit éclater; mais il se contint en songeant aux motifs de cette désobéissance opiniâtre.

— Chère petite! soupira-t-il.

Et il se détourna pour cacher ses larmes.

Après une courte pause, il se rapprocha de l'huissier et lui dit bas :

— Eh bien! qu'y a-t-il?

— Monsieur, j'espérais pouvoir éviter une extrémité fâcheuse, mais la valeur de cette propriété, de ce mobilier et des objets à vous appartenant étant de beaucoup inférieure aux sommes pour lesquelles vous vous êtes engagé envers M. Fortin, je me vois, à mon grand regret, dans l'obligation de...

— Achevez, monsieur.

— Croyez que je trouve mon devoir bien pénible à remplir... Mais, selon toute apparence, votre détention ne sera pas de longue durée...

M. de Vaublanc devint très-pâle; néanmoins, il n'éleva pas la voix, et demanda d'un ton calme en apparence :

— Dois-je entendre, messieurs, que vous êtes décidés à m'arrêter?

— Vous ne pouvez ignorer que le jugement dont je suis porteur entraîne la contrainte par corps... Mais je ne voudrais pas effrayer vos dames, surtout cette jolie demoiselle... Si donc vous consentiez à me donner votre parole d'honneur de ne pas chercher à vous enfuir et de me suivre quand vous en seriez requis, tout se passerait sans éclat et sans scandale.

— Il suffit, monsieur; je vous donne la parole d'honneur que vous demandez... Je ne chercherai pas à quitter la Bastide, je vous le promets.

Il y avait dans l'accent de M. de Vaublanc quelque chose d'ironique et de sombre qui éveilla la défiance de l'huissier; cependant, l'homme de loi s'inclina et se mit de nouveau à causer bas avec son camarade, comme pour lui rendre compte de ce qui venait de se passer.

Bientôt M. de Vaublanc reprit avec sa tranquillité réelle ou feinte :

— Messieurs, je vais entrer dans ma chambre pour achever de m'habiller... je vous rejoindrai tout à l'heure.

Et il se dirigea vers la pièce voisine.

L'un des officiers de justice parut vouloir s'y opposer; mais l'autre lui dit à l'oreille :

— Nous avons sa parole... D'ailleurs, toutes les issues de la maison sont gardées.

Le comte touchait déjà le bouton de la porte, quand Emma courut à lui :

— Mon père, s'écria-t-elle, attendez-moi de grâce !

— Oh! pour le coup, répliqua M. de Vaublanc en s'efforçant de rire, ceci est trop fort! Prétendrais-tu, petite folle, assister à ma toilette?... Mais regarde donc comme me voilà fait!... Allons! c'est de l'enfantillage... Je n'aurais besoin que de mon valet de chambre, et encore je dois apprendre, dès à présent, à me passer de ses services.

Il déposa un baiser sur le front d'Emma, puis, écartant la jeune demoiselle avec fermeté, il entra dans sa chambre.

Emma demeura d'abord muette et terrifiée. Quand son père s'était penché pour l'embrasser, elle avait cru sentir dans la poche du comte quelque chose de dur et de sonore comme la crosse d'un pistolet. Bientôt ce soupçon acquit la force d'une certitude. Elle s'élança vers la porte et essaya de l'ouvrir; cette porte était fermée en dedans. Elle frappa des pieds et des poings en criant :

— Mon père, ouvrez-moi!... mon père, ouvrez-moi!

On ne répondit pas de l'intérieur de la chambre, bien qu'on dût l'avoir entendue. Emma continua ses appels et ses cris; mais comme la porte demeurait inexorablement close, elle reprit tout à coup d'une voix haletante :

— Peut-être n'aura-t-il pas songé à fermer le cabinet de toilette... Mon Dieu, assistez-moi!

Et elle partit comme un trait. Un mystérieux instinct l'avertissait qu'en ce moment son père était en danger de mort; elle avait vu briller dans l'œil du comte cette étincelle qui annonce une détermination funeste. Elle descendit en courant le grand escalier, parcourut un corridor, et, remontant par un escalier dérobé, elle atteignit une seconde porte qui s'ouvrait sur le cabinet de toilette de M. de Vaublanc. Comme elle l'avait prévu, cette porte était restée ouverte. Elle traversa sans bruit le cabinet et soulevant une pente de tapisserie, elle jeta un regard dans la chambre où devait se trouver son père.

Il était là, en effet; assis devant une table, il écrivait rapidement. Ce calme apparent rassura un peu Emma; elle craignit d'irriter de nouveau le comte en se montrant à lui. Elle demeura donc immobile, à demi cachée par les plis de la portière.

Bientôt M. de Vaublanc cessa d'écrire, rejeta sa plume et se leva. Une hésitation légère, mais courte, se trahit dans sa contenance; puis il ferma les yeux et joignit les mains, comme s'il priait.

Emma l'observait toujours, le corps penché en avant, les bras tendus, retenant son haleine.

Enfin, le comte fit un mouvement brusque :

— Allons! dit-il à voix haute.

Et il prit sur la table un pistolet, dont il appuya le canon contre sa poitrine.

— Mon père! s'écria la jeune fille d'une voix éclatante.

Et elle bondit vers lui avec l'agilité de la gazelle.

Si décidé que soit un homme à mourir, au moment suprême il existe entre la volonté et les instincts une sorte de lutte, et pendant cette lutte, le moindre incident peut donner la victoire à l'une ou aux autres. Le malheureux père subit une influence de cette nature; il rabaissa machinalement l'arme homicide, et tournant vers sa fille son visage bouleversé, il dit d'un ton farouche :

— Toi encore ! que veux-tu donc?... Je ne t'ai pas appelée; je n'ai pas besoin de toi... Va-t'en.

Mais déjà Emma l'avait enlacé dans ses bras, et elle cherchait à lui arracher le pistolet en disant :

— Mon père, qu'alliez-vous faire? Pensez à Dieu... pensez à ma mère... pensez à moi !

Le comte se débattait.

— Que puis-je désormais pour ta mère et pour toi? répliqua-t-il ; je suis ruiné, déshonoré ; je serais à charge aux autres et à moi-même. Il vaut mieux en finir tout d'un coup ; laisse-moi. Tu épouseras Gérard, que tu aimes et dont tu es aimée... ta mère m'oubliera! Laisse-moi, te dis-je... il le faut !

Les forces de la pauvre enfant s'épuisaient, et elle n'osait appeler, de peur de trahir le secret de cette épouvantable scène. Brisée et vaincue, elle allait pourtant s'y décider, quand un nouvel incident vint faire diversion.

On frappait à la porte qui donnait dans le cabinet de travail, et l'un des huissiers criait de l'autre côté :

— Ouvrez, ouvrez, monsieur de Vaublanc !... Le facteur de la poste aux lettres veut vous remettre, à vous-même, une lettre que l'on dit très-importante et très-pressée. Elle porte le timbre d'un ministère !

— D'un ministère ! répéta le comte devenu attentif.

Emma, profitant de sa distraction, s'empara du pistolet qu'elle alla jeter dans un vase d'eau. Puis elle voulut revenir vers son père ; mais elle s'affaissa mourante sur un canapé et demeura pendant quelques minutes privée de sentiment.

Comme M. de Vaublanc tardait à répondre, une seconde voix se fit entendre dans le cabinet :

— C'est moi, monsieur le comte, disait le facteur Jacques Dumoulin ; madame Arnaud m'a envoyé directement ici, et elle m'a bien recommandé de vous remettre en main propre cette lettre, qui vient, paraît-il, d'un de ces grands messieurs de Paris !

Le comte avait enfin recouvré sa présence d'esprit :

— Une dépêche du ministre ! reprit-il comme à lui-même ; voyons-la. Il sera toujours temps d'accomplir ce que j'ai résolu, et, si tout espoir m'est enlevé, je l'accomplirai avec moins de regrets.

Il déverrouilla la porte, et entra dans la pièce où se trouvaient les deux huissiers, Dumoulin, et enfin le domestique Charles, qui avait introduit le facteur.

Sans doute M. de Vaublanc, avec ses traits décomposés, ses cheveux épars, ses vêtements en désordre, avait un aspect bien extraordinaire, car tous les assistants le regardèrent avec étonnement. Quant à lui, sans s'inquiéter de leur opinion, il saisit la lettre qu'on lui tendait, et après avoir brisé l'enveloppe, il en lut rapidement le contenu.

Le papier lui échappa des mains, et quoiqu'un léger sourire effleurât ses lèvres, il fut obligé de s'asseoir. Emma, qui s'était un peu ranimée, accourut de nouveau en chancelant.

— Cher père ! s'écria-t-elle, qu'y a-t-il encore ? une mauvaise nouvelle sans doute ?

— Au contraire, mon enfant ; mon Dieu ! serai-je donc plus faible contre la joie que contre la douleur ?

— Mais enfin, cher père, ne puis-je savoir...

— Ma fille, mon Emma bien-aimée, félicite-moi ! s'écria M. de Vaublanc. Je reçois du ministre la nouvelle officielle que la compagnie dont je suis le chef est concessionnaire du chemin des Corniches... Messieurs, ajouta-t-il en s'adressant aux huissiers, vous n'avez plus qu'à décamper au plus vite ; je ferai face à tous mes engagements dans le plus bref délai, donnez-en l'assurance à votre patron, M. Fortin... Mais hâtez-vous de partir, et, en récompense je pourrai plus tard vous accorder quelques actions avec prime, si vous avez des économies pour opérer les versements.

Le comte ne doutait nullement que les hommes de justice ne s'empressassent de se retirer. Comme ils hésitaient, il leur remit la dépêche ministérielle, et ils la lurent à leur tour avec attention.

— Ah ! mon père, disait Emma toute joyeuse, je savais bien qu'il ne fallait pas désespérer de la bonté de Dieu !

Jacques Dumoulin, appuyé sur son bâton, examinait les assistants avec son flegme administratif ; il profita du premier moment de calme pour dire :

— Monsieur, c'est seize sous de port.

Charles entraîna le brave homme hors du cabinet pour le payer et peut-être aussi pour le régaler d'un verre de vin.

Cependant les officiers de justice, après avoir pris connaissance de la dépêche ministérielle et s'être concertés ensemble, ne paraissaient nullement disposés à lâcher leur proie.

— Monsieur, dit celui qui dirigeait la saisie, nous n'avons pas à nous inquiéter si, dans un terme plus ou moins rapproché, vous serez en mesure de vous acquitter. Notre devoir est de poursuivre dès à présent, par toutes les voies de droit, le payement des sommes dont vous êtes redevable, et nous continuerons d'instrumenter si vous n'avez pas la possibilité de donner à l'instant même des sûretés suffisantes pour les sommes dont il s'agit.

M. de Vaublanc ne pouvait croire que la lettre du ministre ne coupât pas court aux poursuites dirigées contre lui.

— Quoi donc, messieurs ! reprit-il en s'échauffant, ne comprenez-vous pas ma position nouvelle ? Je suis à la tête d'une compagnie puissante ; cette compagnie va réaliser des bénéfices considérables dont j'aurai une bonne part. Avant un mois d'ici, il me sera facile non-seulement de désintéresser Fortin, mais encore de lui assurer une large compensation pour les pertes passées... Si, au contraire, vous agissez de rigueur envers moi, qu'arrivera-t-il ? On ne pourra me laisser la direction de cette grande entreprise ; ou le ministre retirera sa concession, ou la compagnie devra chercher un chef plus digne ; dans les deux cas, je serai ruiné radicalement et incapable de satisfaire mes créanciers.

Cet argument jeta les deux officiers de justice dans une extrême perplexité, et ils se consultèrent de nouveau à l'écart. Le comte et sa fille attendaient avec une égale inquiétude le résultat de cette conversation. Enfin, l'huissier principal reprit :

— A notre grand regret, monsieur, nous ne pouvons céder à votre désir. Il ne nous serait permis d'interrompre les poursuites actuelles que dans le cas où vous nous offririez dès à présent soit de l'argent, soit des garanties suffisantes pour couvrir le capital et les frais des sommes réclamées. Sinon notre devoir est de maintenir la saisie déjà opérée de vos biens et votre arrestation.

— Quoi ! mon père, êtes-vous donc arrêté ? s'écria Emma, qui alors seulement, comprit certaines paroles obscures de M. de Vaublanc.

Le comte n'eut pas l'air d'avoir entendu cette observation.

— De l'argent ? répliqua-t-il, et où diable voulez-vous que j'en prenne ? Ne vous êtes-vous pas emparés déjà de tout celui que j'avais chez moi ? Quant à des garanties, je ne manquerai pas prochainement, mais donnez-moi le loisir de me reconnaître, d'avertir mes amis, de m'entendre avec eux...

— Ce serait outre-passer nos pouvoirs, dit l'huissier.

Vainement le comte protesta et supplia ; vainement représenta-t-il aux gens de loi qu'ils méconnaissaient les véritables intérêts de leur client ; vainement Emma elle-même joignit-elle ses instances à celles de son père. Il fut impossible de persuader des hommes, habitués à ne tenir compte que des formalités étroites et de la lettre sèche du code de procédure.

— Allons ! dit le comte avec accablement, je me croyais sauvé et je ne fais que tomber de plus haut. Ma dernière espérance m'échappe... Sauf l'affection de ma fille, tout me manque, tout m'abandonne !

— Et moi, mon ami, et moi ! dit une voix derrière lui, m'avez-vous donc oubliée ?

En même temps la comtesse entra, portant une cassette en palissandre qu'elle déposa sur la table.

Madame de Vaublanc ignorait les derniers événements accomplis dans l'appartement de son mari ; mais quand elle avait repris connaissance, à la suite de sa violente attaque de nerfs, une réaction complète s'était opérée dans son esprit mobile. Sentant l'énormité de ses torts, elle avait souhaité ardemment de les réparer ; et prompte dans le bien comme dans le mal, elle n'avait pas voulu perdre un instant.

Emma courut à elle :

— Ah! chère maman, lui dit-elle, vous voulez donc avoir aussi votre part dans notre affliction et notre désespoir?

Mais le comte demeura froid.

— Ah! est-ce vous encore, Léocadie? demanda-t-il; je croyais que vous aviez déjà quitté cette maison de deuil?

Madame de Vaublanc écarta doucement sa fille :

— Ne me parlez pas ainsi, Vaublanc, dit-elle, avec émotion; j'ai cédé ce matin, je ne sais comment, à un entraînement aveugle et insensé; je suis coupable... plus coupable peut-être que vous ne pensez... Mais le vertige est passé; je vois mes fautes, et je viens humblement implorer votre pardon... Ce pardon, Vaublanc, le refuseriez-vous à votre compagne, un peu frivole, un peu emportée peut-être, mais qui n'a jamais cessé de vous aimer? Le refuserez-vous à la mère de notre bonne et généreuse Emma?

Le comte fut touché de ce repentir.

— C'est assez, ma pauvre Léocadie, lui dit-il d'un ton affectueux, c'est trop... Je n'ai jamais attribué à votre cœur les folies de votre tête exaltée. Ne parlons plus du passé; aussi bien, vous aviez raison, je crois, en résistant à mes instances. Rien n'eût pu me tirer de l'abîme où je suis!

— C'est ce que nous saurons seulement, mon ami, après en avoir fait l'épreuve, répliqua la comtesse, et cette épreuve nous allons la tenter à l'instant.

Elle se tourna vers les deux huissiers qui assistaient bouche béante à cette scène conjugale :

— Messieurs, dit-elle avec dignité, si jusqu'ici j'ai refusé la signature que l'on réclamait de moi, c'était que je ne pouvais croire à la possibilité de pareilles extrémités. Maintenant que je vois où ont abouti mes hésitations, je ne puis ni ne veux tarder davantage à satisfaire pleinement ceux qui vous envoient. Je suis donc prête à signer tous les actes qu'il vous plaira de me présenter, pourvu que vous renonciez immédiatement à vos poursuites. De plus, je vous apporte tout ce que je possède en argent et en valeurs, afin de vous décider à prendre patience... Dans cette cassette vous trouverez vingt mille francs en billets de banque, fruit de mes économies personnelles, et pour trente mille francs environ de diamants et de bijoux.

Les huissiers s'approchèrent de la cassette, dont ils se mirent avidement à vérifier le contenu.

— Je vous retrouve enfin, Léocadie, dit M. de Vaublanc attendri; merci mille fois... Je sais ce qu'un tel sacrifice a dû vous coûter; mais ne regrettez pas ces frivolités précieuses; je vous en donnerai d'autres cent fois plus belles.

— Rendez-moi votre confiance et votre affection, mon ami, soyez bon et indulgent pour moi, comme autrefois, et je ne souhaiterai rien de plus précieux.

Le comte la serra contre sa poitrine.

— Chère maman, dit Emma à son tour, quels désastres ne pourrions-nous braver en nous aimant bien tous les trois? Restons auprès de mon père, et nous lui montrerons tant de tendresse qu'il n'aura pas le temps de songer à son malheur.

Pendant cette cordiale réconciliation de famille, les gens de justice avaient examiné le contenu de la cassette. Néanmoins ils ne paraissaient pas encore satisfaits; jamais on n'avait vu d'huissiers si tenaces!

— Madame, dit celui qui avait déjà porté la parole, nous trouvons en effet dans ce coffre les vingt mille francs annoncés; mais c'est là une somme bien modique pour couvrir le déficit considérable dont nous poursuivons le payement. D'autre part votre garantie pourra être acceptée par nos commettants; mais en attendant, nous devons exécuter les ordres reçus... Quant à vos diamants, il nous est impossible de les évaluer, même approximativement, et s'ils se trouvaient faux... Enfin, vous êtes libre de reprendre ou de laisser à notre disposition le contenu de cette cassette; mais il nous est défendu de revenir sur les actes accomplis.

Cela voulait dire, en termes vulgaires, que le sacrifice de madame de Vaublanc arrivait trop tard, et que la saisie de la Bastide, aussi bien que l'arrestation du comte, seraient maintenues. La comtesse, en acquérant cette certitude, montra une douleur extraordinaire.

— Ce n'est pas assez! s'écria-t-elle, attendez; j'ai encore mes cachemires... Oui, six beaux cachemires de l'Inde qui doivent avoir une grande valeur... Les voulez-vous? Faut-il dire à ma femme de chambre de les apporter?

L'huissier secoua la tête comme pour témoigner que cela encore ne suffirait pas. Le comte jusque-là si modéré, fut pris d'une grande colère :

— Ah çà! misérables sangsues, s'écria-t-il impétueusement, que vous faut-il donc? Pour une dette dont la cause est non dans l'inconduite, mais dans un événement de force majeure, vous avez saisi mes propriétés et mes meubles; ma femme vous offre ses économies, ses bijoux et jusqu'à ses vêtements, et vous refusez de nous débarrasser de votre ignoble présence? De par tous les diables! ma patience se lasse à la fin... Ceci est de l'acharnement, de la persécution; et, quoique je sois plein de respect pour la loi, je peux fort bien céder à la tentation de vous rompre les os.

Les deux officiers ministériels faisaient assez piteuse contenance, et l'un d'eux voulut appeler les recors au secours; mais l'autre dit d'un ton très-humble :

— Monsieur de Vaublanc est trop juste pour s'en prendre à nous de notre résistance à ses volontés; nous obéissons à notre mandat.

— Il est vrai, répondit le comte subitement radouci en baissant la tête; soit donc, je me résignerai à subir.

Une heure se passa encore. M. de Vaublanc était assis, sombre et silencieux, entre sa femme et sa fille. Chacune d'elles tenait une de ses mains et elles lui adressaient par moments des paroles pleines de tendresse. Pendant ce temps, l'un des huissiers avait fait plusieurs absences, laissant son compagnon garder à vue le prisonnier; quand il rentra pour la dernière fois il s'approcha du comte et lui dit timidement :

— Il est temps de partir, monsieur, car il faut que nous soyons à la ville avant la nuit. Deux de mes gens resteront ici pour veiller sur les objets saisis; mais ces dames sont libres d'habiter la maison jusqu'au jour de la vente qui sera fixé par le tribunal. Voulant vous témoigner tous les égards dus à votre position, j'ai donné ordre qu'on attelât votre berline; ainsi, vous voyagerez dans votre propre voiture... à la condition cependant que mon collègue et moi nous y prendrons place à côté de vous.

Le comte se leva sans prononcer une parole; Emma se remit à pleurer.

— Mais où donc voulez-vous le conduire? demanda madame de Vaublanc comme si, jusqu'à ce moment, elle n'eût pas compris la triste vérité.

L'huissier ne répondit pas.

— On va le conduire en prison, ma mère! s'écria Emma désespérée; en prison comme un malfaiteur, lui le plus honnête et le meilleur des hommes!

— En prison? répéta la comtesse atterrée.

Elle poursuivit avec une agitation qui tenait du délire :

— Eh bien! je l'accompagnerai.

— Et moi aussi! s'écria Emma; mon père me l'a permis.

Le comte les regardait l'une et l'autre avec attendrissement.

— Pauvres femmes! dit-il, votre dévouement est inutile. On ne pourrait vous admettre à partager ma captivité, qui du reste sera fort courte, je l'espère. Restez, je vous en prie.

— Non, non, je ne vous quitte pas, s'écria la comtesse fiévreusement en s'attachant à lui ; à mon tour, je vous en conjure, ne me laissez pas seule... Si vous saviez... Je dois vous suivre ; c'est mon devoir, c'est mon vœu le plus cher. Si l'on m'empêche d'habiter la prison, je me logerai dans le voisinage ; je passerai les journées près de vous ; je vous encouragerai, je vous consolerai, je vous aimerai !

— Moi, je suis prête, dit Emma résolûment.

Le comte essaya encore de leur faire entendre raison ; mais, les trouvant inébranlables, il fut obligé de céder. On donna donc des ordres aux domestiques, qui se hâtèrent de remplir quelques malles des effets nécessaires ; puis ces malles furent attachées derrière la voiture qui était déjà attelée dans la cour.

Les huissiers avaient supporté impatiemment ces retards ; enfin, ils annoncèrent qu'ils ne pouvaient attendre davantage, et l'on se mit en devoir de partir.

On descendit le grand escalier ; M. de Vaublanc et les deux femmes s'étaient vêtus avec simplicité, mais avec convenance. La comtesse manifestait une impatience étrange de quitter cette maison où elle avait passé de si heureux jours ; elle tressaillait au moindre bruit et retournait fréquemment la tête d'un air d'effroi. Le comte était morne ; Emma ne paraissait rien regretter à la Bastide, puisqu'elle la quittait avec les personnes qu'elle aimait le plus au monde.

En traversant le vestibule, la malheureuse famille trouva réunis le petit nombre de domestiques qu'elle avait conservés, malgré ses désastres. Tous pleuraient, mais le respect les empêchait d'exprimer leur sympathie autrement que par des larmes.

On s'avança vers la voiture, dont Charles, pour la dernière fois sans doute, venait d'ouvrir la portière. Comme le comte allait monter, il demeura immobile et promena autour de lui un regard douloureux. En ce moment, l'habitation qu'il quittait et dont tous les détails lui étaient familiers, paraissait plus belle et plus riante que jamais. La fontaine qui jaillissait au milieu de la cour continuait de faire entendre son murmure joyeux ; le soleil resplendissait sur les toits d'ardoise et sur les girouettes dorées ; les rossignols chantaient dans les orangers et les grenadiers en fleurs du jardin. L'ancien maître de cette magnifique demeure poussa un soupir et semblait ne pouvoir s'arracher à sa contemplation ; mais un des huissiers dit d'une voix impatiente :

— Allons !

— Allons ! répéta le comte.

Et il touchait déjà le marchepied quand Emma s'écria :

— Pas encore, mon père... messieurs, accordez-nous une minute de plus, je vous en conjure !

En même temps, elle montrait à travers la grille une voiture qui parcourait l'avenue de toute la vitesse de ses chevaux de poste. Le postillon cependant ne cessait de les presser en faisant claquer son fouet. Comme cette voiture n'était plus qu'à une petite distance de la Bastide, un voyageur, se penchant à l'une des portières, agita la main. Mademoiselle de Vaublanc poussa un cri de joie.

— Mon père, ma mère, s'écria-t-elle haletante, nous sommes sauvés !... C'est Gérard !

— Le brave garçon ! murmura le comte ; mais, lui comme les autres, il ne peut plus rien pour nous !

Charles avait ouvert la grille et la voiture entra dans la cour à grand bruit. A peine se fut-elle arrêtée que deux voyageurs, couverts de poussière, en descendirent. L'un d'eux, en effet, était Gérard ; l'autre, qui se tenait un peu en arrière, semblait vouloir cacher ses traits sous son chapeau à larges bords.

L'ingénieur salua rapidement les dames et s'avança vers M. de Vaublanc.

— Cher comte, lui dit-il en lui serrant la main, je vous ai paru sans doute un ami bien tiède. Hier au soir, à la vérité, j'ai reçu un mot de madame Arnaud qui m'annonçait dans quel embarras vous deviez vous trouver aujourd'hui ; mais j'ai été retenu par certaines formalités à remplir... Heureusement j'arrive à temps... Vous alliez partir, à ce qu'il me semble ?

— Pour un vilain endroit, répliqua M. de Vaublanc avec son sourire amer ; mais, ajouta-t-il aussitôt en montrant sa femme et sa fille, j'ai des compagnes de voyage qui me rendront plus supportables les fatigues de la route.

— Comment, dit l'ingénieur avec indignation, est-on allé si vite et a-t-on poussé les choses si loin ?... Vous n'avez donc pas reçu la dépêche ministérielle dont le double est parvenu à la préfecture, annonçant que vous étiez concessionnaire du chemin des Corniches !

— Je l'ai reçue, mon bon Gérard ; mais cette faveur ne produit pas l'effet de l'argent comptant sur ces messieurs les huissiers ; on les a choisis fort expéditifs et surtout fort opiniâtres !

— Ils s'adouciront pourtant... Monsieur Fortin, poursuivit l'ingénieur en s'adressant à son compagnon qui se tenait toujours à l'écart, ce soin vous regarde.

— Fortin, s'écria M. de Vaublanc pris tout à coup d'un accès de fureur ; que ce misérable ne m'approche pas !... Je serais capable...

— Paix, mon cher comte, je vous en supplie, interrompit Gérard ; Fortin a de grands torts envers vous, mais il va les réparer, je l'espère.

En effet, Fortin, autrefois si exaspéré et si insolent, avait maintenant une contenance humble et piteuse. Il s'avança, le chapeau à la main :

— Je suis peiné, monsieur de Vaublanc, dit-il, infiniment peiné des rigueurs dont vous avez été victime. J'avais été poussé au désespoir par notre désastre commun ; mais on a mal compris mes intentions, et je vais vous le prouver.

Puis, sans attendre la réponse du comte, il se tourna vers les gens de justice et leur dit, de manière à être entendu non-seulement d'eux, mais encore des domestiques de la Bastide :

— Messieurs, c'est par suite d'une erreur et d'un malentendu que l'on est venu troubler la tranquillité de M. de Vaublanc et de sa famille. Tout ce qui a été fait ici depuis ce matin est nul et non avenu ; saisie et procédure sont mises à néant. Vous allez replacer les choses dans l'état où vous les avez trouvées et quitter cette maison au plus vite... Monsieur Richard, ajouta-t-il en s'adressant à l'huissier principal, rendez-moi ce dossier qui m'appartient.

Il s'empara de la volumineuse liasse de papiers que portait l'officier ministériel ; avant que Richard eût pu deviner son intention, Fortin la déchira et en jeta les morceaux au vent.

— Monsieur ! monsieur ! qu'avez-vous fait ? s'écria l'huissier consterné ; dans ce dossier se trouvaient la grosse du jugement rendu contre M. de Vaublanc, votre acte de société, vos titres de créances...

— M. de Vaublanc ne me doit plus rien, messieurs, répliqua Fortin d'un ton plus haut encore ; peut-être même serai-je obligé de lui restituer à mon tour certaines sommes importantes dont il est en avance avec moi. Je n'ai donc à invoquer aucun titre contre lui ; je m'en remettrai à sa justice et à sa loyauté qui n'ont jamais été l'objet d'un doute sérieux... Quant à vous, Richard, vous ne perdrez rien et je me charge de payer vos frais.

LA
DIRECTRICE DES POSTES

Valérie étudia les caractères tracés dans la pâte du papier (Page 85.)

Le désintéressement de Fortin était si extraordinaire que le comte lui-même en fut touché.

— Monsieur Fortin, dit-il, je ne demande pas tant. Je connais mes engagements envers vous, et malgré la destruction de votre titre, je saurai les remplir.

Gérard se hâta d'intervenir :

— Mon cher de Vaublanc, reprit-il, si peu croyable que cela vous paraisse, Fortin a raison; vous ne lui devez rien; écoutez-moi. Vous savez déjà la préférence qui vous est accordée par le gouvernement au sujet du chemin des Corniches. Cette faveur a été obtenue par l'influence d'un ami dont je parlerai bientôt; mais ce n'est pas tout. J'ai agi, de mon côté, auprès du préfet et de l'ingénieur en chef du département. Sur mes instances, ils ont remontré à l'administration centrale que l'on ne devait pas laisser l'entreprise Fortin, entreprise sérieuse et estimable, succomber devant des difficultés imprévues, qu'il était de toute justice de lui venir en aide pour mener à bien une œuvre inexécutable par les moyens ordinaires. Nous avons eu le bonheur de faire admettre ces réclamations; une dépêche télégraphique, envoyée ce matin à la préfecture, annonce que le gouvernement annule le marché conclu avec Fortin et ses associés, qu'il se charge seul désormais du percement du tunnel, et que le prix des travaux accomplis jusqu'à ce jour par la société Fortin lui serait remboursé dans le plus bref délai. Ces nouvelles m'ont été transmises au moment où j'allais partir pour venir ici, et sachant combien vos dangers étaient pressants, j'ai pensé que ce qu'il y avait de mieux à faire était de prendre avec moi M. Fortin. Il a consenti volontiers à m'accompagner, et je suis heureux de voir que nous avons pu prévenir des désastres peut-être irréparables.

M. de Vaublanc écoutait avidement ces détails et ne pouvait croire à ce revirement de fortune. Il pressa Gérard de questions ; et enfin, sûr d'avoir bien compris, il se jeta dans les bras du jeune ingénieur en lui adressant les plus affectueux remerciements. Il alla même, dans l'excès de sa joie, jusqu'à tendre la main à Fortin qui se confondait en excuses pour sa conduite passée.

Les dames, comme on peut croire, partageaient ces transports ; elles exprimaient leur reconnaissance à Gérard avec la plus touchante effusion, elles comblaient de caresses le chef de famille, et Emma lui dit à l'oreille :

— Ah ! mon père, où en serions-nous, si vous n'aviez écouté que votre désespoir ?

Tout cela se passait dans la cour de la Bastide, et il était temps de mettre un terme à ces agitations. Le comte, le premier, revint à lui-même ; il ordonna aux domestiques, fort satisfaits aussi de cette terminaison inattendue de la crise, de rentrer la voiture et de retourner à leur ouvrage. Puis, il invita Gérard, qui avait annoncé l'intention de rester jusqu'au lendemain, à passer au salon, et il poussa la condescendance jusqu'à faire la même invitation à Fortin. Mais l'entrepreneur savait bien que sa présence ne pouvait être fort agréable à cette famille, et il eut le bon goût de refuser.

— Merci, monsieur de Vaublanc, répliqua-t-il avec un reste de confusion ; quoique nous ayons été associés, ma place n'est pas dans un salon avec des dames... Je vais donc, si vous le permettez, me rendre avec ces messieurs (et il désignait les huissiers) à l'auberge de Saint-Martin, où je logerai cette nuit. Demain, quand vous serez plus tranquille, je viendrai vous voir et nous nous concerterons sur les mesures à prendre dans notre intérêt commun... Ah çà ! poursuivit-il en affectant la cordialité, j'ose croire qu'il n'y a plus de rancune entre nous ? J'avoue mes torts, j'avais perdu la tête et j'ai peut-être usé de mon droit avec trop de rigueur...

— Oui, oui, Fortin ; j'aurais bien des choses à vous dire et bien des reproches à vous adresser, mais à quoi bon ? Oublions donc tout cela... Vous viendrez me voir demain et nous causerons... Un mot encore pourtant : puisque vous avez été mon associé, il est juste que vous ayez part à mes prospérités. On ne vous refusera pas des actions de la nouvelle compagnie, Fortin, dussé-je vous donner des miennes ; c'est ainsi que je me vengerai de vos persécutions.

Fortin exprima sa gratitude avec une chaleur qui prouvait combien il appréciait la générosité de ce procédé. Pendant qu'il remerciait, l'huissier principal, qui avait écouté la conversation précédente, s'approcha d'un air patelin :

— Monsieur le comte, dit-il, je suis un pauvre père de famille, et je ne crois pas être indigne de vos bienfaits. Or, vous avez parlé de m'accorder aussi quelques actions ; ne vous offenserez-vous pas si je vous rappelle cette promesse ? Vous savez avec quelle complaisance, avec quelle douceur, j'ai rempli les devoirs de mon ministère.

— Oui, répliqua M. de Vaublanc ironiquement, vous avez saisi mes propriétés, vous m'avez arrêté moi-même avec une grâce infinie, je dois en convenir... Mais, en définitive, vous auriez pu vous montrer plus dur... calculez donc pour quelle quantité d'actions vous pourrez opérer les versements, et nous verrons.

Ce succès parut encourager l'autre huissier, et peut-être un ou deux des plus huppés parmi les recors, à présenter de pareilles requêtes ; car la fièvre d'actions qui s'était alors emparée de Paris commençait à se répandre dans la province ; mais le comte jugea convenable de couper court à ces importunités :

— Messieurs, dit-il, épargnez-nous... Ces dames et moi, nous sommes brisés de fatigue, épuisés de besoin, et M. Gérard attend que nous lui fassions les honneurs de cette maison dont je me vois avec tant de bonheur redevenu propriétaire... Aussi, je ne vous retiens plus.

Sans doute les solliciteurs d'actions ne se fussent pas découragés, malgré ce congé en règle ; mais Fortin, craignant de compromettre la bonne harmonie nouvellement rétablie entre lui et son ancien associé, fit un signe impérieux pour ordonner le départ. Bientôt, huissiers et recors s'éloignèrent de la Bastide. A leur air piteux on eût dit d'une bande de corbeaux qui, accourus pour dévorer un corps humain, réputé mort, se seraient aperçus tout à coup que le corps était bien vivant et en état de se défendre.

Deux heures après, Gérard et la famille de Vaublanc étaient réunis dans la salle à manger de l'habitation, à la suite d'un repas où personne n'avait montré beaucoup d'appétit. Le comte, Emma et le jeune ingénieur semblaient être encore dans tout l'enivrement de la joie. Seule, madame de Vaublanc se montrait distraite, préoccupée, parfois même triste et abattue.

Il vint un moment néanmoins où la comtesse dut prêter l'oreille à la conversation. M. de Vaublanc disait à Gérard :

— Vous m'avez parlé, mon ami, d'un protecteur inconnu et puissant qui nous aurait chaudement appuyés là-bas, à Paris ; à présent que nous sommes seuls, ne pourriez-vous pas me le nommer ?... Je ne vous cacherai pas qu'au moment où le facteur m'a remis la lettre qui contenait cette importante nouvelle, j'étais bien près de « jeter, comme on dit, le manche après la cognée ! »

Et il regarda sa fille qui ne put s'empêcher de frissonner à ce terrible souvenir.

— Cette nouvelle, continua le comte, bien qu'elle n'ait pas produit sur ces stupides huissiers l'effet que j'en attendais n'a pas moins relevé mon énergie ; aussi ai-je contracté une dette de reconnaissance beaucoup plus grande qu'on ne pourrait le croire envers mon bienfaiteur mystérieux, et j'ai la plus vive impatience de savoir qui il est.

L'ingénieur nomma le comte de Bernay, pair de France et l'ami particulier du ministre.

— Le comte de Bernay ? répliqua M. de Vaublanc ; mais je ne l'ai jamais vu.

— Vous avez vu du moins une personne de sa famille... Je crois que je puis maintenant trahir son *incognito*... C'est la marquise Arnaud de La Villelévêque, qui est directrice des postes au bourg de Saint-Martin, sous le modeste nom de madame Arnaud.

— Madame Arnaud ! s'écria Emma ; il n'est personne à qui j'aurais souhaité davantage d'avoir cette obligation.

— Madame Arnaud ! répliqua la comtesse à son tour ; et cependant nous lui avons dernièrement refusé notre porte... Mais vous, monsieur Gérard, vous vous êtes donc aussi trouvé en relations avec cette dame ? Elle est pour nous comme une vivante énigme, et on nous l'a peinte sous les plus noires couleurs.

— Alors on l'a calomniée, madame la comtesse, répliqua Gérard avec beaucoup de feu ; j'ai connu autrefois la marquise, quand son mari, le préfet de***, m'honorait de sa protection, jamais plus noble et plus sainte femme n'a mérité le respect et l'affection des honnêtes gens. Sa modeste condition actuelle témoigne, plus que tout le reste, de son désintéressement, de sa généreuse fierté ; elle n'aurait qu'à vouloir pour occuper ailleurs un rang digne d'elle.

— Mon Dieu! serait-il possible? demanda la comtesse; on m'avait dit tant de mal de cette dame!

— Ma position particulière à l'égard du calomniateur m'empêche d'exprimer mon jugement sur ses audacieuses assertions...

— Mais rien ne m'en empêche, moi, s'écria le comte: vous tenez ces mensonges, chère Léocadie, de ce drôle de Puysieux, que vous avez rencontré, il y a quelques jours, au val de la Fontaine. Je comprends qu'il n'ait pas de bien à dire de madame de La Villelévêque, car c'est elle qui m'a prouvé, par des pièces légales et irréfutables, que l'adversaire de Gérard était le plus vil, le plus méprisable des hommes.

— Quoi? demanda Emma, est-ce du baron de Puysieux que vous parlez ainsi?

— Lui! lui! répéta madame de Vaublanc terrifiée. Ah! monsieur, pourquoi donc ne me préveniez-vous pas?

— Je voulais vous cacher, ma chère Léocadie, que nous avions admis à notre foyer, à notre table, un duelliste de profession, un chevalier d'industrie, un aventurier enfin, capable de toutes les mauvaises actions, de toutes les bassesses.

— Juste ciel! je suis perdue! murmura la comtesse.

Elle songeait à la lettre compromettante que le baron devait avoir entre ses mains.

Heureusement M. de Vaublanc détourna l'attention.

— Sur ma foi! poursuivit-il, je ne sais à quoi attribuer la bienfaisante intervention de cette madame Arnaud dans mes affaires, à moins que ce ne soit à l'affection dont elle s'est prise pour notre chère Emma... Néanmoins, Gérard, continua-t-il d'un ton plus ouvert et plus gai, c'est vous surtout qui avez été l'instrument de notre salut. Or, j'admire, jeune homme, combien vous êtes lent à réclamer le payement de certaines dettes... A votre âge, morbleu! je n'aurais pas eu tant de patience!

Et il regarda sa fille, qui baissa les yeux. Gérard devint lui-même cramoisi.

— Cher comte, répliqua-t-il en essayant de répondre sur le ton de la plaisanterie, il est des engagements dont on ne doit pas réclamer trop tôt le payement, de peur de paraître indiscret.

— Indiscret? Allons donc! Et quand le débiteur grille du désir de s'acquitter?

— Oh! mon père! dit Emma en faisant la moue.

M. de Vaublanc les regarda l'un et l'autre en souriant, puis, il se leva, et, prenant la main de Gérard, il lui dit avec émotion:

— Embrassez-moi, mon fils.

L'ingénieur se jeta dans ses bras avec transport. Le comte se dégagea bientôt de son étreinte, et, le conduisant vers sa femme, il ajouta:

— Embrassez votre mère.

Madame de Vaublanc sortit d'une profonde rêverie.

— Quoi donc? de quoi s'agit-il? demanda-t-elle.

— Eh! vraiment, Léocadie, ignorez-vous que votre fille a promis sa main à Gérard, s'il parvenait à nous tirer des horribles embarras où nous étions il y a quelques heures encore? Gérard réclame l'exécution de cette promesse, et il ne manque plus, je crois, que votre consentement.

— Je l'accorde de tout cœur, répliqua la comtesse, qui profita de cette occasion pour donner un libre cours à ses larmes; il est loyal et bon, lui, il mérite d'être aimé!

Et elle embrassa son gendre futur, qui ne remarqua pas ce que cette émotion pouvait avoir d'étrange.

— Maintenant, reprit M. de Vaublanc avec malice, en se tournant vers sa fille, il nous reste à savoir si Emma ne voit décidément aucune difficulté à ces arrangements? Peut-être a-t-elle réfléchi depuis quelques jours...

— Mon père, vous savez bien que vous me reprochez continuellement de ne jamais réfléchir.

Et elle laissa prendre sa main par l'ingénieur.

— Mes enfants, poursuivit M. de Vaublanc, la journée qui vient de s'écouler ne sera pas sans enseignements pour moi. Je ne veux plus m'exposer et exposer les miens à une crise semblable à celle où j'ai failli laisser l'honneur et la vie... Ne craignez pas, Gérard, que je compromette désormais, par des spéculations hasardeuses, la fortune qui m'est rendue. Je vais m'occuper de me dégager honorablement envers ceux dont les intérêts sont liés aux miens, puis, je vivrai en paix dans ma famille, content de la richesse que Dieu m'a donnée.

Emma et Gérard l'encouragèrent sérieusement dans sa résolution, comme on peut le croire, quant à la comtesse, cette promesse de son mari en tout autre moment l'eût comblée de joie; mais, dans l'état d'anxiété où elle se trouvait, elle ne put que prononcer quelques paroles approbatives.

Heureusement, le comte et les deux jeunes gens, absorbés par leurs projets d'avenir, ne s'apercevaient pas du trouble croissant de madame de Vaublanc. A mesure que la journée s'avançait, ce trouble devenait plus visible, et aux approches de la nuit ce fut une véritable terreur. La comtesse, pâle, le front baigné de sueur froide, s'effrayait au moindre bruit et paraissait près de s'évanouir.

Comme le jour tombait, on entendit sonner à la grille extérieure de la Bastide; la pauvre femme eut peine à retenir un cri, et elle se renversa mourante dans son fauteuil.

— C'est lui sans doute! pensa-t-elle. Fort de l'arme terrible que je lui ai donnée contre moi, il vient ici, ma lettre à la main, nous braver tous... Mon mari ne me pardonnera jamais et au moment où le bonheur de notre famille semblait assuré... Mon Dieu! ayez pitié de moi!

XX

LA LETTRE

Cette journée avait été à peine moins agitée pour la directrice des postes de Saint-Martin que pour les habitants de la Bastide-Vialard.

Après avoir envoyé Thérèse et Faucheux faire leur distribution dans le village et les environs, Valérie attendit avec impatience Jacques Dumoulin, dans l'espoir qu'il pourrait lui apprendre quelque heureux effet de la lettre apportée à M. de Vaublanc.

Jacques arriva enfin, mais accompagné de Jeanne Marsais, la mère de Suzette. Une vive discussion semblait s'être élevée entre eux; Jeanne avait les yeux rouges et montrait beaucoup d'effroi.

Valérie allait questionner le facteur sur le résultat de sa mission, quand Dumoulin lui dit avec une extrême animation:

— Madame la directrice, c'est une infamie! Voici la Jeanne Marsais qui porte des lettres cachetées et les remet à leur adresse; n'est-il pas vrai que c'est là une contravention? Quand je l'ai rencontrée dans l'avenue de la Bastide, elle avait une lettre à la main et elle s'est empressée de la cacher en me voyant. Je me suis approché d'elle, je l'ai questionnée; elle est convenue qu'elle avait porté plus d'une fois des lettres de ce genre, qu'en ce moment encore elle en avait une dans sa poche, mais elle a refusé de me la montrer. Alors j'ai sommé Jeanne de me suivre; et je vous prie de ne pas oublier qu'elle dit de vous tout le mal possible dans le village... Ah! il vous en cuira, la Jeanne Marsais, de faire concurrence à la poste! poursuivit-il avec indignation en se tournant vers la délinquante; on va dresser procès-verbal et vous aurez de la prison, de l'amende... et ça vous apprendra à brider votre langue.

— Madame la directrice, répliqua Jeanne en joignant les mains, ne me perdez pas! grâce au moins pour ma pauvre fille qui vous aime tant! Je ne savais pas... je ne pouvais croire...

— Un moment, Jeanne, interrompit madame Arnaud froidement, nous allons causer tout à l'heure de votre méfait. Dumoulin, poursuivit-elle en présentant un paquet de lettres au facteur, voici votre distribution; vous allez partir à l'instant. Merci de votre zèle pour les intérêts de l'administration; mais je traiterai l'affaire avec cette bonne femme, et, en attendant, ne parlez à personne de ce qui vient d'arriver.

— Je pars, madame; mais si vous vous montriez indulgente pour cette frauduleuse...

— J'agirai pour le mieux; partez... Un mot seulement: avez-vous remis la lettre à M. de Vaublanc?

— A lui-même, madame, et quoique tout le monde eût l'air bien triste dans cette maison, la lettre a paru faire plaisir au monsieur... Le port est payé.

Valérie eût voulu adresser de nouvelles questions à son employé, mais, comme le temps pressait, elle congédia le piéton.

Demeurée seule avec Jeanne Marsais, qui restait tremblante et consternée, elle reprit en souriant:

— Ah çà! Jeanne, qu'est-ce donc que cette histoire dont Jacques, tout à l'heure, me rebattait les oreilles? Vous avez été surprise en flagrant délit de fraude?

— Le facteur m'en veut, madame; ce n'est pas moi qui ai dit du mal de vous; non, c'est ce beau monsieur de la Masure. A la vérité, moi, pauvre femme, j'étais obligée de l'écouter, et la Suzette me répétait que cela me porterait malheur... Mais on assurait que vous ne reviendriez plus dans le pays, et comme il y avait quelques sous à gagner avec le beau monsieur...

— Vous le laissiez dire, n'est-ce pas? Véritablement, ma chère Jeanne, votre fille et vous, vous étiez trop disposées à croire ces médisances, et c'est d'autant plus mal de votre part, que je vous ai toujours manifesté à l'une et à l'autre une grande bienveillance.

— J'en conviens, madame; mais je suis seule coupable. La Suzette, elle, n'a pas cessé de vous aimer, et quand on vous attaquait en sa présence, elle ne manquait pas de s'écrier: « Cela n'est pas vrai; madame Arnaud est une bonne âme! »

— Je remercie Suzette de son opinion: mais vous-même, Jeanne, aviez-vous donc besoin d'être encouragée pour repousser de sottes calomnies?

— Madame...

— Il suffit, restons-en là... Pour vous prouver que je ne vous garde pas rancune, je vous remettrai tout à l'heure la petite offrande que mon parent vous envoie chaque mois, et peut-être y ajouterai-je un présent pour mon amie Suzette... Mais revenons à cette lettre dont parle Dumoulin; voyons, de quoi s'agit-il?

Jeanne, touchée de la générosité de la directrice, consentit à raconter avec franchise comment elle avait porté plusieurs fois, et secrètement, des lettres *cachetées* de Puysieux à madame de Vaublanc, et comment, le jour même, pour la première fois, madame de Vaublanc l'avait chargée à son tour d'une lettre pour « le beau monsieur ».

— Je voulais refuser, poursuivit-elle, mais cette dame paraissait si bouleversée, elle avait des yeux si hagards... et puis, elle disait que c'était très-pressé... Cependant, je vous le jure, je me serais bien gardée de prendre ce méchant morceau de papier si j'avais réfléchi que cela me ferait une affaire avec la poste et surtout avec vous!

Valérie adressa encore quelques questions à la délinquante et finit par lui demander à voir la lettre. Jeanne la lui donna, et la directrice, après avoir examiné attentivement le papier froissé, le cachet imprimé à la hâte, l'écriture tremblée et informe, n'eut pas de peine à deviner, par cette intuition particulière aux femmes, ce qu'une pareille lettre pouvait contenir. Ces circonstances, rapprochées du trouble extraordinaire de la comtesse, ne laissaient aucun doute qu'il ne s'agit là d'une de ces démarches qui peuvent compromettre l'honneur d'une famille. Cependant, elle ne montra rien de ses impressions, et, prenant un air sévère, elle dit à Jeanne :

— Vous avez mal agi, ma chère, non-seulement parce que vous avez voulu frauder la poste, ce qui est contraire à la loi, mais encore parce que le caractère clandestin de cette correspondance aurait dû éveiller vos scrupules, à vous, honnête femme et mère de famille. Que voulez-vous que pense de vous votre fille, en vous voyant servir d'intermédiaire entre un jeune homme d'allures suspectes et une dame du pays?

— Suzette ne sait rien, dit Jeanne en pleurant ; de grâce, ne me trahissez pas !... vous étiez partie ; les herbes médicinales ne donnaient plus... j'avais tant peur de la misère, surtout pour ma pauvre Suzette qui pourrait retomber malade... Par pitié ! ma bonne dame, ne me perdez pas !

— Je n'en ai pas l'intention, Jeanne, si vous consentez à faire ce que je vais vous dire.

— Je le ferai, madame, je le ferai !

— Vous promettez d'abord de ne parler à qui que ce soit de la correspondance dont vous avez été l'agent entre M. de Puysieux et une autre personne... Vous pouvez d'autant moins refuser cette promesse que, si votre contravention était connue, peut-être me trouverais-je, en effet, dans la nécessité de vous poursuivre au nom de l'administration des postes.

— Je vous le jure, madame... Ah ! je n'ai pas envie de m'en vanter, allez !

— De mon côté, je parlerai à Dumoulin qui seul connaît le délit dont vous vous êtes rendue coupable, et je lui recommanderai de nouveau le secret... De plus, vous allez jeter cette lettre à la boîte et vous laisserez à mon administration le soin de la remettre à son adresse.

— Mais, madame, on dit qu'elle est très-pressée.

— J'en suis fâchée ; mais l'heure de la distribution est passée depuis longtemps, et cette lettre ne pourra être remise que demain matin... il n'existe aucun moyen de faire fléchir la règle, à moins que cette lettre ne soit réclamée avant demain par le destinataire ; et je ne crois pas que M. de Puysieux ait l'idée de venir ici.

— Je vais obéir, madame ; mais alors il faudra que je rende l'argent que cette dame m'a donné... Puisque je ne remplis pas la commission, je ne dois pas m'approprier les cinq francs qui devaient en être le prix.

— Vous êtes probe à votre manière, Jeanne ; mais gardez cet argent sans remords ; on ne vous tracassera pas à ce sujet, je m'en porte garant.

Jeanne Marsais ne jugea pas à propos de pousser plus loin ses scrupules ; après avoir supplié encore une fois la directrice d'être indulgente pour sa faute, et avoir reçu la petite somme envoyée par M. de Bernay, elle sortit plus tranquille.

Aussitôt Valérie, secouant sa gravité factice, se leva, courut vers la boîte aux lettres et attendit avec anxiété que Jeanne remplît sa promesse. Jeanne n'avait garde d'y manquer; comme la directrice demeurait immobile et palpitante, un frôlement léger se fit entendre dans l'orifice de la boîte, et au même instant la lettre tant souhaitée arriva dans sa main. Valérie l'examina de nouveau, comme si elle eût craint une erreur ou une tromperie; c'était bien celle que Jeanne avait été chargée de remettre au baron de Puysieux. La directrice fit un mouvement pour déchirer ce fatal papier; mais elle s'arrêta tout à coup, et le déposant sur le bureau, comme s'il lui eût brûlé les doigts, elle le regarda d'un air de stupeur.

Elle venait de se souvenir que la suppression d'une lettre, par un agent de l'administration des postes, était un délit des plus graves, et que son devoir lui interdisait rigoureusement un pareil acte.

— Quelle fatalité! disait-elle; je soupçonne, je suis sûre que cet odieux carré de papier va être cause d'une catastrophe, et moi seule au monde peut-être je n'ai pas le droit de l'anéantir. Loin de là, il me faut veiller soigneusement à sa conservation, employer tous mes efforts pour qu'il parvienne intact entre les mains d'un misérable, qui en fera le plus fâcheux usage. Quel parti prendre? Je peux retenir la lettre jusqu'à demain, et peut-être, dans cet intervalle, surgira-t-il quelque fait nouveau qui en atténuera l'effet pernicieux; mais demain, il faudra qu'elle soit remise à son adresse, et alors...

Elle réfléchit longtemps, la tête appuyée dans ses mains; enfin, elle se redressa et dit en soupirant:

— Aucun moyen de sortir de cette impasse... Enfin, attendons... Dieu m'aidera peut-être.

Elle prit la lettre, s'assura qu'elle n'avait pas plus que le poids légal, la taxa, apposa sur l'enveloppe le timbre ordinaire, puis le glissa sous le tas de dépêches qui devaient être distribuées le lendemain matin.

Une partie de la journée s'écoula. Valérie était absorbée par les soins un peu minutieux de sa charge, quand un visiteur entra résolument dans la partie du bureau où elle se trouvait.

Valérie, très-sévère sur l'étiquette, allait l'inviter à se tenir de l'autre côté du guichet; mais un regard jeté sur l'intrus modifia sa résolution. Celui qui venait de violer si délibérément son domicile était un beau vieillard, à barbe blanche, à l'air futé et majestueux à la fois, dont le costume campagnard était arrangé avec propreté. C'était notre ancienne connaissance, le baille au val de la Fontaine.

Valérie ne le connaissait pas, mais, par respect pour son grand âge, elle lui offrit un siége. Le bonhomme ne tarda pas à s'annoncer lui-même.

— Madame la directrice, dit-il en s'asseyant, c'est moi que je suis Lombard, le baille des troupeaux transhumants qui sont là-haut sur les montagnes pastorales... vous devez voir mon nom souvent, parce que je reçois beaucoup de lettres... oui, c'est moi.

En parlant ainsi, Lombard avait une telle dignité qu'on eût dit qu'il était, non pasteur de troupeaux, mais bien général d'armée. Toutefois, la directrice ne se laissa pas éblouir par l'importance de son hôte, et elle dit avec aménité:

— Eh bien! monsieur Lombard, qu'attendez-vous de moi?

Le baille prit du tabac dans sa tabatière de corne, et, après s'être mouché bruyamment dans un mouchoir à carreaux rouges, il répliqua:

— C'est donc pour vous apprendre, madame la directrice, que j'ai besoin pour le moment d'envoyer une somme de deux mille francs à mon compère Grimou, qui est fermier dans la Crau. J'ai tardé le plus que j'ai pu, mais Grimou s'impatiente, et il faut bien finir par s'exécuter. Aussi, comme la poste demande trop cher pour ses mandats, j'ai eu l'idée d'envoyer à mon compère des billets de banque dans une lettre; vous ne pouvez pas vous opposer à cela, je pense?

— Pas le moins du monde, monsieur Lombard.

— Fort bien; alors je me suis mis à chercher des billets de banque pour mon bon argent blanc, mais *pécaïre!* ces choses-là ne sont pas communes dans nos montagnes. Enfin, j'en ai découvert deux, tels qu'il me les faut. Seulement, vous comprenez bien qu'on ne lâche pas ainsi des sacs d'écus pour du papier sans s'être assuré qu'il n'y a pas de tricherie... Donc, avant de les prendre, j'ai voulu vous les montrer, à vous qui devez vous y connaître.

— Montrez-les-moi, mon brave homme, répliqua complaisamment Valérie.

Le baille tira de sa poche un vieux portefeuille de cuir, et prit, au milieu de plusieurs pièces crasseuses, deux billets de mille francs, à peine moins crasseux, qu'il déplia lentement et qu'il plaça sous les yeux de la directrice.

Celle-ci étudia les caractères tracés dans la pâte du papier, la signature des dignitaires de la Banque, les vignettes qui encadrent ces précieux chiffons; mais à peine eut-elle examiné à leur tour les numéros d'ordre, qu'elle ne put retenir un léger tressaillement. Elle alla chercher dans un casier une note qu'elle compara soigneusement avec les billets présentés par Lombard; bientôt elle revint vers le baille, l'œil brillant et le visage animé.

Le vieux bonhomme suivait du regard tous ses mouvements; comme elle se taisait, il demanda:

— Voyons, madame, est-ce qu'ils seraient véreux, par hasard?

— Je ne dis pas cela... cependant, il importe que je sache de qui vous les tenez.

— *Pécaïre!* ce n'est pas un secret; ils m'ont été remis par ce monsieur qui demeure à la Masure... vous savez? celui qui a été blessé au bras.

— Je m'en doutais! s'écria madame Arnaud.

Mais aussitôt elle ajouta d'un ton plus froid:

— Avez-vous remis à cette personne la somme que représentent ces valeurs?

— Pas si bête! répliqua le baille en clignant des yeux; ces gens de la ville aiment parfois à se gausser de nous autres... Mais on ne coupe pas ainsi la laine sur le dos au père Lombard... J'ai déposé l'argent entre les mains de Focillon, l'aubergiste de la Masure, avec défense de les donner avant que je me fusse assuré si les billets étaient de bon aloi.

— Vous avez agi sagement, monsieur Lombard; ne vous pressez pas trop de les échanger contre de l'argent comptant.

— Comme cela, ils sont faux? demanda le vieillard.

— Je n'en sais rien encore; je ne pourrai vous répondre d'une manière précise que demain... En attendant je les garde, afin de les montrer à des personnes compétentes.

— Vous les gardez? mais, madame, songez donc...

— Que risquez-vous, mon ami? Votre argent, vous me l'avez dit vous-même, est déposé en mains sûres; vous veillerez à ce qu'il n'en sorte pas. Quant à ces billets, une seule personne peut vous les réclamer, c'est M. de Puysieux, la personne de qui vous les tenez. S'il vous les demande, dites-lui de s'adresser à moi... Du reste, afin de mettre votre responsabilité à couvert, je vais vous donner un reçu en bonne forme.

Elle saisit une feuille de papier et traça quelques lignes. Lombard prit cette reconnaissance et, après avoir posé ses lunettes de corne sur son nez, il lut lentement, ou plutôt il en épela chaque mot. Tout à fait rassuré, il la plia en quatre, la glissa dans son portefeuille et fit ses préparatifs de départ.

— Avouez, madame la directrice, reprit-il, qu'il y a quelque manigance là-dessous... Voyons! les billets ne sont pas bons chrétiens? convenez-en.

— Eh bien! s'il faut le dire, répliqua Valérie en baissant la voix, il ne serait pas prudent d'accepter de pareilles valeurs ; mais, encore une fois, je n'aurai d'opinion arrêtée là-dessus que demain. Jusque-là, monsieur Lombard, vous serez discret, je l'espère. Un homme de votre âge doit savoir retenir sa langue.

— Bon, bon! suffit, madame... Tout de même, je l'aurai échappé belle... Ah! mes pauvres écus! ne vaudrait-il pas mieux les laisser moisir au fond d'un tiroir?... Et puis, fiez-vous donc à ces beaux messieurs avec leurs grands airs!... Merci tout de même, madame la directrice ; sans vous, j'aurais fait une fameuse sottise!

Il salua et sortit en agitant le bâton de néflier qui lui servait de contenance plutôt que d'appui.

Demeurée seule, Valérie poussa un soupir de soulagement :

— Je crois que je le tiens maintenant, murmura-t-elle ; oh! s'il pouvait venir!... Et pourquoi ne viendrait-il pas! Il est si audacieux! S'il rencontrait Lombard ou même la Jeanne Marsais, il serait possible... Espérons ; qui sait?

Elle se remit à l'ouvrage, mais elle était distraite. Bientôt Thérèse rentra de sa tournée :

— Ah! madame, dit-elle, ce vilain homme, le baron de Puysieux, est dans le bourg... Je viens de le voir qui causait avec la Jeanne Marsais. Je voudrais bien savoir ce que la Jeanne et sa fille peuvent avoir de commun avec lui.

— Bah! que nous importe? répliqua Valérie tranquillement.

Mais elle ajouta presque aussitôt en elle-même :

— Il viendra... J'en suis sûre maintenant.

Son espérance secrète ne tarda pas à se réaliser. Tout à coup on entendit un bruit de pas précipités, et la porte, vivement ouverte, donna passage au baron de Puysieux. Il était vêtu avec une grande élégance ; l'écharpe qui, peu de jours auparavant, soutenait son bras blessé avait disparu, et il tenait à la main sa badine à pomme d'or. Il entra, le chapeau sur la tête, et dit d'un ton de colère :

— Je voudrais bien savoir, madame la directrice, de quel droit on s'empare de lettres qui m'appartiennent! Depuis quand donc est-il défendu aux particuliers d'employer des gens à leurs gages pour le transport de leur correspondance? Il y a dans le fait dont je me plains un abus de pouvoir, une illégalité flagrante, dont je compte instruire la direction générale... En attendant, on va me restituer sur-le-champ, je l'exige, la lettre soustraite à l'imbécillité de la femme qui en était chargée.

Un léger sourire effleura les lèvres de Valérie ; cependant, elle répondit de ce ton froid et indifférent qu'on pourrait appeler le ton administratif :

— Monsieur de Puysieux a grand tort de s'emporter ainsi. Personne n'a soustrait à Jeanne Marsais la lettre dont il s'agit ; mais Jeanne, sur les représentations qui lui ont été faites par un employé de la poste, a jeté librement

et volontairement cette lettre dans la boîte. Je serais en droit de ne vous l'envoyer que demain, à l'heure habituelle de la distribution ; mais puisque vous venez la réclamer en personne, je ne refuserai pas de vous la remettre dès à présent, à la condition toutefois que vous en acquitterez le port, car elle est taxée.

Elle s'avança vers le tas de dépêches, comme pour chercher la lettre réclamée ; mais elle se pencha vers Thérèse et lui dit quelques mots à voix basse. Thérèse la regarda d'un air étonné :

— Quoi! madame, vous voulez...

— Allez vite... Il n'y a pas une minute à perdre.

La factrice regarda de nouveau sa maîtresse, puis le baron ; mais, habituée à l'obéissance, elle n'hésita pas et sortit en courant.

Puysieux avait été un peu déconcerté par le sang-froid de la directrice. Certains souvenirs du passé lui revenant, il sentit qu'il avait eu tort de céder à son irritation.

— Excusez-moi, madame, dit-il d'un ton radouci ; je me suis imaginé, je l'avoue, que ces tracasseries de votre part pouvaient avoir pour cause d'anciennes inimitiés...

— Des inimitiés, monsieur? répliqua Valérie toujours calme ; je ne suis pas autant votre ennemie que vous paraissez le croire, et je vais vous le prouver.

Ouvrant la porte de communication qui existait entre la partie du bureau destinée au public et la partie où elle se tenait d'habitude, elle ajouta.

— Entrez, monsieur ; puisque le hasard vous a conduit ici, je ne suis pas fâchée d'avoir avec vous certaines explications dont vous apprécierez l'importance.

La douceur de Valérie fit croire à Puysieux que cette femme, jusque-là si ferme et si énergique, avait quelque grâce à lui demander ; or, il avait été trop maltraité dans les luttes précédentes pour ne pas sentir la nécessité de se montrer coulant sur les conditions de paix. Il se rendit donc à l'invitation, et ôtant son chapeau avec une politesse un peu tardive, il prit place sur la chaise de paille que la directrice venait de lui offrir.

— Ah! madame, dit-il en minaudant, vous repentiriez-vous enfin de la guerre impitoyable que vous m'avez déclarée ces temps derniers? J'ai bien déploré...

— Assez, monsieur, interrompit Valérie ; je ne sais ce que vous voulez dire. Il ne s'agit pas du passé, mais du présent.

Et comme Puysieux restait interdit, elle poursuivit :

— Est-il vrai, monsieur, que vous avez remis des billets de mille francs au nommé Lombard, baile ou chef d'un troupeau transhumant, en échange d'une égale somme en argent qui restera déposée chez une tierce personne jusqu'à vérification de l'authenticité de ces billets?

— Madame, je ne puis comprendre...

— Répondez, je vous prie, catégoriquement ; cela est-il vrai, oui ou non?

— Je ne saurais le nier ; cependant...

— Permettez... Les billets dont il s'agit ne portent-ils pas les nos 2549 et 7231?

— Eh! madame, comment saurais-je cela? Bon pour des comptables de s'inquiéter de semblables détails ; mais nous autres gens du monde, n'y regardons pas de si près. Le vieux berger a eu besoin de changer de l'argent contre des billets ; pour lui rendre service, j'ai cherché dans mon portefeuille et je lui ai remis au hasard...

— Vous lui avez remis les billets portant les numéros en question... j'en suis bien sûre, puisque ces billets sont là, entre mes mains.

Puysieux était devenu pâle.

— Mais enfin, madame, dit-il avec impatience, où voulez-vous en venir ?

— Vous ne devinez pas ? Ces billets ont été volés, monsieur.

— Volés ! répéta Puysieux en se levant d'un bond.

Mais au même instant des bottes éperonnées sonnèrent sur le plancher du bureau, et le brigadier de gendarmerie, homme d'une stature presque colossale, apparut au guichet, suivi de près par Thérèse.

— Eh bien, madame la directrice, demanda-t-il, qu'y a-t-il donc ? mademoiselle Thérèse est venue me chercher aussi effarée, morbleu ! que si le feu était à la maison.

— Thérèse m'aura mal comprise, monsieur le brigadier, dit Valérie sans s'émouvoir ; il s'agit tout simplement d'une affaire de service. Mais puisque vous voilà, ne vous éloignez pas, je vous prie. Je suis à vous dans un instant, aussitôt que j'aurai terminé avec M. le baron de Puysieux. Ce ne sera pas long ; en attendant, veuillez vous asseoir... et, tenez, voici pour vous aider à prendre patience.

Elle lui tendit un journal par l'ouverture du guichet, et le brigadier le prit avec avidité.

— Merci, merci, madame, dit-il ; vous me faites grand plaisir. Il y a si longtemps que je n'ai eu de nouvelles des camarades d'Afrique ! Aussi, ne vous pressez pas... j'ai tout mon temps à moi.

Il déplia le journal et, s'asseyant sur un banc destiné au public, il lut attentivement les nouvelles de la guerre.

— Vous, Thérèse, ma fille, ajouta Valérie, songez un peu au dîner... je vous rappellerai si j'ai besoin de vous.

Thérèse sortit aussitôt.

Pendant ce temps, Puysieux était resté debout, frappé de stupeur.

— Asseyez-vous encore, monsieur, répliqua Valérie à demi-voix, je n'ai pas fini.

Il obéit machinalement. Alors la directrice poursuivit de manière à n'être pas entendue dans l'autre partie de la salle :

— Comme je vous le disais, monsieur, les billets portant les n°s 2349 et 7231, billets que, de votre propre aveu, vous avez confiés au bailli Lombard pour les changer, ont été volés.

— Mais, madame, balbutia le baron avec effort, comment pouvez-vous savoir...

— On sait jusqu'aux plus petites circonstances de ce crime ; écoutez-moi : un homme que l'on supposait estimable, bien qu'autrefois il eût été gravement compromis, était reçu dans l'intimité d'une famille dont il avait surpris la confiance. Un matin on apporta, dans un salon où tout le monde avait accès, la correspondance du maître de la maison, et cette correspondance demeura quelques instants sur une table. L'homme dont nous parlons se trouva seul dans le salon, et, soit qu'il connût l'écriture de l'une de ces lettres, soit qu'à certains signes il eût deviné sous l'enveloppe les plis soyeux de billets de banque, il s'empara de la lettre, l'ouvrit adroitement avec des ciseaux à broder qui se trouvaient là, en retira les billets, puis referma l'ouverture avec de la colle parfumée comme on en trouve dans certains portefeuilles élégants... Dites, monsieur, ne vous semble-t-il pas que les choses ont dû se passer exactement ainsi ?

Les traits de Puysieux étaient décomposés.

— Madame, reprit-il en élevant la voix sans y songer, quelles preuves avez-vous de semblables faits ?

— Chut ! reprit la directrice, il n'est pas nécessaire de mettre encore « nos voisins » dans la confidence... Mais permettez-moi d'achever, et vous verrez que les preuves ne manquent pas. La personne dont nous parlons avait gardé pendant plusieurs mois les billets volés, laissant les soupçons planer sur l'administration des postes et sur des innocents. Mais après cette longue attente, ayant besoin d'argent sans doute, elle n'a plus vu aucun danger à se défaire de ces billets, et elle en a proposé le change à un bon vieux campagnard qu'elle supposait fort inexpérimenté en pareille matière. Par malheur il était arrivé, d'autre part, que la directrice du bureau soupçonné avait écrit à l'expéditeur des valeurs dérobées pour lui demander s'il n'aurait pas conservé les numéros de ces billets ; l'expéditeur, en effet, avait cru devoir prendre cette précaution, et il s'était empressé d'indiquer les n°s 2349 et 7231. Alors la directrice, toujours dans le but de sauvegarder son honneur et celui de son administration, avait dénoncé au parquet de la cour royale de *** le vol commis à la Bastide-Vialard, vol dont, à cette époque, on ne soupçonnait pas l'auteur. Les magistrats à leur tour, ont transmis à tous les parquets de France les numéros des billets disparus, afin qu'on arrêtât sur-le-champ quiconque s'en trouverait porteur... Or, voyez quel singulier hasard ! tandis qu'on cherche au loin ces malheureux billets, un vieux campagnard, fort défiant, comme ils le sont tous, s'adresse à moi pour être éclairé sur l'authenticité de ceux qu'on lui propose, et je trouve... les n°s 2349 et 7231 ! Mon devoir était tout tracé ; je retiens les malencontreux chiffons, je fais prévenir le brigadier de gendarmerie, et... Voyons, monsieur, ne comprenez-vous pas de quoi il s'agit ?

Puysieux se sentit perdu. Au premier appel de la directrice, le gendarme se précipiterait sur lui et l'arrêterait sans peine. Il regarda la fenêtre qui donnait sur la rue ; elle était grillée. Une porte intérieure semblait soigneusement close ; toute fuite était impossible.

En acquérant cette certitude, le baron jeta sur son interlocutrice un regard tellement menaçant, tellement terrible, qu'elle recula instinctivement sa chaise. Néanmoins prompte à dominer ses impressions, elle reprit d'un ton léger en se levant :

— A propos, monsieur de Puysieux, vous réclamez une lettre qui vous est adressée... Je vais vous la donner.

Elle alla chercher de nouveau dans le paquet de dépêches. Puysieux avait déjà oublié le premier motif de sa visite ; cependant il tendit machinalement la main pour recevoir la lettre que la directrice n'avait pas eu de peine à retrouver. Comme il la touchait déjà, Valérie la retint entre ses doigts, en disant à voix basse :

— Un marché, monsieur de Puysieux ; voulez-vous ?

— Femme ! bourreau ! démon ! murmura le baron, qu'exigez-vous de moi ?

— J'attendrai à demain pour déposer entre les mains du brigadier de gendarmerie les deux billets de mille francs soustraits à M. de Vaublanc et pour lui apprendre comment ils se trouvent en ma possession. Or, ici nous sommes seulement à quelques heures de la frontière du Piémont et vous pouvez être en sûreté bien avant l'expiration de ce délai.

— Finissons-en... Quelle condition m'imposez-vous ?

— Je veux cette lettre, répliqua la directrice.

— Gardez-la donc.

— Cela ne suffit pas ; il me sera seulement permis d'en disposer lorsque vous l'aurez refusée officiellement.

— Comment dois-je m'y prendre ?

— Vous allez écrire de votre main sur l'enveloppe le mot : *refusée*; puis vous mettrez l'adresse de madame de Vaublanc.. Je me charge du reste.

— Mais enfin, que contient donc cette lettre, pour que vous y teniez tant ?

— Je l'ignore, et je ne désire pas le savoir. Mais il ne faut pas que vous puissiez montrer à qui que ce soit une lettre de madame de Vaublanc.

— Madame !

— Dois-je appeler le brigadier ? dit Valérie en étendant la main vers la mince cloison qui séparait le bureau en deux parties.

Le baron, frémissant de rage, se hâta d'écrire ce qu'on exigeait ; puis, se redressant, il demanda d'une voix à peine distincte :

— Est-ce tout ?

— C'est tout, je vous fais grâce du port... Rien ne s'oppose plus à votre départ ; et ne perdez pas de temps, car je vous en avertis, demain matin je ne pourrai plus empêcher les événements d'avoir leurs cours.

Puysieux saisit le bouton de la porte pour sortir ; alors Valérie ajouta tout haut avec un sourire moqueur :

— Adieu, monsieur. Ah çà! puisque vous quittez le pays si précipitamment, ne me direz-vous pas où je devrai désormais adresser les lettres qui arriveraient pour vous ?

Puysieux comprit l'ironie, et lança un regard de feu à la directrice ; il balbutia quelques paroles inintelligibles, traversa rapidement la partie du bureau où se tenait le gendarme, et disparut.

Le brigadier, absorbé par la lecture des hauts faits de l'armée d'Afrique, n'avait rien remarqué de tout cela. Il ne put se décider à quitter son journal qu'au moment où Valérie lui dit avec sa tranquillité ordinaire :

— A nous deux, maintenant, monsieur le brigadier ; j'ai voulu vous communiquer le nouveau règlement relatif à la franchise des dépêches.

Elle remit au sous-officier de gendarmerie je ne sais quelle circulaire de la direction générale des postes, et, après avoir échangé quelques compliments avec lui, elle le congédia.

La journée s'écoula. Bien que Valérie n'eût pas vu Gérard quand il avait traversé Saint-Martin, elle ne tarda pas à être informée par la rumeur publique de l'heureuse tournure qu'avaient prise les événements à la Bastide. Toute la bande d'huissiers et de recors, sous la conduite de Fortin, venait de rentrer au bourg en racontant, à qui voulait l'entendre, que la démonstration de la matinée avait été causée par une erreur ; que M. de Vaublanc était le plus loyal et le plus honorable des hommes ; que sa fortune était mieux assise que jamais, etc. Madame Arnaud apprit ces détails de Thérèse, et les facteurs qui naturellement étaient toujours informés les premiers des nouvelles du pays.

— C'est fort bien, pensait Valérie ; je suis sûre, pourtant, qu'il y a là-bas une personne qui n'est pas tranquille !... Aujourd'hui même j'irai m'assurer si l'on me refusera encore la porte à la Bastide-Vialard.

Mais elle ne pouvait sortir avant l'arrivée du courrier du soir, et quand la voiture fut passée, il fallut procéder au triage des dépêches. Comme la directrice s'occupait de ce soin avec l'aide de Thérèse, celle-ci s'écria tout à coup :

— Ah ! madame, voici plusieurs lettres pour vous... Et tenez, celle-ci est aussi grande, ma foi ! que celle qui est arrivée ce matin pour M. de Vaublanc.

La directrice s'empressa d'ouvrir ses lettres, tandis que Thérèse continuait sa tâche. Valérie, après avoir achevé cette lecture, demeura pensive un moment ; puis elle laissa échapper tout haut ces paroles :

— Allons ! je n'ai plus d'objections à faire... il faut céder.

La factrice regarda sa maîtresse d'un air d'intérêt.

— J'espère, madame, dit-elle, que vous ne venez d'apprendre rien de fâcheux ?

— Non, ma fille ; seulement, je vais encore être dans l'obligation de quitter Saint-Martin, et cette fois ce sera pour toujours.

— Pour toujours, madame ? dit Thérèse avec douleur ; nous qui commencions à tant vous aimer !

— Je serai remplacée par une personne que vous aimerez autant et peut-être davantage. Du reste... avant de partir, Thérèse, je m'arrangerai pour qu'en mon absence vous ne manquiez pas de consolations. Vous épouserez Jacques Dumoulin, puisque vous voulez décidément en courir les risques. Je me chargerai des effets de noce, et le jour du mariage vous porterez un de ces jupons brodés que vous admirez tant.

— Ah ! que madame est bonne ! s'écria la factrice transportée.

Mais on ne pouvait démêler si ces transports avaient pour cause la permission de mariage ou la promesse d'un des splendides jupons de sa maîtresse. Comme elle allait peut-être s'expliquer, la directrice lui fit un petit signe amical et se replongea dans sa lecture.

Bientôt pourtant elle passa dans sa chambre à coucher. Quand elle reparut, elle avait remis son châle, son chapeau, et elle était prête pour sortir. Après avoir congédié les piétons qui venaient de rentrer et donné ses ordres à Thérèse, elle se dirigea d'un pas rapide vers la Bastide-Vialard.

XXI

LA RÉPARATION

C'était donc Valérie qui, en sonnant à la grille de la Bastide, avait réveillé toutes les terreurs de madame de Vaublanc. Lorsque la comtesse entendit Charles annoncer la directrice des postes, elle poussa un soupir de soulagement.

— Ah ! qu'elle soit la bienvenue ! s'écria-t-elle, oubliant toutes ses préventions passées.

— Madame Arnaud ! la chère madame Arnaud ! dit Emma en courant au-devant de Valérie.

— Notre fée bienfaisante ! dit le comte.

— La plus noble et la meilleure des femmes ! ajouta Gérard.

Ce fut au milieu de ce concert d'éloges et de paroles affectueuses que Valérie fit son entrée dans le salon. La nuit tombait et l'on n'avait pas encore allumé les lampes. Cette demi-obscurité empêcha que l'on ne vît un sourire un peu amer errer sur les lèvres de la directrice pendant qu'elle disait :

— Voilà un accueil bien différent de celui que j'ai reçu dans cette maison, il y a seulement quelques jours !

Le comte et la comtesse ne comprirent pas ce reproche ; mais Emma, qui s'était emparée du bras de madame Arnaud, murmura en l'embrassant :

— Méchante, vous savez bien que, moi du moins, je n'ai jamais changé pour vous.

On prit place, et la conversation devint générale. Le comte remercia chaleureusement madame Arnaud de lui avoir expédié sans retard la dépêche ministérielle.

LA DIRECTRICE DES POSTES

Quoi ! madame, dit Emma, vous allez encore partir ! (page 91.)

— Bah ! dit Valérie en souriant, ce sont là de ces légers services que mes fonctions me permettent de rendre à de bons voisins... Quoi de plus simple et de plus naturel ?

— Mais était-il aussi naturel que vous, madame, vous ayez pu exercer une influence sérieuse sur une décision du gouvernement ?

— Que voulez-vous dire, monsieur le comte ? Moi, pauvre directrice des postes dans un village des Basses-Alpes ?...

— Vous feignez de ne pas me comprendre ; mais vous ne donnerez pas le change à ma gratitude, car je sais quelque part vous avez dans le contenu de la dépêche que vous avez été chargée de me transmettre.

— Ah ! monsieur Gérard, monsieur Gérard, dit Valérie

en se tournant vers l'ingénieur et en le menaçant du doigt. Allons ! poursuivit-elle gaiement, pour ne pas humilier ceux qui peuvent se croire mes obligés, je vais bientôt me trouver dans la nécessité de changer de titre et de nom... En attendant, monsieur le comte, la directrice des postes de Saint-Martin vient de terminer une tâche dont le résultat ne saurait vous être indifférent. Les deux billets de mille francs, qui ont été dérobés dans une lettre à votre adresse, sont retrouvés, et on vous les remettra en même temps que vous connaîtrez le voleur.

— Et ce voleur, quel est-il ?

— Vous le saurez demain ; il ne faut rien préjuger de l'œuvre de la justice.

— Et nous découvrirons sans doute aussi dans cette

affaire, reprit M. de Vaublanc, de nouveaux témoignages de votre sagacité, de votre haute intelligence. Déjà vous nous aviez rendu un immense service en arrachant le masque à un intrigant qui avait surpris ma confiance. Les preuves positives de son indignité nous sont arrivées fort à propos, là-bas au Camp-de-César, car le combat allait recommencer, et ce féroce duelliste eût tué infailliblement notre pauvre ami Gérard... ce qui eût contrarié beaucoup certaines personnes de ma connaissance!

— Eh bien! ce service, si grand qu'il soit, reprit l'ingénieur, ne pouvait rien ajouter à l'amitié, à l'admiration que m'inspirait déjà madame Arnaud.

— Et que je partage, moi! s'écria mademoiselle de Vaublanc avec chaleur.

Madame Arnaud sourit.

— Ces marques de sympathie, reprit-elle, sont une compensation suffisante aux calomnies que M. de Puysieux, pour se venger, a répandues contre moi, calomnies qui ont pu m'aliéner un moment des personnes dont l'estime m'était précieuse. Du reste, on ne doit plus s'inquiéter de sa présence dans le voisinage, ce soir il a quitté le pays, la France même, et, selon toute apparence, il n'y rentrera pas de sitôt.

— Il est parti, madame? s'écria la comtesse en tressaillant : en êtes-vous sûre, bien sûre?

— D'autant plus sûre qu'il ne saurait séjourner ici désormais sans courir les plus grands risques.

— Dieu soit loué! Quand je songe qu'il a vécu si longtemps au milieu de nous... Mais ne pensez-vous pas, chère madame, qu'il pourrait, même à distance, nous faire encore du mal!

— Il est maintenant réduit à l'impuissance; je m'en porte garante.

Malgré l'obscurité croissante, elle adressait à madame de Vaublanc un regard plein d'encouragements et de consolations. La comtesse se tut, mais il semblait qu'un reste d'inquiétude l'empêchât de prendre une part complète à la joie commune.

— Ma foi! je suis charmé, dit le comte, que ce drôle ne soit plus auprès de nous. On ne sait ce qu'il eût pu machiner contre notre repos, et j'aurais dû depuis longtemps prendre des précautions à ce sujet; mais une mauvaise honte m'avait toujours empêché de dire hautement combien mon ancien hôte était dangereux.

— Excusez-moi, monsieur le comte, répliqua la directrice avec fermeté, si j'ose penser que vous avez eu grand tort. Aucune considération ne doit empêcher de signaler un scélérat à ceux qui ne le connaissent pas. Quels maux aurait pu causer ce Puysieux si j'avais eu les mêmes scrupules!... Cependant, poursuivit-elle en reprenant le ton léger, l'influence que l'on m'accorde n'est pas toujours bienfaisante, monsieur le comte, et mes fonctions m'imposent parfois des devoirs rigoureux. Croiriez-vous, par exemple, qu'aujourd'hui même on a surpris une femme du pays transportant des lettres cachetées d'une maison à l'autre, et cela dans le but évident de frustrer le monopole de l'État pour le transport des lettres?

— C'est là un délit grave, madame la directrice, répliqua le comte en riant; et sans doute vous n'avez pas laissé un pareil crime impuni?

Mais la comtesse ne riait pas, et elle était très-attentive.

— Certainement, répliqua Valérie, et madame Chervis elle-même ne s'en fût pas mieux tirée. Avertie du délit par un de mes employés, j'ai réclamé la lettre frauduleuse, et elle sera rendue, sans avoir été ouverte, à la personne qui l'a écrite. Oui, elle sera rendue, et cette personne payera double port... bien heureuse que je n'aie pas fait dresser un bon procès-verbal!... Ah! je ne souffre pas qu'on se joue de l'administration dont je dépends! J'ai la lettre, et le destinataire ne la verra jamais.

La comtesse poussa un léger cri et se renversa dans son fauteuil.

— Vous souffrez, madame? dit la directrice avec intérêt en se levant, et moi qui vous fatigue de ces puérilités administratives!

En même temps, profitant de l'obscurité, elle glissa la lettre fatale dans la main de madame de Vaublanc; la comtesse s'empressa de cacher le papier, puis elle répliqua d'une voix très-altérée :

— Ce n'est rien; merci, madame; que vous êtes bonne!... Laisse-moi, Emma, ajouta-t-elle en écartant doucement sa fille ; ce que tu vois est l'effet de la joie qui remplit mon cœur, après de si cruelles épreuves... Je suis bien ; jamais je ne me suis trouvée si heureuse!

Pour tous ceux qui connaissaient l'organisation nerveuse de madame de Vaublanc, de pareilles faiblesses n'avaient rien d'extraordinaire, et on ne s'en alarmait pas.

Bientôt on apporta des lumières et on annonça des visites. Tant que la famille de Vaublanc avait été sous le coup d'une ruine imminente, la bourgeoisie du voisinage l'avait fort négligée ; mais, à présent que le bruit de sa prospérité nouvelle venait de se répandre dans les environs, on accourait de toutes parts pour la féliciter et lui offrir de bons offices.

Parmi ces visiteurs empressés étaient deux ou trois des personnes qui avaient paru ajouter foi aux calomnies répandues par Puysieux, et Valérie, toujours modeste, voulut se retirer ; d'ailleurs la nuit approchait, et bien que la Bastide ne fût pas éloignée du village, la directrice redoutait de se trouver tard dans les chemins. Mais madame de Vaublanc la retint.

— Restez, restez, chère amie, lui dit-elle du ton le plus affectueux. Voulez-vous donc vous dérober si vite à notre gratitude ?... Nous ne nous en cachons pas, ajouta-t-elle en s'adressant aux visiteurs stupéfaits, si les évènements de cette journée ont tourné si favorablement pour nous, c'est surtout à madame Arnaud que nous le devons !

— Il est vrai, reprit M. de Vaublanc ; nous avons contracté envers elle tant d'obligations que nous serions dans l'impuissance de nous acquitter, eussions-nous à notre disposition tous les trésors de la terre.

Valérie ne savait que répondre à ces manifestations enthousiastes. Les visiteurs, de leur côté, paraissaient ne pas comprendre comment cette famille patricienne pouvait se reconnaître si ouvertement l'obligée d'une simple directrice des postes. Cependant une petite vieille, un peu bossue, veuve d'un hobereau du canton, dit d'un ton patelin qui cachait beaucoup d'ironie :

— Eh bien ! chère comtesse, je suis ravie que madame Arnaud ait été si bonne pour vous... C'est un grand honneur pour le pays d'avoir une directrice des postes jouissant d'un semblable crédit ! J'avais bien entendu dire que madame Arnaud était une grande dame que des malheurs avaient jetée dans cette province ; mais je ne pouvais y croire... Puisqu'il en est vraiment ainsi, je prendrai la liberté de lui demander sa protection !

Et elle fit entendre un rire saccadé qui finit par dégénérer en toux.

— Quant à moi, dit madame Régnier, la femme du dosteur, j'ai toujours cherché à vivre en bonne voisine avec madame Arnaud, et je regrette fort d'avoir été dans l'impuissance de la recevoir l'autre jour, quand elle est venue nous rendre visite. Elle doit surtout être bien convaincue que ni mon mari ni moi, nous ne croyons un mot des méchants propos tenus contre elle par ce muscadin de la Masure... un gaillard que mon mari a guéri d'une blessure grave, et qui ne nous a pas montré encore la couleur de son argent ! N'est-ce pas, Régnier, que nous ne l'avons pas cru ?

Le docteur balbutia quelques paroles inintelligibles.

— En effet, reprit la petite vieille, il paraît que ce monsieur, un homme de qualité pourtant, se serait permis certains propos injurieux...

— Ce sont des mensonges abominables ! interrompit Gérard incapable de se contenir davantage.

— Et celui qui a osé attaquer notre amie, ajouta le comte à son tour, est un aventurier que je chasserais de chez moi s'il avait l'audace de s'y présenter désormais.

— Madame Arnaud est trop haut placée dans l'estime et l'affection de tous, dit la comtesse avec chaleur, pour avoir à s'inquiéter de calomnies qui partent de si bas.

— Ah ! ma chère comtesse, reprit la petite vieille en ricanant, vous n'avez pas toujours parlé ainsi du calomniateur.

Madame de Vaublanc rougit ; elle allait répondre, quand la directrice lui fit un signe suppliant.

— De grâce, madame, répliqua-t-elle, ne défendez pas une cause que je dédaigne de défendre moi-même. Bientôt tout le monde ici saura combien celui qui a osé m'outrager méritait peu d'être cru, et je ne veux pas d'autre protestation contre ses médisances... Quant à moi, je ne saurais en souffrir beaucoup maintenant, car dans trois jours, j'aurai quitté Saint-Martin, et, selon toute apparence, je n'y reviendrai plus.

— Quoi ! madame, dit Emma en jetant les bras autour du cou de Valérie, vous allez encore partir !

— Oui, chère enfant, des devoirs pressants me rappellent à Paris, et, malgré les attaques auxquelles je me suis trouvée en butte dans ce pays, j'espère avoir prouvé qu'il n'est pas de position si humble où l'on ne puisse faire un peu de bien.

— Oh ! cela est bien vrai, madame, s'écria la comtesse, car notre bonheur à tous est votre ouvrage.

Valérie se leva :

— Il se fait tard, reprit-elle, et quoique la soirée soit fort belle, il est temps pour moi de retourner au bourg.

— Vous ne partirez pas ainsi, dit la comtesse précipitamment.

Elle sonna et donna l'ordre au domestique de mettre sur-le-champ les chevaux à la voiture pour reconduire madame Arnaud chez elle. Puis elle obligea la directrice à se rasseoir, en attendant qu'on eût attelé.

Bientôt Charles vint annoncer que la voiture était prête, et madame de Vaublanc voulut elle-même accompagner Valérie jusque dans la cour, tandis que le comte et Emma feraient les honneurs du salon aux visiteurs.

Les dames étrangères étaient de plus en plus confondues en voyant la comtesse, habituellement si froide et si hautaine, combler ainsi la directrice d'attentions et d'égards. Valérie s'en aperçut, et au moment de partir, elle dit, toujours en souriant :

— Madame de Baillère (c'était la petite vieille) et madame Régnier penseront peut-être qu'il y a quelque suffisance à moi d'accepter la voiture de madame de Vaublanc pour retourner au bourg, mais je dois les mettre au courant de ma situation nouvelle ; ce qui était interdit à la simple directrice des postes, madame Arnaud, doit être permis... à la marquise de La Villelévêque, dame d'honneur de la reine.

— Que dites-vous ? demanda madame de Baillère qui ne ricanait plus et ouvrait de grands yeux.

Un profond silence s'était établi dans le salon.

— La vérité, madame, répliqua Valérie avec une gravité qui n'était pas exempte d'un peu de malice ; aujourd'hui je reprends le titre qui m'appartient et dont je n'ai jamais été indigne. On a prétendu que ma famille me reniait, parce que j'étais pauvre ; c'était bien plutôt moi qui semblais la renier, parce qu'elle était riche ; mais ces scrupules n'existent plus. Un proche parent, qui a été pour moi comme un père, réclame mes soins et mes consolations ; ma fierté, exagérée peut-être, m'empêchait de me rendre à son désir, car je craignais de lui être à charge. La bonté de la reine a tranché la difficulté ; je pourrai remplir mes devoirs auprès de mon vénérable parent, tout en conservant mon indépendance ; j'ai reçu ce soir ma nomination de dame d'honneur... Madame de Baillère, à qui j'envoie chaque matin le *Moniteur*, verra sans doute mon nom dans la feuille de demain.

Et sans vouloir écouter les félicitations, les questions empressées qu'on lui adressait, elle salua et sortit du salon.

Néanmoins, dans le vestibule, elle fut rejointe par la comtesse qui se jeta dans ses bras en pleurant.

— Chère amie, dit madame de Vaublanc d'une voix étouffée, j'ai été cruellement injuste envers vous, et vous ne vous êtes vengée que par des bienfaits... En me rendant cette lettre fatale, écrite dans un moment de vertige, vous nous sauvez l'honneur, à moi, à mon mari, à ma fille... Et cependant, je vous le jure, j'ai été imprudente, bien imprudente, mais non pas coupable !

— Je vous crois, madame, j'en étais sûre, répliqua Valérie avec une émotion à peine moins vive ; que le secret de cette funeste circonstance meure donc entre nous deux !... Avant mon départ, nous nous concerterons, si vous le voulez bien, pour obliger au silence le petit nombre de personnes qui pourraient en avoir soupçon... Mais adieu... que le ciel répande sur votre famille toutes ses prospérités !

Le lendemain matin, deux grandes nouvelles éclataient à la fois dans le bourg de Saint-Martin et dans les alentours : l'une, que la voiture de poste du baron de Puysieux, parti la veille au soir pour l'étranger ; l'autre, que madame Arnaud était bel et bien marquise et dame d'honneur de la reine.

CONCLUSION

Quelques jours plus tard, tout se préparait pour le départ de Valérie; le bureau était encombré de malles et de paquets appartenant soit à la directrice qui partait, soit à celle qui devait la remplacer. Or, cette *remplaçante* était madame Chervis elle-même qui, peu satisfaite de son changement de résidence, venait de solliciter et d'obtenir sa réintégration à Saint-Martin. On l'attendait d'un moment à l'autre, et Valérie ne voulait abandonner son poste que lorsqu'elle aurait laissé le service entre des mains sûres.

Comme les deux piétons s'escrimaient avec zèle pour achever les préparatifs nécessaires, la directrice vit entrer Jeanne Marsais et Suzette qu'elle avait fait prier de venir la voir. La mère et la fille paraissaient confuses et désolées ; à la vue de ce désordre, signe certain d'un prochain départ, elles se mirent à pleurer.

— Ah! madame, dit la petite Suzette, il est donc vrai que, cette fois, vous nous quittez tout de bon? Quand vous êtes arrivée dans le pays, vous m'avez apporté la santé et le bien-être; quand vous en serez partie, je retomberai malade et je mourrai.

Valérie fut touchée de cette plainte.

— Rassurez-vous, mon enfant, dit-elle avec bonté; vous conserverez votre santé, vous vivrez longtemps, je l'espère. J'ai pensé à vous et j'ai pris des dispositions pour que vous n'ayez pas trop à souffrir de mon absence.

— Madame la directrice, lui dit la mère à son tour en sanglotant, ce qui me chagrine le plus, c'est de songer combien j'ai été fausse et ingrate envers vous! Et puis, il y a l'histoire de cette lettre...

— Chut! interrompit Valérie en indiquant les facteurs qui allaient et venaient autour d'elles; souvenez-vous de votre parole, ma chère, car si vous l'oubliiez, vous vous mettriez, votre fille et vous, dans de mortels embarras.

Jeanne protesta tout bas de sa plus entière discrétion.

— C'est bien; maintenant, écoutez-moi l'une et l'autre, reprit Valérie. J'ai entendu dire souvent à M. Régnier que le principal obstacle au complet rétablissement de Suzette était l'air vif, les brusques variations atmosphériques de ces montagnes; aussi m'a-t-il semblé qu'il serait avantageux pour vous de changer de pays. Madame la comtesse de Vaublanc possède, non loin de Toulon, une propriété charmante où la température est délicieuse; c'est là qu'elle se propose, à ma recommandation, de vous employer l'une et l'autre. Jeanne sera femme de confiance, Suzette sera chargée du soin de la laiterie; on vous rendra la vie fort douce, et j'ai tout lieu de croire que votre nouvelle position sera de votre goût. Madame la comtesse et après elle mademoiselle Emma qui, vous le savez sans doute, va épouser M. Gérard, veilleront sur vous et assureront votre tranquillité jusqu'à la fin de vos jours. Si ces propositions vous plaisent, vous partirez immédiatement et l'on vous fournira l'argent nécessaire pour vos préparatifs de voyage. Il est bien entendu que si jamais ma petite amie Suzette, entièrement remise de sa maladie, avait la fantaisie de se marier, elle m'informerait à Paris de cette intention, et je trouverai peut-être encore l'occasion de prouver mon vif intérêt pour elle.

Nous laissons à penser avec quelle joie furent accueillies ces propositions par ces deux pauvres créatures dont toute la vie, jusqu'à ce jour, avait été une lutte contre la misère. Elles cherchaient vainement des expressions pour témoigner leur reconnaissance à Valérie; elles lui baisaient les mains avec transport. La pensée ne leur vint même pas que la générosité de la comtesse pût avoir pour objet de les éloigner de la Bastide-Vialard ; et plus tard, elles furent toujours convaincues qu'elles devaient leur avantageuse position aux seules recommandations de la directrice.

Après être parvenue, non sans peine, à les congédier, Valérie fit venir devant elle Thérèse et Dumoulin, à qui elle avait permis de s'épouser, comme nous l'avons déjà dit. Elle sermonna Jacques pour l'engager, quand il serait marié, à changer ses manières un peu trop galantes envers les jolies filles du canton; elle dit aussi quelques mots à Thérèse sur les devoirs de sa position future, et termina en offrant à la factrice de nombreux cadeaux, parmi lesquels se trouvait un de ces magnifiques jupons que Thérèse avait tant admirés.

Le pauvre Pied-Bot observait du coin de l'œil le bonheur de son rival; mais la directrice, l'ayant appelé à son tour, lui adressa quelques bonnes paroles qui le calmèrent. Une gratification et la promesse d'obtenir pour lui une augmentation d'appointements achevèrent de le mettre en belle humeur, si bien qu'il alla jusqu'à dire avec cordialité à Dumoulin « que malgré le diable et l'autre diable, il voulait boire un coup et danser à sa noce. »

Une partie de la journée s'était passée dans ces occupations diverses, quand une vieille carriole d'osier, traînée par deux rosses poussives, s'arrêta devant la maison. De cette carriole descendit madame Chervis elle-même, encore coiffée de son éternel chapeau à plumes et drapée dans son châle de faux cachemire. Tout le personnel de la poste, Valérie en tête, se trouvait sur le seuil de la porte pour recevoir l'ancienne directrice, rentrant dans ses domaines. La bonne dame paraissait folle de joie; elle perdait la tête et pleurait en embrassant tout le monde.

— Bonjour, madame Arnaud, ma chère *camarade*, disait-elle; bonjour, Thérèse... Bonjour aussi le canton Nord et le canton Sud, mes braves garçons... J'ai grand plaisir à vous revoir, et aussi la maison, et le bureau, et le reste. Si vous saviez combien j'ai regretté tout cela, dans cet horrible trou où l'on m'avait claquemurée avec deux cents francs d'augmentation! Quelle baraque! pas une minute de repos ni le jour ni la nuit; des habitants tracassiers, des employés ingouvernables, une vraie misère! Aussi, qu'on n'essaye plus de me démarrer d'ici désormais!... Je prends racine à Saint-Martin, je m'y pétrifie, et m'offrît-on la direction générale, je ne bougerais plus... C'est ici que je veux vivre et mourir!

En débitant cette tirade, madame Chervis s'était jetée dans le vieux fauteuil de paille qu'elle avait occupé si longtemps, comme pour en prendre de nouveau possession. D'abord, ce ne furent que paroles entrecoupées et sans suite, rires, larmes et gestes désordonnés. Mais tout à coup la vieille dame parut se calmer; elle regarda fixement Valérie, qui souriait de ces extravagances, lui prit la main et se leva :

— J'ai à vous parler... à vous, dit-elle en cherchant à l'entraîner vers la pièce voisine; venez par ici!

— Quoi! ma chère, répliqua Valérie qui résistait faiblement; avant de causer, ne voulez-vous pas vous reposer un peu, prendre quelques rafraîchissements?

— Je ne boirai ni ne mangerai, je n'ôterai ni mon châle ni mon chapeau, que vous n'ayez répondu à mes questions... Venez donc... venez vite!

Elle conduisit Valérie dans la chambre et la força de s'asseoir sur une chaise, pendant qu'elle-même prenait place sur sa malle. Alors, croisant les bras sur sa poitrine, elle reprit avec une véhémence dont rien ne saurait donner une idée :

— A présent que je vous tiens, vous ne sortirez pas que vous ne m'ayez dit nettement qui vous êtes, car si mon incertitude durait une heure de plus, ma pauvre cervelle éclaterait... Au nom de Dieu! tirez-moi de peine! On raconte tant de choses incroyables, impossibles, stupides sur votre compte, que je ne sais plus que croire, que penser; j'en deviens frénétique, j'en deviens idiote. Qui êtes-vous? Comment vous appelez-vous? Êtes-vous madame Arnaud tout bonnement, ou madame la marquise de... je ne sais quoi? Êtes-vous directrice des postes ou dame d'honneur? Que faisait votre mari? était-il bourreau, était-il évêque? Je m'y perds; je me noie dans une mer d'absurdités. Aussi il faut que cela finisse! je veux savoir enfin la vérité... Je le veux, *tonnerre!* comme disait mon pauvre Chervis, ou je serais capable de faire un malheur!

Valérie s'amusait de cette curiosité féroce; mais, comme l'exaspération de sa compagne était très-sincère, elle en eut pitié et raconta en peu de mots sa simple histoire. Elle apprit à madame Chervis comment, après la mort du marquis Arnaud de La Villelévêque, elle s'était trouvée sans fortune, comment elle avait refusé de tomber à la charge d'une famille riche et orgueilleuse, comment elle avait eu l'idée de demander une direction de poste, et enfin comment, les circonstances ayant changé par suite de la mort de madame de Bernay, elle se trouvait obligée de retourner à Paris.

— Voilà toute la vérité, chère madame, ajouta-t-elle avec mélancolie; mais ce que l'on n'a pu vous dire, c'est que je suis une pauvre créature, dont l'âme est blessée, que je porte au milieu des agitations du monde une plaie secrète, dont je ne guérirai pas. Le souvenir de l'homme généreux que j'ai tant aimé, et qui m'a dû le bonheur des seules années de ma vie qui méritent d'être comptées, restera toujours vivace au fond de mon cœur; et si je souris encore parfois au public, je pleurerai dans le silence et le secret... J'espérais trouver le calme au milieu de ces montagnes, afin de me livrer sans contrainte à ces souvenirs chers et douloureux. L'épreuve n'a pas réussi; j'ai rencontré ici les mêmes tiraillements, les mêmes obsessions, les mêmes importunités que sur une scène plus large et plus brillante. Aussi ne regretté-je rien dans ce pays, sauf quelques amis que j'y laisse... et qui m'oublieront.

Madame Chervis n'était pas encore satisfaite; elle fit à Valérie une foule de questions, auxquelles celle-ci répondit avec une complaisance inaltérable. Enfin, la vieille directrice parut n'avoir plus rien à demander, et après avoir réfléchi un moment, elle dit avec brusquerie :

— Ma foi! tout bien considéré, il me semble que vous êtes non-seulement une maîtresse femme, mais encore une brave femme.

Mais remarquant aussitôt ce qu'il y avait de familier dans cette observation, elle ajouta toute confuse :

— Pardon, pardon, madame la marquise, je ne peux m'habituer...

— Traitez-moi comme votre amie, répliqua Valérie avec émotion; chère madame Chervis, le seul sentiment que je désire inspirer maintenant c'est l'amitié.

Et elles s'embrassèrent avec effusion.

— A la bonne heure! dit madame Chervis; eh bien! que l'on vienne maintenant me conter des calembredaines à votre sujet, je pourrai répondre... Mais, mignonne vous avez des comptes à me rendre, et le service de la poste ne doit pas souffrir de nos sensibleries.

Elles rentrèrent dans le bureau et se mirent à examiner ensemble les registres, où régnait un ordre admirable, ce qui valut à Valérie les compliments les plus chaleureux de la vieille directrice.

L'heure du départ arriva, et une belle chaise de poste, attelée de deux chevaux, vint chercher la voyageuse. Cette chaise de poste, qui appartenait au comte de Vaublanc, devait conduire Valérie jusqu'à la ville voisine, où passait un chemin de fer. Le comte et Gérard, à cheval, voulaient accompagner en personne la marquise de La Villelévêque pendant une partie du chemin ; la comtesse et Emma s'étaient aussi rendues à Saint-Martin pour dire adieu à leur amie.

Au moment où la voyageuse allait partir, les habitants du bourg se trouvèrent spontanément réunis autour de la voiture. Toutes les autorités locales, le curé, le maire, le docteur Régnier, le brigadier de gendarmerie, le maître d'école, étaient présents. Les dames ne manquaient pas non plus, et madame de Baillière, et madame Régnier et beaucoup d'autres des plus huppées du canton. Valérie prit gracieusement congé de tout le monde ; et, comme elle allait monter en voiture, Emma et la comtesse l'embrassèrent encore une fois avec une tendresse qui fut remarquée de l'assistance. La mère et la fille, en effet, n'essayaient pas de cacher leurs larmes ; madame Chervis pleurait aussi, et aussi Thérèse, et Jeanne, et Suzette Marsais, et les piétons. Mais enfin, la voiture se referma ; Valérie montra encore une fois à la portière sa jolie figure pâle, puis, la chaise de poste s'éloigna rapidement, tandis que le comte et Gérard, montés sur des chevaux de prix, lui formaient une escorte d'honneur.

La foule suivit un moment des yeux la voiture, puis, elle se dispersa par petits groupes qui causaient entre eux des mérites de la marquise. Madame Chervis elle-même ne tarda pas à rappeler ses employés dans le bureau, et Thérèse, en essuyant ses yeux avec le coin de son tablier, murmurait à l'écart :

— Jamais nous ne retrouverons sa pareille... Madame Chervis est une excellente directrice, j'en conviens... Mais quels jupons, bon Dieu! quels jupons!

FIN DE LA DIRECTRICE DES POSTES

LES
ROMANS ILLUSTRÉS D'ÉLIE BERTHET

LA
FOLLE DES PYRÉNÉES

Livraisons à 10 centimes. — Séries de 6 Livraisons à 60 centimes.

ROMANS D'ÉLIE BERTHET
GRAND FORMAT IN-4° ILLUSTRÉ

Déjà imprimés et en vente

Mademoiselle de la Fougeraie, 1 série.	» 60	Le Val d'Andorre, 1 série.		» 60
L'Oiseau du Désert, 2 séries.	1 20	M. de Blangy et les Rupert, 1 série.		» 60
Paul Duvert, 1 série.	» 60	Les Chauffeurs, 3 séries.		1 80
L'Incendiaire, 1 série.	» 60	Le Chateau de Montbrun.		1 20
	La Directrice des Postes, 2 séries.	1 fr. 20		

Le **CATALOGUE GÉNÉRAL** de la Librairie DEGORCE-CADOT sera envoyé franco
à qui en fera la demande affranchie.

www.ingramcontent.com/pod-product-compliance
Lightning Source LLC
LaVergne TN
LVHW050636090426
835512LV00007B/884